BRWYDR AR Y BRYN

50 MLYNEDD O UMCB

BRWYDR AR Y BRYN

50 MLYNEDD O UMCB

ARWEL VITTLE
(GOLYGYDD)

y lolfa

Diolch i'r cyn-fyfyrwyr sydd wedi rhoi rhoddion i Gronfa Bangor, ac wedi gwneud y llyfr hwn yn bosib. Mae Cronfa Bangor yn cynnwys rhoddion gan gyn-fyfyrwyr, a weinyddir gan Swyddfa Datblygu a Chysylltiadau Cyn-fyfyrwyr y Brifysgol, gyda'r prif bwrpas o ychwanegu rhagoriaeth at brofiad y myfyrwyr.

Argraffiad cyntaf: 2026

Cynllun y clawr: Sion Ilar

Rhif Llyfr Rhyngwladol: 978 1 80099 853 7

Cyhoeddwyd, rhwymwyd ac argraffwyd yng Nghymru gan
Y Lolfa Cyf., Talybont, Ceredigion SY24 5HE
gwefan www.ylolfa.com
e-bost ylolfa@ylolfa.com
ffôn 01970 832 304

Cynnwys

Ein stori ni

I aelodau UMCB ar hyd y degawdau

Hon y ddinas oedd inni, – hwn Goleg
A hawliem â'n hasbri,
Yma'n awr lle'r oeddem ni
Y mae eraill â'u miri.

Ai rhwd yw'r hen ddelfrydau? – Ai hanes
Yn unig ŷm ninnau?
Oriau'n bri yn sgyrion brau
A'n harwriaeth yn greiriau?

Nyni weiniaid penwynion, – ni y rhai
Sydd ym mro'r gwangalon,
Ai'n stori ni ydi hon?
Ni ddi-hid ddifreuddwydion?

A fentrwn heibio'r cloriau? – A wadwn
Ysbrydion y lluniau?
Ai ni sydd yma yn iau?
Ai ni ydyw'r penawdau?

Ni yw'r sloganau claerwyn – ar y wal,
Ni yw'r rhai ar gychwyn
Yn ddeifiol o ddiofyn
I herio'r 'Brad ar y Bryn'.

Yr ydym yn cyd-droedio, – yn eiriol
Â'n baneri eto,
A chlywn eilwaith areithio
Yn y cwad sy'n nwfn y co.

Ni ydyw'r holl benodau, – ni'n eofn
O ieuanc yw'r geiriau;
Fan hyn mae'r Heddlu'n parhau
I holi 'Lle mae'r ffeiliau?'

Ni'r criw di-dderbyn-wyneb – yn nannedd
Yr hen israddoldeb;
O'r nod nid ildiwn er neb,
Nid ffydd undydd ein hundeb!

Ai ofer inni gofio – ein hawr fawr?
O ail-fyw pob chwyldro
Daw y wên o fod yno
A hithau'r wefr yn ei thro.

Peredur Lynch

Rhagair

Mair Rowlands AS (Llywydd UMCB 2010-12; Cyfarwyddwr Undeb Myfyrwyr Bangor 2018-26)

MAE'N ANRHYDEDD FAWR cyflwyno'r gyfrol hon sy'n nodi hanner canrif ers sefydlu Undeb Myfyrwyr Cymraeg Bangor, sydd ers 1976 wedi bod yn golofn ddiwylliannol, gymdeithasol a gwleidyddol i genedlaethau o fyfyrwyr Cymraeg. Mae'r gyfrol yn adrodd hanes y sefydlu, a hanes o gymuned o fyfyrwyr fu'n herio, yn brwydro ac yn creu cymuned myfyrwyr Cymraeg fywiog ym Mhrifysgol Bangor dros bum degawd.

Daw'r gyfrol hon i'r amlwg ar adeg arbennig, wrth i ni edrych yn ôl ar y cyfnodau tyngedfennol a arweiniodd at ffurfio UMCB a'r blynyddoedd cynnar rhwng 1976 a 1984, cyfnod o ymgyrchu diwyro, protestio dygn a gwrthdaro gan greu momentwm a fyddai'n siapio dyfodol y Gymraeg ym Mhrifysgol Bangor am genedlaethau. Roedd gweithredoedd beiddgar fel meddiannu Prif Adeilad y Celfyddydau a throeon eraill ar ddechrau'r wythdegau yn adlewyrchu penderfyniad myfyrwyr i hawlio lle teg i'r iaith. Drwy'r gweithredoedd hyn y lluniwyd sylfeini UMCB.

Yn ogystal â phrotest a gwleidyddiaeth, roedd profiad dydd i ddydd myfyrwyr Cymraeg Bangor o dan adain UMCB yn dechrau ffurfio. Roedd mentrau arloesol fel Caffi Deiniol, a sefydlwyd i gefnogi UMCB pan nad oedd cyllid gan y coleg, yn dyst i weithgarwch ac arloesedd myfyrwyr y cyfnod. O'r cychwyn cyntaf, roedd yr Undeb yn rhwydwaith gymdeithasol fywiog, lle roedd traddodiadau, digwyddiadau a chydweithrediad yn sail i brofiad myfyrwyr.

Wrth i'r degawdau fynd heibio, datblygodd UMCB yn gorff aeddfed, deinamig ac yn un allweddol i fywyd prifysgol. Yn unol ag erthyglau nifer o'r cyfranwyr i'r gyfrol hon, gwelwyd cyfnodau o newid strwythurol, trafodaethau cyfansoddiadol dyrys, a heriau gwleidyddol ac addysgol y bu'n rhaid eu llywio'n ofalus. Ond drwy bob newid bu un thema yn gyson, llais myfyrwyr Cymraeg yn sefyll gyda'i gilydd dros eu hiaith, eu diwylliant a'u cymuned.

Dyma pam y comisiynwyd y gyfrol hon gan Undeb Myfyrwyr Prifysgol Bangor – Undeb Bangor. Ei phwrpas yw dogfennu a chofnodi atgofion byw y rhai a fu'n rhan o UMCB dros hanner canrif. Mae'n dwyn ynghyd gyfweliadau, straeon personol, ffotograffau, a darnau sy'n adlewyrchu profiadau'r bobl a roddodd eu hegni, eu hangerdd a'u hamser i'r Undeb. Bwriad y gyfrol yw crynhoi'r cyfnod hwnnw a siapiodd fywyd y gymuned Gymraeg ym Mangor, o fyfyrwyr protestgar y 70au a'r cyfnod o sefydlu UMCB i'r rhai a ddatblygodd strwythurau cryfach yn y 2000au, ac i genedlaethau'r dydd heddiw sy'n parhau i adeiladu ar yr adnoddau hynny.

Yn y rhan gyntaf mae Arwel Vittle, sydd hefyd wedi golygu'r gyfrol a chasglu'r deunydd ynghyd, yn adrodd hanes y frwydr i fynnu cyfiawnder i'r Gymraeg a'r cynnwrf adeg y protestio ffyrnig a welwyd ym mlynyddoedd cynnar UMCB rhwng 1976 ac 1984. Yna yn ail ran y gyfrol mewn ysgrifau amrywiol adroddir am hanes UMCB o'r 1990au hyd heddiw trwy brofiadau a gweithgarwch wyth o gyn-Lywyddion ac aelodau o'r Undeb – Mirain Llwyd Morgan, Gethin Morgan, Lleucu Myrddin, Bethan Williams, David Wilton, Mabon ap Gwynfor, Huw Williams a minnau.

Mae hon hefyd yn gyfrol i'r dyfodol. Trwy rannu hanes

UMCB, rydym yn canfod pam fod UMCB yn parhau'n hanfodol heddiw. Mae'r Gymraeg yn wynebu heriau newidiol, ac yn y cyd-destun hwn mae'r gymuned Gymraeg ym Mangor yn parhau'n gadarn ac yn fywiog. Dyma lyfr sy'n ysbrydoli, sy'n atgoffa ac sy'n parhau'r stori.

I bawb a fu'n rhan o'r daith, diolch. I'r rhai sy'n camu i mewn i hanes UMCB am y tro cyntaf, croeso i stori hanner canrif o angerdd, gweithredu a chymuned. Ac i'r genhedlaeth nesaf o fyfyrwyr Cymraeg Bangor, dyma'r etifeddiaeth a adeiladwyd ar eich cyfer. Ymlaen i'r hanner can mlynedd nesaf.

RHAN 1 (1976-84)

Undeb Myfyrwyr Colegau Bangor

Arwel Vittle

1

Cymreigio'r Coleg – Protestio dros y Gymraeg ym Mangor (1921-72)

MAE GAN Y frwydr i Gymreigio'r Coleg ar y Bryn hanes hir.

Er gwaethaf ymfalchïo am y modd y sefydlwyd Prifysgol Cymru a'i cholegau gan 'geiniogau'r werin', a'r syniad mai aberth cenedlaethau o chwarelwyr a'u dyhead am addysg a roddodd fod i Goleg Prifysgol Bangor, corff digon Seisnig fu'r Coleg ar y Bryn ar hyd llawer o'i hanes.

Pan gyrhaeddodd Lewis Valentine, un o sylfaenwyr Plaid Cymru, Goleg Bangor yn 1913 ac yntau'n fyfyriwr 20 oed, dywedodd mai un o'r pethau mwyaf trawiadol am y lle oedd dod wyneb yn wyneb â Seisnigrwydd go iawn am y tro cyntaf. Saesneg oedd iaith pob darlith, hyd yn oed darlithoedd Syr John Morris-Jones yn yr Adran Gymraeg, am y credai fod "Saesneg wedi disodli'r Lladin fel iaith dysg". I Valentine roedd awyrgylch y coleg yn anhygoel o Seisnig, a theimlai fod yno wrthwynebiad cryf i siarad unrhyw Gymraeg:

> A chofiaf un digwyddiad yn yr Ystafell Gyffredin yno. Nifer ohonom ni, myfyrwyr y flwyddyn gyntaf, yn siarad gyda rhyw afiaith ryfedd y Gymraeg; a rhai o'r myfyrwyr hynaf yn dod atom ni a'n ceryddu ni a dweud, Na, nad oedd y peth yn gymeradwy – yn yr Ystafell Gyffredin!

Wedi i Valentine a Chymry ifanc eraill fel Moses Griffith a J.P. Davies ddychwelyd i'r Coleg ar ôl y Rhyfel Byd Cyntaf, roedd yno benderfyniad o'r newydd yn eu mysg i newid yr hinsawdd Seisnig hollbresennol. Ond os oedd y Cymry ifanc hyn yn chwilio am gefnogaeth gan yr awdurdodau i'w hymgais i Gymreigio agweddau o'r Coleg yna nid oedd diben iddynt droi at y Prifathro am arweiniad. Yn fab i esgob Anglicanaidd Swydd Meath yn Iwerddon roedd Syr Harry Reichel yn Dori ac yn Eglwyswr i'r carn, ac yn 1884 fe'i penodwyd yn brifathro cyntaf Coleg Prifysgol Bangor, a bu'n dal y swydd honno am ddeugain mlynedd tan ei ymddeoliad yn 1927. Er iddo chwarae rhan flaenllaw yn y symudiad i sefydlu Prifysgol Cymru yn 1893, Cymraeg clapiog iawn oedd gan Reichel. Mynegodd Reichel ei safbwynt ar yr iaith yn ddigon clir yn 1887 mewn erthygl ar *The Future of Welsh Education:*

> Every Welshman who desires that his race should play their due part in the life of Great Britain, and, through it, of the world, will do what in him lies, to realise the aim first by learning to think in English himself, and secondly by encouraging his friends to follow his example...

Llwyddodd Valentine, a oedd yn Llywydd y Myfyrwyr yn 1921, a'i gymheiriaid i Gymreigio llawer o bwyllgorau'r coleg (am y tro o leiaf). Teimlai Valentine fod awyrgylch y Brifysgol yn un lle "gall pawb ond Cymro deimlo'n gartrefol ynddi". Nid oedd mwyafrif athrawon y Brifysgol yn gwybod dim am Gymru nac yn meddu fawr ddim cydymdeimlad â'r genedl. Yr unig beth a olygai Cymru iddynt hwy oedd lle braf i fyw a swyddi bras. Fel y dengys y dyfyniad canlynol o Fehefin 1925, un peth a wnâi i'w waed ferwi oedd penodi Saeson i swyddi yn y Brifysgol na fedrai'r iaith.

> Penodwyd Sais uniaith yn athro mewn Economeg yn Mangor, a gwrthodwyd rhoddi ystyriaeth i Gymro disglair ei ddoniau oedd yn ceisio am y swydd... Yr ydym ni yn dal allan na ddylai neb gael swydd ym Mhrifysgol Cymru oni fedr ddysgu a hyfforddi yn yr iaith Gymraeg. Nid dweud yr ydyn na ddylai Sais gael swydd yn y Brifysgol. Nid ydym mor gul a rhagfarnllyd â hynny. Ond croeso i Sais neu Iddew neu Ffrancwr dderbyn swydd, os medd y cymwysterau, ond IDDO DDYSGU CYMRAEG. Nid oes berygl i Gymro dderbyn swydd yn Lloegr heb fedru Saesneg, ac ni ddylai chwaith.

Wrth i'r ganrif fynd rhagddi, gwaethygu ar lawer cyfri wnaeth y Seisnigo gyda niferoedd y myfyrwyr a'r darlithwyr o Loegr yn cynyddu'n sylweddol. Parhau a chyflymu wnaeth y duedd honno gyda phenodiad Syr Charles Evans fel trydydd Prifathro'r Coleg yn 1958. Daeth Evans i enwogrwydd fel dringwr medrus, un a ddaeth o fewn trwch blewyn i gyrraedd copa Everest (Sagarmāthā yn iaith Nepal). Bu Charles Evans wrth y llyw ym Mangor am 26 mlynedd, ac fel Harry Reichel o'i flaen roedd Evans yn cynrychioli gwerthoedd yr Ymerodraeth Brydeinig, ac er ei fod yn siaradwr Cymraeg o ardal Rhuthun ni welai ddim gwerth mewn astudio Cymraeg, ac yn ei hanfod roedd ei agwedd at yr iaith yn bur elyniaethus.

Gwelwyd amryw o brotestiadau ar dir y Coleg yn y chwedegau cynnar. Y cyfnod hwn oedd cychwyn bwrlwm a chynnwrf protestiadau Cymdeithas yr Iaith, ac roedd colegau Bangor ac Aberystwyth yn ganolfannau gweithgarwch a gweithredu mawr i'r mudiad.

Yn gynnar yn y chwedegau dechreuodd tensiynau gynyddu ymhlith myfyrwyr Cymraeg ym Mangor. Un o'r prif ysgogwyr oedd Robat Gruffudd, myfyriwr ifanc o Abertawe a aeth ymlaen wedyn i sefydlu Gwasg y Lolfa. Yn 1962 cyhoeddodd Robat ddwy erthygl ddylanwadol yn *Y Dyfodol*, cylchgrawn y myfyrwyr, dan y teitl 'Y Nyth Annibynnol a'r Goeden Grin'. Daeth y rhain yn sgil darlith enwog Saunders Lewis, *Tynged yr Iaith*, ac ynddynt roedd Robat yn herio agweddau'r coleg tuag at y Gymraeg a hefyd yn plannu hedyn y syniad y dylai'r Cymry weithredu fel corff annibynnol ar wahân i strwythurau eraill y myfyrwyr yn y Coleg. Dadleuodd Robat y dylai myfyrwyr Cymraeg weithredu'n bendant i sicrhau eu hawliau, gan wrthod cydraddoldeb syml a mynnu blaenoriaeth i'r Gymraeg mewn prifysgol Gymreig.

Yn ôl Dafydd Glyn Jones, a oedd hefyd yn fyfyriwr ym Mangor bryd hynny, roedd yr erthyglau hyn yn drobwynt ym Mangor. Roeddent yn cynnig safbwynt mwy radical, gan bwysleisio bod angen gweithredu uniongyrchol yn hytrach na dibynnu ar newid graddol neu ewyllys da'r awdurdodau. Roedd hyn yn cynnwys galw am hawl i addysg, gweithgareddau cymdeithasol a gweinyddiaeth trwy gyfrwng y Gymraeg.

Yn hydref 1962, lansiwyd deiseb i sicrhau statws swyddogol llawn i'r Gymraeg ym mywyd y coleg. Casglwyd dros 500 o enwau gan fyfyrwyr a staff, a chyflwynwyd hi i'r Prifathro, Charles Evans. Fodd bynnag, gwrthodwyd y ddeiseb yn llwyr gan Senedd y Coleg, gyda'r Prifathro a swyddogion eraill yn elyniaethus. Fel y dywedodd Dafydd Glyn Jones, "datganodd y Prifathro mai 'annerbyniol mewn egwyddor' oedd bod myfyrwyr yn cyflwyno cais o'r fath". Llugoer mae'n debyg oedd ymateb Cyngor a Llys y Coleg i'r ddeiseb.

Wrth i'r awdurdodau barhau i wrthod ymateb yn gadarnhaol, dechreuodd rhai myfyrwyr alw am ddulliau mwy uniongyrchol ac anghonfensiynol o brotestio. Cynhaliwyd ralïau a phrotestiadau, gan gynnwys digwyddiad mawr yng nghwad y coleg yn 1963 gyda channoedd yn cymryd rhan. Cynhyrchodd Robat Gruffudd a Penri Jones daflen 'Welsh Not ar y Bryn' i'w dosbarthu yn Eisteddfod Genedlaethol Llandudno 1963 er mwyn datgelu gwir sefyllfa'r Gymraeg yng Ngholeg Bangor.

Yn 1964, gwnaeth Robat Gruffudd brotest ddramatig pan wrthododd dderbyn ei radd mewn seremoni raddio, gan ddatgan ei fod yn gwneud hynny oherwydd agwedd elyniaethus y brifysgol tuag at yr iaith Gymraeg, gan ddatgan y byddai'r frwydr yn parhau. Er bod myfyrwyr eraill wedi bwriadu gwneud yr un fath, fe dynnodd y gweddill yn ôl ar y funud olaf.

Roedd agwedd wrth-Gymraeg Charles Evans yn faen tramgwydd mawr o ran rhoi lle teilwng i'r iaith ym Mangor. Darlun o hynny yw ei araith i Gyngor a Llys y Coleg ddydd Mercher 30 Hydref 1963:

> We are a university institution in the United Kingdom... We have a reputation outside our immediate environment for being too exclusively Welsh... and for being a college where a student who cannot speak Welsh must be out of things... I ask you... to oppose anything which would reinforce the mistaken view that we are backward and insular...

Cafwyd gwrthdystiadau ar y campws yn 1969 yn erbyn Arwisgo Charles yn Dywysog Cymru. Cynhaliwyd ympryd gan y myfyrwyr Cymraeg lle meddiannwyd ystafelloedd yn Nhŵr y Coleg a baricedio eu hunain yno am wythnos – un criw o fechgyn ac un criw o ferched. Y bechgyn oedd Euryn Williams, Gwynn ap Gwilym, Alan Llwyd, Pedr Wynn Jones, Glyn 'Edern' Parry a Ieuan Bryn, a'r merched oedd Gwenno Hywyn, Gwenllian Daniel, Nia Wyn Jones, Catrin Beynon, Nia Wyn a Heulwen Hughes Jones.

Fel hyn y cofiodd Ieuan Bryn y brotest:

> Cerdded i mewn i un o'r 'goruwch-ystafelloedd' ar y coridor uchaf yn hen adeilad y coleg wnaeth y bechgyn – lolfa/stafell gyffredin garpedog, foethus y darlithwyr. Yr un coridor â stafelloedd Penaethiaid Adrannau'r Celfyddydau, Deon Cyfadran y Celfyddydau ac Is-Brifathro'r Coleg ac ati. Lle clyd a moethus i gynnal ympryd, ac roedd yna falconi bychan y tu allan lle gallem gael cegaid o awyr iach, o dro i dro!
>
> Doedd dim angen torri i mewn; roedd y stafell ar agor. Baricedio ein hunain i mewn, ac ymprydio am wythnos... Ar ôl y brotest, bu'n rhaid i Euryn Williams a minnau fynd i weld Dirprwy Brifathro'r coleg, a rhybuddiwyd ni y caem ein disgyblu, ac o bosib ein diarddel o'r coleg, petaen ni'n trefnu gwrthdystiad tebyg yn y dyfodol.

Bu'r awdurdodau'n drugarog y tro hwnnw gyda'r myfyrwyr, ond gwahanol iawn fyddai eu hymateb i brotestwyr tebyg ymhen rhai blynyddoedd.

Cafwyd protest iaith fawr iawn yn haf 1972 ar dir y Coleg ym Mangor, er nad oedd y brotest yn ymwneud yn uniongyrchol â'r Coleg.

Ynghanol ymgyrch Cymdeithas yr Iaith i gael Sianel Gymraeg, roedd arfer rhai ynadon o dalu dirwyon protestwyr iaith neu roi rhyddhad diamod i bobl oedd wedi gwrthod talu am eu trwyddedau teledu yn ymgyrch y Sianel, wedi corddi'r Arglwydd Hailsham, yr Arglwydd Ganghellor ar y pryd. Mewn araith yn Llandrindod yn Ebrill 1972 cymharodd Hailsham wrthdystwyr di-drais y Gymdeithas gyda bomwyr yr IRA. Yng Ngorffennaf 1972, aeth yr Arglwydd Hailsham i Goleg Bangor i rybuddio ynadon cefnogol i beidio â thalu rhagor o ddirwyon troseddwyr. Ond daeth dros fil o ymgyrchwyr iaith yno i wrthdystio yn ei erbyn gan arwain at wrthdaro ffyrnig gyda'r degau o heddlu oedd yn bresennol y tu allan i adeiladau'r Coleg ym Mangor Uchaf wrth i'r protestwyr ifanc ymladd â'r plismyn.

Felly o ganlyniad i weithgarwch Cymdeithas yr Iaith yn bennaf, roedd yna hyder ac ymwybyddiaeth wleidyddol newydd wedi gwreiddio ymysg y myfyrwyr Cymraeg. Rhoddwyd mynegiant i hynny wrth i weithgarwch Cymdeithas y Cymric, cymdeithas Gymraeg y Coleg a weithredai dan ambarél Undeb y Myfyrwyr, yr NUS, droi o'r diwylliannol at y gwleidyddol ac ymgyrchu o blaid codi statws y Gymraeg o fewn y Coleg ac yn yr ardal gyfagos.

Yn anorfod, o gofio natur Brydeinig a gwrth-Gymraeg awdurdodau'r Coleg ar y pryd, arweiniodd hyn at wrthdaro difrifol. Gwrthdaro a arweiniodd yn y pen draw at sefydlu Undeb Myfyrwyr Colegau Bangor, undeb Gymraeg annibynnol UMCB.

2

Magu hunanhyder (1972-75)

YN Y SAITHDEGAU cynnar, roedd tensiynau ieithyddol, gwleidyddol a diwylliannol yn berwi dan yr wyneb yng Ngholeg Prifysgol Gogledd Cymru Bangor – sefydliad a oedd, yn ei hanfod, yn edrych ar y byd trwy lens Brydeinig a Seisnig. I genhedlaeth o fyfyrwyr Cymraeg ym Mangor, daeth y teimlad israddol o fod yn lleiafrif yn eu coleg eu hunain yn brofiad beunyddiol, ac o hynny y tyfodd y syniad chwyldroadol o sefydlu undeb myfyrwyr Cymraeg annibynnol.

Cyn hynny, fodd bynnag, un o'r ymgyrchoedd mwyaf arwyddocaol yn y cyfnod oedd y frwydr i sicrhau neuadd breswyl Gymraeg ar y Campws.

Deilliodd y frwydr i sefydlu Neuadd John Morris-Jones o'r un elfennau a fu'n creu rhwystredigaeth ymysg y Cymry ar hyd y degawdau yn y Coleg, sef y teimlad eu bod yn lleiafrif yn eu gwlad eu hunain, ac yn cael eu boddi gan y gorlif o fyfyrwyr o Loegr. Yn sgil hynny cynyddodd yr angen ymysg y myfyrwyr Cymraeg i gryfhau rhwydweithiau dyddiol yr iaith.

Roedd Hostel Coleg Bala-Bangor eisoes yn ganolbwynt i fyfyrwyr Cymraeg eu hiaith, ond roedd yn neuadd i fyfyrwyr diwinyddol ac i ddynion yn unig, a diben yr ymgyrch dros sefydlu neuadd breswyl Gymraeg oedd ymdrech i greu gofod ehangach, mwy cynhwysol. Bu'n rhaid ymgyrchu i ennill yr hawl i gael neuadd breswyl i'r Cymry Cymraeg, gan gynnwys protestiadau a meddiannu yn 1972. Ond yn y diwedd llwyddwyd i gael y maen i'r wal ac yn 1974 agorodd Neuadd John Morris-Jones ei drysau.

Llugoer ar y gorau serch hynny oedd agwedd awdurdodau'r Coleg. Yn ôl John Llywelyn Williams, warden cyntaf y Neuadd Gymraeg, ystyriai Charles Evans y syniad yn rhywbeth gwrthun, gan ei ddisgrifio fel creu 'geto Cymraeg'.

> *Universitas* oedd gair mawr Charles Evans, ac ystyriai bod JMJ yn lle plwyfol a chul – peth cwbl groes yn ei feddwl i'r syniad o *universitas*.

Nododd John Llew – fel y daeth cenedlaethau o fyfyrwyr i'w nabod – fod yna wahaniaeth agwedd yng ngholeg prifysgol Aberystwyth i'r graddau bod y prifathro yno, Goronwy Daniel, yn gefnogol iawn i'r syniad o sefydlu neuadd Gymraeg Pantycelyn, gan gredu bod y myfyrwyr Cymraeg yn "haeddu'r gorau". Ond ym Mangor roedd JMJ yn cael ei weld fel "lle amheus" gan yr awdurdodau. Mae'n debyg mai'r gŵr a fu'n gyfrifol am gael maen neuadd Gymraeg i'r wal oedd G.B. Owen, yr Is-gofrestrydd. Roedd yn frwd o blaid cael hostel benodedig i'r Cymry, a hynny'n groes i ddymuniad Charles Evans, y Prifathro.

Cyn sefydlu Neuadd JMJ, y duedd ymysg siaradwyr Cymraeg oedd i'r bechgyn fynd i Hostel Reichel neu Bala-Bang, a'r merched i University Hall – yr adeilad a fyddai maes o law yn dod yn gartref cyntaf Neuadd John Morris-Jones. Adeg ei benodi i swydd Warden JMJ roedd John Llew yn aelod o'r adran Efrydiau Allanol, fel gweinyddwr i ddechrau ac yna fel darlithydd yn arbenigo ym maes Archeoleg. Cred ei fod yn gymharol ddiniwed wrth gymryd y swydd i'r graddau nad oedd ar y pryd yn sylweddoli'r holl gefndir cecrus y tu ôl i sefydlu'r neuadd.

> Roedd y brifysgol mewn picil oherwydd y cefndir cythryblus tu ôl i sefydlu neuadd Gymraeg, roedden nhw'n cael trafferth darbwyllo pobl i fod yn warden y neuadd newydd. Dewis aros yn warden Neuadd Reichel wnaeth Aled Eames, er enghraifft. Doedd Charles Evans ddim o blaid neuadd, ond cafodd ei orfodi gan y Cyngor i wneud hynny. Ac fe gynigiwyd y swydd i mi. Swydd ddi-dâl oedd hi ond roedd peirianwaith y coleg yn sicrhau ein bod ni'n 'cael ein cadw'.

Adrodda John Llew am rywun arall oedd yn wrthwynebus i Neuadd Gymraeg, sef warden University Hall ar y pryd. Darlithwraig hanes, o dras unoliaethol Gogledd Iwerddon a chyn-aelod o'r fyddin Brydeinig oedd y warden, ac roedd yn groes graen iddi ildio ei hostel i Gymry Cymraeg. Yn gyffredinol teimlai John mai "digroeso iawn oedd dyfodiad y Neuadd i fwyafrif staff y Coleg nad oedd ganddynt ddiddordeb yn y Gymraeg a'i lle yng ngweinyddiad y sefydliad". Mwy o syndod efallai oedd yr argraff sicr a gafodd mai "digroeso hefyd oedd agwedd nifer o Gymry Cymraeg" ymhlith staff academaidd y Coleg.

Pan ddaeth John Llew yn ymwybodol o'r gwrthwynebiad i sefydlu'r Neuadd dywed i hynny'n ddod yn fwy o ysgogiad i lwyddo. Pennaf gonsýrn y warden newydd oedd cael myfyrwyr Cymraeg i aros yn y neuadd, ac roedd angen llenwi 180 o lefydd, ac os oedd niferoedd y Cymry yn mynd yn is deuai pwysau o gyfeiriad y Coleg i roi llety i fyfyrwyr di-Gymraeg.

> Ond y peth ola' roeddwn am ei weld oedd llenwi'r neuadd efo Saeson, ac roedd yn well gen i letya tramorwyr. Felly os oedd mannau gwag yn codi, aed ati'n fwriadol i lenwi'r ystafelloedd gwag â myfyrwyr tramor. Roeddwn i'n trio gofalu bod y syniad o geto yn anghywir, a chael myfyrwyr yno o bob rhan o'r byd yn ogystal â Chymry. Mi dyfodd y neuadd yn raddol dros amser. Roedd y sefydliad wedi rhyw obeithio y byddai'r peth yn chwythu ei blwc ond nid felly bu.

Ymgartrefodd John a'i deulu yno, a bu'n warden y neuadd am dros chwarter canrif rhwng 1974 a 2001. Wrth edrych yn ôl dywedodd ei wraig Irene i'r cyfnod fod yn un hapus iawn: "Roeddem yn freintiedig, ac mi gafodd y plant fagwraeth wych, roedden nhw wrth eu boddau ynghanol bwrlwm pobl ifanc."

I lawer, roedd Neuadd JMJ yn fwy na neuadd. Roedd yn symbol o'r hyn oedd yn bosibl pan oedd y Cymry'n uno, a bu'r ymgyrch i'w sefydlu yn brofiad ffurfiannol i lawer. Dangoswyd bod modd ennill brwydrau pendant, a bod gan y myfyrwyr Cymraeg y gallu i weithredu'n gydlynol. Yn ôl Russell Isaac, oedd yn fyfyriwr ym Mangor yn 1974–79, roedd sefydlu JMJ yn allweddol:

> Roedd cael neuadd Gymraeg yn golygu bod yna ganolfan lle'r oedd y Cymry yn gallu ymgasglu a chael cyfle i gymdeithasu, ac roedd yna groestoriad o bobl yn JMJ – yn siaradwyr iaith gyntaf, dysgwyr ac ati. Roedd y neuadd yn cynnig llwyfan, lleoliad lle gallai'r safbwyntiau gwahanol ddod ynghyd a thrafod. Ac roedd y cyfeillachu a rhannu syniadau hyn yn ffordd o ddatblygu ymwybyddiaeth a syniadau gwleidyddol. A phrofiad arbennig oedd bod yng nghwmni meddylwyr dwfn fel Ifan Roberts, John Glyn a Densil Morgan.

Deilliodd y frwydr i sefydlu Neuadd John Morris-Jones o'r angen i gryfhau rhwydweithiau dyddiol y Gymraeg gan fod y myfyrwyr Cymraeg mewn lleiafrif. Brwydr chwerw oedd hi, yn ôl John Glyn, gydag awdurdodau'r Coleg yn wrthwynebus:

> ... er eu bod heddiw'n cymryd y clod... nid oedd yr awdurdodau eisiau diffinio'r Cymry fel grŵp penodol; roedd yna embaras dangos mai'r Gymraeg oedd iaith wreiddiol yr ardal, ac felly'r duedd oedd gweld y Cymry dim ond fel un grŵp hunaniaethol o fewn aml-ddiwylliannedd cyffredin.

****

Erbyn dechrau'r saithdegau, roedd ehangu addysg uwch wedi newid Coleg Prifysgol Bangor. Cynyddodd nifer y myfyrwyr o Loegr yn sylweddol, ac er bod hyn yn rhan o dueddiadau polisi ehangach yn y sector addysg uwch, teimlai llawer o fyfyrwyr Cymraeg bod eu llais yn gwanhau o fewn Undeb Cenedlaethol y Myfyrwyr – yr NUS. Yn hanesyddol, Cymdeithas y Cymric fu'n gweithredu fel corff cynrychioliadol i'r Cymry Cymraeg o fewn yr NUS, ond nid oedd gan y Cymric statws undeb ffurfiol nac awdurdod cyfansoddiadol clir.

Am flynyddoedd, strategaeth y Cymry oedd gweithio o fewn yr 'Undeb Saesneg' a cheisio sicrhau bod 'Cymry da' yn cael eu hethol i swyddi allweddol, a dylanwadu o'r tu mewn. Etholwyd llywyddion a swyddogion Cymraeg ar gyrff yr Undeb, ac enillwyd ambell i fuddugoliaeth symbolaidd, ond wrth i niferoedd y myfyrwyr gynyddu, daeth gwendidau strategaeth o'r fath yn gynyddol amlwg.

Fel y nododd John Glyn, buddugoliaethau Pyrrhaidd oedd y rhain yn aml. Enillid etholiad un flwyddyn, dim ond i'w golli'r flwyddyn ganlynol, gyda'r canlyniad o orfod ailgychwyn o'r dechrau. Ar ben hynny, roedd gofyn am grant i'r gymdeithas Gymraeg gan y corff Seisnig mwy yn brofiad annifyr. Byddai criw o fyfyrwyr Cymraeg yn heidio i lawr i'r Undeb er mwyn ennill pleidlais i sicrhau mwy o grant i'r Cymric, gan roi'r gymdeithas Gymraeg ar yr un gwastad â holl gymdeithasau eraill y myfyrwyr. Roedd gorfod mynd lawr i adeilad Undeb y Myfyrwyr i ofyn caniatâd y mwyafrif di-Gymraeg, a sicrhau eu nawdd a'u hewyllys da i gynnal buddiannau'r Cymry a'r Gymraeg, ym marn John Glyn yn "beth gwasaidd, taeog, diraddiol a hen ffasiwn". Canlyniad anorfod hyn oedd creu tensiwn rhwng y myfyrwyr Cymraeg a'r Saeson, a chynyddu teimlad ymysg y Cymry, fel dywedodd John Glyn, "bod angen miniogi a chryfhau ein gwrthsafiad".

Llywydd y Cymric yn 1976 oedd Glyn Tomos. Myfyriwr o Ddeiniolen oedd Glyn, ac wedi treulio cyfnod yng Ngholeg Harlech roedd yn astudio Cymraeg, Cymdeithaseg ac Efrydiau Beiblaidd gyda'r bwriad o fynd i'r offeiriadaeth gyda'r Eglwys yng Nghymru. Bu'n Llywydd y Cymric am ddwy flynedd yn olynol rhwng 1974 ac 1976, a theimla fod y ffaith iddo dreulio cyfnod yn Harlech yn golygu fod ganddo ychydig mwy o brofiad gwleidyddol na'r rhelyw. Ategir barn Russell Isaac am rinweddau politicaidd ei gyd-fyfyrwyr gan Glyn:

> Roedd yna gymeriadau cryf a deallus oedd â deunydd arweinwyr ynddynt yn y coleg bryd hynny – John Glyn, Densil Morgan, Ifan Roberts ac Edryd Gwyndaf. Roedd Densil Morgan yn feddyliwr dwfn ac yn dda mewn dadleuon cyhoeddus, ac Ifan Roberts, yn foi caled, ac ymgyrchwr ymroddedig.

O'r cefndir hwn y tyfodd yr egin syniadol a arweiniodd at sefydlu'r Undeb. Dyma John Glyn eto:

> Paradocs oedd wrth wraidd y penderfyniad: gweithredu oherwydd ein bod yn lleiafrif, ond ar yr un pryd ymwrthod â'r israddoliad o gael ein diffinio fel 'Y *Cymric*' yn ein gwlad ein hunain. Yr undeb mwy ddylid bod yn ei dadogi felly wir – yn debyg i enwau fel *'English Presbyterian Church'*.

Yn 1973 cododd mater undeb annibynnol ym Mangor yn sgil datblygiadau yng ngholeg Prifysgol Cymru Aberystwyth. Yno roedd symudiad ar droed i sefydlu Undeb Myfyrwyr Cymraeg Aberystwyth, neu UMCA. Pennaf ysgogwyr y symudiad hwn oedd dau o ymgyrchwyr Cymdeithas yr Iaith yn y coleg, Wayne Williams a Rhodri Glyn Thomas. Nod

UMCA oedd cynrychioli buddiannau myfyrwyr Cymraeg Aberystwyth gan fod yr Undeb Myfyrwyr yn anwybyddu anghenion ieithyddol a diwylliannol y Cymry.

Yn ôl Cofnodion y Cymric, ar 8 Tachwedd 1973:

> Cynigiodd Ifan Roberts ein bod yn trafod y priodoldeb o gynnal cyfarfod i benderfynu a fyddai'n gymwys sefydlu Undeb Gymraeg ym Mangor, a gwahodd Wayne Williams a Rhodri Tomos o Aberystwyth i egluro'r sefyllfa i ni.
>
> Cynigiodd Edryd Gwyndaf ein bod yn ychwanegu gwelliant ac yn cynnal dadl ffurfiol pan ddeuai Wayne a Rhodri i Fangor.
>
> Mynegwyd pryder mawr gan y Cyfarfod Cyffredinol oherwydd ein tuedd i lyfu gormod ar Aberystwyth.

Felly, ar un wedd roedd ymgyrch Aberystwyth yn ysbrydoli Cymry Bangor, ond roedd yna deimlad hefyd – yn deillio o'r hen gystadleuaeth rhwng y Coleg ger y Lli a'r Coleg ar y Bryn – na ddylai Bangor ddilyn Aber yn slafaidd drwy efelychu'n rhy frwd.

Er gwaethaf yr amheuon hyn, pasiwyd cynnig Ifan Roberts, ac etholwyd Gwynn ap Gwilym ac Ann Beynon i gyflwyno 'dadl' Bangor mewn dadl gyhoeddus ffurfiol gyda Rhodri a Wayne yn dadlau o blaid undeb Gymraeg. Cynhaliwyd y ddadl honno ar 12 Chwefror 1974, lle llwyddodd criw Aberystwyth i gario'r dydd o ychydig bleidleisiau.

Roedd profiad myfyrwyr Cymraeg Aberystwyth wedi cadarnhau'r gred ymhlith mwyafrif myfyrwyr Bangor bod angen iddynt hwythau ddilyn yr un llwybr a sefydlu undeb Gymraeg.

*****

Yn y cyfnod hwn o ferw gwleidyddol, roedd agwedd arweinwyr y Coleg tuag at addysg Gymraeg a dwyieithrwydd yn ganolog. Mewn trafodaeth gyhoeddus ar bolisi iaith, dyfynnwyd Syr Charles Evans, y Prifathro, yn gwrthod unrhyw ddehongliad o ehangu'r defnydd o'r Gymraeg mewn addysg. Datganodd yn benodol ynghylch addysg ddwyieithog: "I will not support a racialist concept of education."

Rhoddir disgrifiad cofiadwy o'r hinsawdd honno gan Iwan Edgar, myfyriwr Cymraeg ar ei ail flwyddyn yn 1976, yn ei bortread o'r drindod a reolai'r Coleg bryd hynny, sef Charles Evans, y Prifathro, yr Arglwydd Kenyon Cadeirydd Cyngor y Coleg, ac Eric Hughes, y Cofrestrydd:

> Charles Evans. Dyn a fagwyd yn Nyffryn Clwyd a oedd â'i brif enwogrwydd iddo bron iawn gyrraedd pen Everest cyn neb arall yn 1953. Wn i ddim sut yn union y daeth yn brifathro'r coleg, ond yno yr oedd pan gychwynnais fy nhymor yn 1975. Erbyn hynny yr oedd rhyw aflwydd corfforol wedi ei daro a phowliwyd ef mewn cadair. Yr oedd yn ddamcaniaeth fod y diffyg hwnnw wedi ei wneud yn fwy penstiff.
>
> Gwir hynny ai peidio, yr oedd yn friwsionyn clodwiw o'r hen British Empire a'r Gymraeg yn beth lled esgymun ganddo. Clywais ddweud iddo bron dros nos rywdro benderfynu peidio â siarad yr iaith, er y'i siaradai yn rhugl.
>
> Yn llawforwyn ufudd i Syr Charles roedd y cofrestrydd, Eric Hughes, dyn cwbl ddi-liw a dibersonoliaeth. Uwchlaw, i roi sêl bendith achlysurol ar y gweithredu dyddiol, y pendefig o Sais ag acen daten boeth, yr Arglwydd Kenyon.
>
> A dyna rai o'r cynhwysion a wnaeth Bangor o 1976 tan ddechrau'r 1980au yn lle digon cythryblus yn hanes brwydr yr iaith.

Ymhlith y myfyrwyr mwyaf brwd dros sefydlu Undeb Gymraeg oedd Edryd Gwyndaf, mab fferm o Landdarog, Sir Gaerfyrddin, a fu'n ymgyrchydd egnïol dros Gymdeithas yr Iaith trwy gydol ei ddyddiau coleg. Fel y mae'n cofio:

> Ro'n i yn y coleg rhwng 1972 a 75, mi wnes i briodi a mynd i fyw i Bethel ac roeddwn i'n ôl yn y Coleg eto rhwng 1975 a 78. Ro'n i'n gweithredu'n aml gyda Chymdeithas yr Iaith, ac roedd yna lawer o weithgarwch ym Mangor bryd hynny.
>
> Roedd ein tŷ ym Methel yn *base* ar gyfer gweithredu dros Gymdeithas yr Iaith. Rwy'n cofio un tro i ni ddefnyddio teclyn telesgopig i chwistrellu arwyddion ffyrdd Saesneg mawr tu fas i Fangor. Mi fydden ni hefyd yn meddiannu tai haf drwy'r adeg.

Roedd y frwydr dros y Gymraeg yn rhan naturiol o fywyd coleg iddo ef a llawer tebyg iddo, ac roedd y syniad o undeb annibynnol yn ymddangos yn estyniad naturiol o'r ymgyrchoedd iaith. Fel y cofia un arall oedd yn rhan o fwrlwm protestiadau iaith yn y cyfnod, Trefor Jones Morris, oedd yn fyfyriwr yng Ngholeg Bala-Bangor:

> Roedd y saithdegau yn llawn cynnwrf yn hanes brwydr yr iaith, gyda mudiadau fel Adfer a Chymdeithas yr Iaith yn brysur yn ymgyrchu ac yn protestio. Roedd nenlofft Bala-Bang yn llawn arwyddion, a byddai'r heddlu cudd yn parcio ar draws y ffordd i Bala-Bang ac mi fydden ni'n symud ceir i gyfeiriadau gwahanol i weld beth fyddai'n digwydd, ac roedd cael eich stopio ganol nos gan yr heddlu yn beth hollol arferol. Un tro pan oeddwn gyda Gari Wyn yn y car, cawsom ein stopio ac rwy'n cofio amheuaeth y plisman pan roddodd y ddau ohonom yr un dyddiad pen-blwydd, (oedd yn wir heblaw am y flwyddyn).

Roedd Hostel Coleg Bala-Bangor ar y pryd yn ganolbwynt i weithgareddau Cymdeithas yr Iaith ac Adfer ym Mangor. Yno yng nghegin Bala-Bangor y dechreuodd yr egin syniad o undeb Gymraeg annibynnol ddwyn ffrwyth. O tua 1972 ymlaen, datblygodd trefniant anffurfiol ond dylanwadol 'Ford y Gegin'. Roedd cymdeithas 'Ford y Gegin' yn cyfarfod yn rheolaidd, ac er nad oedd yn gorff swyddogol nac yn bwyllgor, roedd yn ofod cymdeithasol lle y deuai myfyrwyr at ei gilydd i drafod Cymru, y Coleg, a'r angen i weithredu. Yn aml ar ôl i'r dafarn gau, byddai'r trafodaethau'n parhau am oriau.

Un o'r mynychwyr selog oedd Edryd Gwyndaf:

> Roedd sefydlu Ford y Gegin o 1972 ymlaen yng Ngholeg Bala-Bangor yn allweddol. Byddai criw ohonon ni yn dod at ein gilydd, yn aml iawn wedi i'r Glôb gau, i drafod ymgyrchu a phrotestio. Pobl fel Robyn Samuel, Gethin Clwyd, Tecwyn Ifan, John Glyn, Trefor Jones Morris, Rhys Tudur a Geraint Tudur.
>
> Mi fydden ni'n dod nôl a siarad am Gymru a'r Coleg a gwneud hynny am oriau. Canlyniad hynny oedd ein bod ni'n nabod meddyliau ein gilydd. Felly os oedd cyfarfod o'r Cymric, mi fyddai criw Ford y Gegin yn y cyfarfod yn 'arwain' corff y Cymric.

Bryd hynny yng nghymdeithas myfyrwyr Cymraeg Bangor roedd dwy ffrwd o genedlaetholwyr ifanc – ac yn achos Hostel Bala-Bang yn arbennig, roedd llawer ohonynt yn ddarpar weinidogion. Yn rhan o gymdeithas Bala-Bang roedd Adferwyr fel Tecwyn Ifan, Gethin Clwyd a Trefor Jones Morris ar y naill law, ac ar y llaw arall Gristnogion efengylaidd dan ddylanwad diwinyddiaeth, os nad cenedlaetholdeb, Dr R. Tudur Jones, prifathro Bala-Bangor, ac yn eu plith fyfyrwyr ifanc fel John Glyn, Densil Morgan ac Ifan Roberts. Er bod anghytundeb syniadol weithiau rhwng y carfannau uchod roeddent yn unedig ar fater dulliau ymgyrchu dros yr iaith.

Yn y cylch hwn roedd Ifan Roberts yn ymgyrchydd amlwg. Dechreuodd Ifan yn y Coleg yn 1972 yn astudio Gweinyddiaeth Gymdeithasol cyn symud ymlaen i astudio Diwinyddiaeth yn ddiweddarach, ar adeg pan oedd ehangu'r defnydd o'r Gymraeg fel cyfrwng addysgu yn araf gychwyn ym Mangor. Roedd yr adran Gymdeithaseg ymhlith y rhai a glustnodwyd ar gyfer dysgu drwy gyfrwng y Gymraeg, a gwelai Ifan y datblygiad academaidd hwn fel rhan o'r un frwydr ehangach. Iddo ef, nid gweithgaredd achlysurol oedd ymgyrchu, ond ymrwymiad llwyr:

> Roedden ni fwy neu lai yn brotestwyr llawn amser, ac roedden ni'n gorfod cynllunio ymlaen llaw – sut i gyrraedd y lle, sut i fynd i mewn ac ati.

Talodd Ifan bris personol uchel am y gweithredu hwn. Treuliodd bedwar mis yn y carchar am weithredu yn erbyn trosglwyddyddion teledu ger Huddersfield, ar gyhuddiadau o fyrgleriaeth a difrod troseddol. Er iddo dderbyn dedfryd ohiriedig o garchar am chwe mis, parhaodd i weithredu, gan gynnwys meddiannu stiwdios y BBC yn ystod darllediad o raglen bop *Disc a Dawn*.

Yn Llys y Goron Caerdydd cafodd ryddhad amodol gan y Barnwr Dewi Watkin Powell, ond oherwydd iddo ddal ati i weithredu fe'i galwyd 'nôl i garchar Huddersfield yng Ngorffennaf 1974. Ar ôl ei gyfnod yn y carchar, bu'n gweithio mewn cartref henoed tan iddo ddychwelyd i'r Coleg yn 1975, ac yn ddiweddarach aeth ymlaen i ddilyn gradd mewn diwinyddiaeth.

Felly nid syniad a anwyd dros nos oedd creu undeb Gymraeg annibynnol. Roedd yn ganlyniad blynyddoedd o ymgyrchoedd tor-cyfraith, a sgwrsio dros beint yn nhafarn y Glôb neu baned yng nghegin Bala-Bang tan oriau mân y bore. Syniad ydoedd a esblygodd yn naturiol o ymgyrchoedd Cymdeithas yr Iaith ac Adfer.

****

O ran y sefyllfa yn y coleg ym Mangor, hyd yn oed gyda llwyddiant JMJ, parhaodd y rhaniad barn ymhlith y myfyrwyr Cymraeg. Fel y cofia Ifan Roberts:

> Yn y Cymry Cymraeg roedd dwy farn – aros yn yr NUS neu sefydlu undeb Cymraeg annibynnol. Ond roedd fy mhrofiad o'r NUS yn cadarnhau'r anhawster. Oherwydd mi fydden ni'n mynd lawr i'r NUS, ond doedd dim digon ohonom i basio penderfyniadau. Er bod rhai yn cefnogi, doedd y mwyafrif ddim.

Yn Hydref 1974, ar gais Cyfarfod Cyffredinol y Cymric, etholwyd Gweithgor i edrych yn fanwl ar y posibilrwydd o sefydlu undeb myfyrwyr Cymraeg annibynnol ym Mangor. Aelodau'r Gweithgor oedd: Ann Beynon, Tecwyn Ifan, John Glyn, Russell Isaac, Owen Jones, Densil Morgan, Trefor Jones Morris, Dafydd Roberts, Ifan Roberts, Robert Rhisiart, Glyn Tomos a Gari Wyn.

Nid oedd undod llwyr o'r cychwyn. Yn ystod y trafodaethau ymddiswyddodd Owen Jones, Robert Rhisiart ac Ann Beynon, gan adlewyrchu'r tensiynau mewnol oedd yn bodoli, nid yn unig ynghylch tacteg, ond ynghylch egwyddor sylfaenol: a oedd torri'n rhydd yn gam angenrheidiol, neu'n gam peryglus a allai ynysu'r Cymry ymhellach?

Er gwaethaf yr ymddiswyddiadau parhaodd y gwaith. Cyfetholwyd Iwan Edgar ac eraill i'r Gweithgor i gymryd lle'r rhai a oedd wedi ymddiswyddo. Astudiwyd cyfansoddiad UMCA; gwnaed ymholiadau cyfreithiol; ac yn Ebrill 1975, pasiodd Cyfarfod Cyffredinol y Cymric gais i W.R.P. George, cyfreithiwr o Borthmadog a nai i David Lloyd George, lunio adroddiad manwl ar berthynas undeb annibynnol Gymraeg â'r Coleg a chyrff allanol.

Erbyn diwedd Gwanwyn 1975, cyflwynwyd adroddiad mwyafrif y Gweithgor. Barnwyd bod dau ddewis: naill ai Undeb swyddogol, ffederal ac atebol i uwch-lywodraethu gan yr NUS, neu Undeb answyddogol ac annibynnol. Y dewis olaf hwn a ffefrid gan y Gweithgor.

Yn y Cyfarfod Cyffredinol nodwyd y byddai'r Undeb Myfyrwyr annibynnol ym Mangor yn gweithredu'n gyfan gwbl drwy'r Gymraeg. Ni fyddai'n gysylltiedig â'r undebau cenedlaethol Prydeinig fel yr NUS nac adain yr undeb honno yng Nghymru, sef UCMC. Felly, yn wahanol i drefniant UMCA yn Aberystwyth, penderfynwyd na fyddai Undeb Gymraeg Bangor yn rhan o Urdd y Myfyrwyr, gan ddod yn gyfan gwbl annibynnol o'r NUS. Byddai'r Undeb yn cynrychioli buddiannau myfyrwyr Cymraeg, yn ceisio sicrhau llais ar bwyllgorau, ac yn gyfrifol am ei gwasg swyddogol, ac yn anelu at gael ei hadeilad a'i chyfleusterau ei hun, a hybu pob math o weithgarwch fyddai o fudd i'r Gymraeg.

Tynnodd y Gweithgor sylw at y newidiadau oedd ar droed ym myd addysg yng Nghymru. Nodwyd y cynnydd mewn addysg uwchradd Gymraeg, polisïau Cyngor Gwynedd o blaid addysg Gymraeg, a'r posibilrwydd o ddatblygu'r Coleg Normal yn Goleg Cymraeg fel arwyddion clir fod y galw am Undeb Gymraeg ym Mangor yn mynd i dyfu.

Mewn datganiad pellach amlinellodd y Gweithgor egwyddorion llywiol yr Undeb newydd:

> Rhagwelir fod Undeb Annibynnol yn hanfodol os ydym am geisio adeilad ar gyfer ein gweithgareddau. Nid ydym yn anelu at sefydliad anweledig, ond yn hytrach gweinyddiaeth hunangynhaliol a fydd yn gyfrwng i fagu hunanhyder yn y Cymry eu hunain. Er sicrhau llwyddiant yn y maes hwn, rhaid rhoi grym real yn nwylo'r Undeb, grym digonol fel y bydd yn rhaid i'r Cymry ddysgu sut i edrych ar ôl eu buddiannau eu hunain.

****

Un peth oedd derbyn argymhelliad y Gweithgor mewn egwyddor, peth arall oedd cael y myfyrwyr Cymraeg i dorri'n rhydd o'r undeb fwy.

Nododd Glyn Tomos y paradocs oedd wrth wraidd y gwrthdaro rhwng y Cymric ac Undeb y Myfyrwyr: roedd yr 'Undeb Saesneg' yn barod i gefnogi protestiadau dros gyfiawnder ar draws y byd, mewn llefydd fel Chile a De Affrica, ond yn anfodlon cefnogi Cymry oedd yn ceisio "cyfiawnder i'r Gymraeg ar eu stepen drws eu hunain". Dadleuwyd mai dim ond sefydliadau a oedd yn bodoli er eu mwyn eu hunain, ac nid fel cyrff noddedig o fewn fframwaith Prydeinig, a allai wrthsefyll grym meddylfryd sefydliadau megis y Brifysgol. Tynnwyd sylw at y perygl y byddai aros o fewn yr Undeb Saesneg oedd ohoni yn cyfyngu gweithgareddau Cymreig i feysydd 'diogel' megis dawnsio gwerin neu ganu ac adrodd, gan adael y meysydd eraill yn Saesneg eu naws.

Er hynny, nid mater hawdd oedd sicrhau cefnogaeth lawn ymhlith y Cymry Cymraeg eu hunain dros greu undeb annibynnol. Dadleuai rhai mai parhau i frwydro dros hawliau'r Gymraeg o fewn Undeb y Myfyrwyr oedd y ffordd ymlaen, ac y gallai sefydlu Undeb ar wahân arwain at ynysu'r Cymry oddi wrth weddill y corff myfyrwyr. Yn y cyfnod hwn cafodd Ann Beynon, Cymraes o Ddyffryn Nantlle, ei hethol yn Llywydd Undeb y Myfyrwyr. Roedd hi'n fyfyrwraig academaidd alluog ac uchel ei pharch ymhlith uwch swyddogion y Coleg. Roedd hi eisoes yn anesmwyth gyda'r syniad o sefydlu undeb Gymraeg ac wedi ymddiswyddo o Weithgor y Cymric oherwydd hynny, a'r teimlad ymysg rhai o arweinwyr y Cymric oedd bod y Coleg wedi defnyddio ei phenodiad fel Llywydd i wanhau'r alwad am Undeb Myfyrwyr Gymraeg.

Ar yr un pryd, teimlai llawer o'r Cymry yn gwbl ddiamddiffyn wrth i effeithiau ehangu'r Coleg a denu cannoedd yn fwy o fyfyrwyr di-Gymraeg ddod i'r amlwg. Codwyd y cwestiwn sylfaenol: sut oedd diwylliant rhwng dau a thri chant o fyfyrwyr Cymraeg i fod i oroesi yng nghanol tua thair mil o fyfyrwyr eraill?

Mewn dau Gyfarfod Cyffredinol yn olynol o Undeb y Myfyrwyr, ar 9 Rhagfyr, 1975, ac yna ar Ionawr 20 1976, ceisiodd Glyn Tomos, Densil Morgan a Tecwyn Ifan gyflwyno'r cynnig canlynol gerbron:

> Fod yr Undeb hwn yn cydnabod petai galw am Undeb Annibynnol Cymraeg y byddai'n cefnogi'r alwad honno.

Terfynodd y cyfarfod cyntaf mewn anhrefn llwyr ac yn yr ail gyfarfod pleidleisiwyd fod y cynnig yn cael ei adael ar y bwrdd.

Dywed Rheon Tomos, oedd yn fyfyriwr Cyfrifeg a Rheolaeth Ariannol ac yn Drysorydd y Cymric, nad oedd croeso mawr i ddadleuon Llywydd yr Undeb fwy:

> Rwy'n cofio Ann Beynon yn dod i gyfarfod y Cymric i ddadlau o blaid y prif Undeb, ond cafodd ei syniadau gic allan.

Yn Haf 1976, daeth tro arall yn y frwydr pan gyflwynodd y Cymric bolisi iaith newydd i'r Coleg. Roedd egwyddorion sylfaenol Polisi Iaith y Cymric fel a ganlyn:

> Dylai holl weinyddiad y Coleg yn ei ymwneud â'r cyhoedd, myfyrwyr, darpar fyfyrwyr a chyn-fyfyrwyr, gan gynnwys yr adrannau a phob maes sy'n dod o dan ei awdurdod, fod yn uniaith Gymraeg neu'n ddwyieithog gyda blaenoriaeth amlwg i'r Gymraeg.
>
> Lle bo myfyriwr yn dilyn cwrs trwy gyfrwng y Gymraeg, dylai'r holl nodiadau ysgrifenedig a deunydd arall a gyflwynir iddo/i gan yr adran neu'r darlithydd hefyd fod yn Gymraeg.
>
> Dylid diogelu hawl pob myfyriwr i gyflwyno'i draethodau a'i waith coleg yn uniaith Gymraeg os y dymuna hynny, a hefyd i sefyll ei arholiadau yn Gymraeg.

> Dylai pob aelod o'r staff a gyflogir gan G.P.G.C. fod yn rhugl yn y Gymraeg, a dylai unrhyw berson di-Gymraeg a benodir i'r swydd dderbyn cwrs Wlpan cyn dechrau ei swydd.
>
> Dylai'r Coleg ddarparu cyfle i'w holl staff ddysgu Cymraeg o fewn oriau gwaith, a hynny ar dâl llawn.

Nid oedd disgwyl y byddai ymateb y sefydliad yn ffafriol, ac ar unwaith galwyd ar y Gweithgor i lunio rhaglen o weithredu uniongyrchol. Trefnwyd ymgyrch ar gyfer Tymor yr Hydref 1976, gan nodi'n glir y gallai'r cyfnod hwn fod yn gyfle euraid i wireddu'r dyhead hirsefydlog o sefydlu Undeb Gymraeg annibynnol. Cynigiwyd rhaglen ymgyrchu gyda bwriad deublyg:

1. Cyflwyno'r Polisi Iaith i Gyngor y Coleg unwaith eto ar 27 Hydref 1976.
2. Sicrhau piced debyg i'r un a gafwyd yn ystod ymgyrch Neuadd Gymraeg John Morris Jones.

Er bod y polisi iaith a gynigiwyd yn rhesymol ac yn deg, disgwyliad y Gweithgor oedd y byddai'r Cyngor yn ei wrthod unwaith eto. Rhagwelwyd mai ymateb y Coleg fyddai cyhuddo'r Cymric o fyrbwylltra yn wyneb gweithredu uniongyrchol a gohirio drwy bwyllgorau newydd. Ond fel nododd y Gweithgor:

> Digon o bwyllgorau a fu ar hyd y blynyddoedd. Nid oes angen pwyllgor i benderfynu cyfiawnder achos o'r fath. Sefydlu egwyddor yr ydym yn ei ofyn, a dyna a wrthodir bob amser.

Yn wyneb gwrthodiad anochel Cyngor y Coleg, gosododd y Gweithgor gynllun cam wrth gam:

1. Arddangos aneffeithiolrwydd Undeb y Myfyrwyr Saesneg drwy gyflwyno cais i Gyfarfod Cyffredinol yn galw am weithredu uniongyrchol i sicrhau derbyn y Polisi Iaith.

2. Defnyddio'r frwydr dros y Gymraeg i baratoi aelodaeth y Cymric ar gyfer ffurfio Undeb Gymraeg.
3. Rheoli'r frwydr fel petae'r Cymric eisoes yn Undeb annibynnol, gan wneud methiant yr Undeb Saesneg yn weladwy a chreu'r amodau ar gyfer trawsnewid statws y Cymric – cyfansoddiad, trefniadaeth ac ymddiswyddo o'r NUS.

Rhagwelwyd mai Rhagfyr fyddai'r amser mwyaf addas ar gyfer y cam terfynol. I'r perwyl hwnnw, cynigiwyd y dylai unigolion amlwg a dau o ymgyrchwyr blaenllaw Cymdeithas yr Iaith yn yr 1960au – Geraint Jones, Trefor a Dafydd Iwan – a oedd bellach yn gynghorwyr etholedig – gyflwyno cynnig i Lys y Coleg i'r perwyl:

> Bod y Llys hwn yn cefnogi bwriad y Cymric i sefydlu Undeb Gymraeg ym Mangor.

Felly roedd gan y Gweithgor gynllun pendant i ddod i wrthdrawiad uniongyrchol ag awdurdodau Seisnig y Coleg, gan ddefnyddio'r brotest fel modd i greu Undeb Gymraeg annibynnol. Fel y dywedodd Edryd Gwyndaf:

> Cyn hynny roedd pobl yn plygu glin i Syr Charles. Ond roedden ni'n gallu chwarae Syr Charles fel ffidil. Y syniad oedd gofyn am bethau oedd yn dderbyniol i Gymru ac yn ymarferol, ond oedd yn hollol annerbyniol i Charles Evans.

Gosodwyd y llwyfan yn eglur gan Glyn Tomos, Llywydd y Cymric, mewn llythyr a anfonwyd ganddo at lasfyfyrwyr yn 1976. Yn y llythyr hwn, ceir crynodeb pendant o'r dewis hanesyddol roedd y myfyrwyr Cymraeg yn ei wynebu:

> Ers blynyddoedd bellach, Cymdeithas y Cymric sydd yn lleisio barn Cymry Cymraeg y Coleg hwn. Y flwyddyn hon a'r blynyddoedd

> sydd i ddilyn fydd, o bosibl, y blynyddoedd mwyaf tyngedfennol yn hanes y Gymdeithas.
>
> Mae hyn yn deillio o benderfyniad Cyfarfod Cyffredinol y Cymric ein bod yn mynd i anelu at sefydlu Undeb annibynnol Cymraeg. Mae'r syniad wedi ei drin a'i drafod ers rhai blynyddoedd, ond y flwyddyn hon cymerwyd cam pendant i ddechrau'r ymgyrch.

Wrth gofio'n ôl am y ddadl ehangach a oedd wrth wraidd y penderfyniad i sefydlu Undeb annibynnol, dychwelodd Glyn Tomos yn ddiweddarach at yr un cwestiwn creiddiol:

> Dw i'n meddwl mae'n hen ddadl yng Nghymru sydd ohoni: hynny ydi lle 'di'r lle gorau i achub y Gymraeg – ai i mewn yn y sefydliadau neu greu sefydliadau newydd? Dyna oedd y ddadl pan oedden ni'n sefydlu'r Undeb Gymraeg – pam na 'newch chi ymgyrchu yn yr undeb sydd gennych chi'n barod, pam dach chi eisiau creu undeb ar wahân?

I Glyn, fel mwyafrif aelodau'r Cymric, nid mater o gyfleustra oedd sefydlu Undeb newydd, ond penderfyniad egwyddorol ynghylch ble, a sut, y gellid achub a datblygu'r Gymraeg yn y Coleg a'r ardal ehangach.

3

Brwydr olaf y Cymric (1976)

ERBYN DECHRAU TYMOR yr hydref y flwyddyn honno cafwyd ymdeimlad cynyddol ymysg y Cymry fod angen gweithredu'n galetach yn erbyn awdurdodau'r Coleg. Amlinellodd Trefor Jones Morris y cymhellion dros annog ymgyrchu mwy uniongyrchol:

> Y rhesymau dros brotestio oedd yr agwedd negyddol a gwrthwynebus gyffredinol i'r Gymraeg. Roedd hyn yn wir iawn yng nghyd-destun Prifysgol Bangor, nid yn unig fel Prifysgol ond hefyd o fewn Undeb y Myfyrwyr.

Ategir hynny gan Iwan Edgar:

> Roedd sylweddoliad ymhlith nifer o'r myfyrwyr Cymraeg nad oedd y coleg yn cyflawni ei ddyletswydd dros y Gymraeg, ac nad oedd dim bwriad amlwg i hynny ddigwydd. Hynny oedd egin yr anesmwythyd. Rhyw ffrwtian wnaeth pethau yn ystod y flwyddyn academaidd 1975–6 a dim ond siarad. Mi oedd y siarad wedi cyrraedd ryw lefel bod yn rhaid gwneud rhywbeth erbyn Hydref 1976.

Er na ddechreuodd y protestio ar raddfa fawr tan Hydref 1976, roedd y 'ffrwtian' wedi cynnwys gweithredu trawiadol. Cofia Gari Wyn am un weithred yn Nhymor y Gwanwn 1976:

> Torrodd wyth ohonom i mewn i hen adeilad y Coleg ym mherfedd nos. Yno y buom am ddwy awr yn llenwi cloeon drysau swyddfeydd y darlithwyr ac athrawon (y *Professors Corridor*) gydag Isopron (math o sment caled). Roedd o'n ymosodiad crefftus a llwyddiannus a'r bore dilynol roedd llu o wynebau blin ymhlith hierarchaeth Syr Charles Evans.

Fel y soniwyd eisoes, ym Mehefin 1976 derbyniodd Cyngor y Coleg ddogfen gan Gymdeithas y Cymric, yn gofyn am gynyddu'r defnydd o'r Gymraeg yn y Coleg. Ymateb y Cyngor oedd cytuno y dylid trafod y mater yn ei gyfarfod nesaf yn Hydref. Felly pan ddaeth Cyngor y Coleg ynghyd ar 27 Hydref, trefnodd y Cymric bod degau o fyfyrwyr Cymraeg wedi ymgasglu y tu allan i ystafell y Cyngor i wrthdystio. Fel dywed Iwan Edgar:

> Cyhoeddwyd rhyw sticeri bach mân i'w gosod hyd y lle gan Gymdeithas y Cymric. Trefnwyd lobïo Cyngor y Coleg a phledu'r sticeri hyd lle. Pethau digon diniwed oedd y rhain, ond yn ysgytwad i'r coleg am nad oedd dim fel yna wedi digwydd o'r blaen.

Ar y cychwyn ni chaniatawyd cynrychiolwyr y Cymric i annerch y cyfarfod, ond fel cofia Russell Isaac:

> Rwy'n cofio un brotest pan oedd y Cyngor yn cwrdd, a ni'n eistedd mewn coridor tu fas ac yn ceisio cael cyfle i ddylanwadu arnyn nhw. Ond doedden nhw ddim yn cymryd dim sylw ohonon ni. Felly rwy'n cofio troi at John Glyn a chynnig ein bod ni'n creu sŵn i darfu arnyn nhw. Felly er mwyn trio cael y maen i'r wal mi wnaethon ni guro'r waliau tu allan i'r cyfarfod i drio cael eu sylw. Wedyn fe gafodd dau neu dri ohonom ein gwahodd i mewn i siarad o'u blaen – John Glyn, Glyn Tomos a finnau.

Y gwir amdani yw bod gofynion y Cymric yn hynod resymol, oherwydd y cyfan roeddent yn gofyn amdano oedd polisi iaith eglur. Teimlai'r Cyngor, serch hynny, na allai dderbyn dogfen y Cymric yn ei ffurf bresennol, ond cytunwyd i sefydlu is-bwyllgor i adolygu'r polisi dwyieithog, dan gadeiryddiaeth yr Arglwydd Kenyon. Yn ôl Russell Isaac:

> Dywedodd Syr Charles wrtha i ar ddiwedd y cyfarfod 'Gwitshwch funud'. Roedd hynny'n syndod mawr i mi gan nad oeddwn i'n gwybod ei fod yn siarad Cymraeg. Ystyr y geiriau mae'n debyg oedd i'r myfyrwyr Cymraeg fod yn amyneddgar ac fe ddeuai newid – ond ofer oedd hynny. Y broblem fwyaf oedd bod Syr Charles a'r swyddogion yn methu amgyffred teimladau'r myfyrwyr Cymraeg. Roedden nhw'n ein camddehongli'n llwyr, yn ein gweld fel lleiafrif bach, pan oedd yna gorff mawr o deimlad o blaid Cymreigio'r Coleg, digon cryf i brotestio.

Roedd Charles Evans yn hynod wrthwynebus i ehangu'r defnydd o'r Gymraeg yn y sefydliad, ond roedd agwedd ddigymrodedd y Prifathro yn rhoi cyfle euraid i'r ymgyrchwyr. Ym marn Glyn Tomos:

> Does dim amheuaeth fod styfnigrwydd Syr Charles Evans wedi bod o fantais fawr wrth inni geisio mynd â'r maen i'r wal. Nid oedd cyfaddawdu yn rhan o'i wneuthuriad. Pan sefais o'i flaen i annerch cyfarfod Cyngor y Coleg ar gychwyn yr ymgyrch, roedd golwg oer a didrugaredd arno, a chefais yr argraff yn y cyfarfod hwnnw na feiddiai neb ei herio.

Fel y noda David Roberts, hanesydd Coleg Prifysgol Bangor, "Efallai nad oedd aelodau'r Cyngor yn sylweddoli hynny ar y pryd, ond roeddent yn agos at drothwy argyfwng."

Roedd tensiynau wedi cynyddu'n aruthrol ar y campws. Tybia Glyn Tomos bod rhai o Gymry amlwg o fewn staff y Coleg wedi synhwyro bod gwrthdrawiad mawr ar droed oherwydd, yn rhinwedd ei swydd fel Llywydd, cafodd wahoddiad annisgwyl i gartref yr Athro Bedwyr Lewis Jones, pennaeth yr adran Gymraeg am sgwrs anffurfiol gydag yntau ac Alwyn Roberts, o'r adran Gymdeithaseg. Roedd Glyn mewn penbleth ynghylch derbyn y gwahoddiad ai peidio, gan fod ganddo syniad eithaf clir beth oedd eu bwriad. Wedi trafod y mater gyda rhai o swyddogion eraill y Cymric, cytunodd i fynd draw i dŷ'r Athro.

Wedi cyrraedd a chael croeso cynnes, daeth yn amlwg i Glyn mai diben y cyfarfod oedd ceisio dwyn perswâd arno i ddod ag ymgyrch y Cymric i ben. Ofn mwyaf yr academwyr oedd y byddai'r gwrthdaro yn gwneud niwed mawr i'r Coleg a'r Gymraeg. Gwrthod cyfaddawdu ac atal y protestio a wnaeth Llywydd y Cymric, serch hynny.

> Roedden ni'n teimlo bod rhywbeth ar droed. A doedd ganddyn nhw ddim ateb, ac yn poeni beth oedd y goblygiadau. Yn sicr doedd pethau ddim yn mynd i fod yr un fath.

Ac ar 10 Tachwedd 1976 dechreuodd y Cymric weithredu'n uniongyrchol.

****

Tynnwyd hysbysiadau a phosteri oddi ar fyrddau Cyfadrannau'r Celfyddydau a'r Gwyddorau, ac yna eu llosgi'n gyhoeddus yng nghwadrangl y Coleg. Gweithred amlwg oedd hon i dynnu sylw at yr hyn a ystyrid yn ddiystyru'r Gymraeg ym mywyd beunyddiol y Coleg. Dywedwyd bod tynnu'r hysbysiadau wedi tarfu ar weithgarwch academaidd, ynghyd â rhywfaint o gost ariannol.

Yna yn ystod y nos ar ddydd Iau a dydd Gwener, 11 a 12 Tachwedd 1976, paentiwyd sloganau mewn du a gwyn yn cyhoeddi 'Brad y Brifysgol' y tu mewn a'r tu allan i adeiladau'r Coleg, gan gynnwys slogan fawr yn datgan 'Cyfiawnder i'r Iaith' ar wal hir prif adeilad uchaf y Coleg, a edrychai dros ddinas Bangor.

Ym marn Rheon Tomos, trysorydd y Cymric, roedd y slogan amlwg ar draws prif wal y sefydliad wedi gwylltio Charles Evans.

> Yr hyn a dynnodd flewyn o drwyn y Prifathro oedd y slogan 'Cyfiawnder i'r Iaith', a baentiwyd mewn llythrennau mawr gwyn oedd yn weladwy o waelod Bangor. Dyna a wylltiodd bobl ac a arweiniodd at benderfyniad i wneud esiampl ohonom.

Nid dim ond y Prifathro a wylltiwyd, oherwydd mae'n debyg bod Cymry Cymraeg amlwg ar y staff academaidd, fel Alwyn Roberts, yr un a geisiodd ddarbwyllo Glyn Tomos ddyddiau ynghynt i atal ymgyrch y Cymric, hefyd yn gresynu at y paentio a'r difrod a wnaed.

Ar ddydd Iau, 11 Tachwedd 1976, meddiannodd grŵp o fyfyrwyr Cymraeg y Gofrestrfa Academaidd o'r bore bach hyd tua 4.45 y prynhawn. Dinistriwyd rhywfaint o bapur pennawd swyddogol, rhwygwyd ffurflenni yn ymwneud â hepgor ffioedd, a difrodwyd un teipiadur yn ddamweiniol. Ar yr un pryd paentiwyd sloganau ar y muriau o amgylch y Prif Adeilad, a thynnwyd rhai arwyddion i lawr cyn eu llosgi yn y prif gwadrangl.

Ymysg y nifer fawr a gymerodd ran oedd Dafydd Roberts, Ysgrifennydd y Cymric, Glyn Tomos, y Llywydd a Carys Dafydd, myfyriwr Gweinyddiaeth Gymdeithasol o'r Parc ym Mhenllyn. Wrth gofio'r digwyddiad, disgrifiodd Glyn Tomos y modd y gadawyd y swyddfa academaidd:

> Ar ddiwedd y prynhawn hwnnw bu bron inni â chael damwain fawr. Penderfynwyd cael pawb allan o'r adeilad drwy ffenestr y swyddfa, gan ddefnyddio ysgol i ddod â ni i lawr yn ddiogel. Yr

> olaf i adael yr ystafell oedd Dafydd Roberts, aelod o'r grŵp Ar Log, neu Dil Brân bryd hynny. Cyn gadael yr ystafell, roedd gofyn iddo symud y baricêds a dringo i lawr yr ysgol heb i staff y Coleg gael gafael ynddo.

Ond wrth i'r myfyrwyr olaf adael y meddiannu, gafaelodd un aelod o staff y coleg ym mhen yr ysgol a dechrau ei hysgwyd wrth i'r myfyrwyr geisio dringo i lawr. Dywed Carys Dafydd sut y gwnaeth agwedd rhai o swyddogion y Coleg beri dychryn:

> Pan oeddem ar fin gadael meddiannu'r Swyddfa Academaidd mi afaelodd rhywun yn yr ysgol a Dafydd Roberts arni a dechrau ei hysgwyd. Mi roddodd ei ddwy droed ar ochr arall yr ysgol a llithro i lawr ac yna neidio oddi arni. Rwy'n cofio meddwl bod hynny'n beryglus dros ben, ond roedd Dafydd wedi meddwl yn sydyn. Oni bai am hynny mi fyddai wedi'i anafu'n ddrwg.

Llithrodd Dafydd i lawr ac wrth arbed ei hun disgynnodd ar ben Glyn Tomos a bu bron i'r ddau ddioddef anafiadau drwg. Fel cofia Glyn: "Fel gadael llong, fi a Dafydd oedd yr olaf i adael y meddiannu, ac mi wnaeth rhywun symud yr ysgol a syrthiodd Dafydd oddi ar yr ysgol ar fy mhen."

Ar 15 Tachwedd cyfarfu Senedd y Coleg mewn sesiwn frys gyfrinachol a phenderfynu gweithredu'n haearnaidd, gan ddechrau mynd ati i ddiarddel y pedwar aelod o Gymdeithas y Cymric a enwyd ar gerdyn aelodaeth y Gymdeithas am weddill blwyddyn academaidd 1976-77.

Y diwrnod wedyn holwyd Dafydd Roberts, ysgrifennydd y Cymric, Emrys Wyn, yr ysgrifennydd cynorthwyol a Rheon Thomas, y trysorydd, gan yr Is-brifathro J. Gwynn Williams a'r Cofrestrydd Eric Hughes. Fe'u hysbyswyd eu bod i ymddangos o flaen Pwyllgor Disgyblu Senedd y Coleg ynghyd â Glyn Tomos, Llywydd y Cymric. Profiad digon annymunol oedd hynny yn ôl Glyn:

> Be wnaeth fy nychryn i oedd cael fy holi gan Gwynn Williams, yr Is-brifathro. Roedd ei ffordd a'i arddull yn oeraidd, a chefais y teimlad fy mod am ei chael hi ac nad oedd ffordd allan. A chael y teimlad hefyd bod y rhain am wneud rhywbeth mawr i mi, a bod ein cefnau yn erbyn y wal. Roedd yn fwy fel cyfweliad heddlu na chyfweliad coleg.

Mewn ymateb i'r camau disgyblu aeth dros 130 o aelodau'r Cymric i swyddfeydd cyllid y coleg gan daflu papurau a ffeiliau ar hyd y llawr, gan ymddiheuro wrth un swyddog yn y Swyddfa Gyllid a oedd, mae'n debyg, yn cydymdeimlo â'u dadleuon. Ar ddydd Mawrth, 16 Tachwedd 1976, bu tarfu pellach ar gyfnewidfa ffôn y Coleg, ar ôl i boster ymddangos ar hysbysfwrdd Undeb y Myfyrwyr yn annog holl aelodau'r Cymric i ffonio'r Coleg hyd at 4.30 y prynhawn hwnnw i greu tagfa yng nghyfnewidfa ffôn y sefydliad.

Yn ôl Iwan Edgar roedd hon yn ffordd rwydd ac effeithiol o ddrysu gweinyddiaeth y Coleg:

> Aed ati ar ddiwrnod arall i flocio cyfnewidfa ffôn y coleg (drwy gael rota o bobl yn barhaol i ffonio o nifer o fythau ffôn cyhoeddus, ac unwaith y ceid ateb, yna peidio rhoi'r arian i mewn ond rhoi'r ffôn i lawr a deialu drachefn).

Hefyd ar ddydd Mawrth, 16 Tachwedd 1976, cyfarfu Pwyllgor Disgyblu'r Senedd am 5.00 y prynhawn. Ymddangosodd y pedwar a ddiarddelwyd gerbron y Pwyllgor Disgyblu, ynghyd â'u cyfreithiwr. Ond fel nododd Glyn Tomos, oherwydd bod y cyfarfod yn cael ei gynnal mor hwyr yn y diwrnod, roedd y pedwar dan anfantais sylweddol. Gan fod y cyfarfod ar ddiwedd y prynhawn hwnnw, nid oedd modd i'w cyfreithiwr baratoi amddiffyniad ar eu rhan. Yr unig beth y gallai ei wneud oedd bod yn bresennol i sicrhau eu hawliau, ac i bwysleisio bod y pedwar wedi gweithredu nid fel unigolion, ond fel aelodau o'r Cymric.

Ar ran y Cymric cyflwynodd Euros Jones ddeiseb wedi'i harwyddo gan 160 o fyfyrwyr Cymraeg yn datgan eu bod i gyd yn gyfrifol am bob gweithred yn enw'r Cymric yn yr ymgyrch am bolisi iaith newydd. Ychwanega Glyn bod Llywydd Undeb y Myfyrwyr yr NUS wedi rhoi gair o gefnogaeth i fwriad y Cymric am bolisi dwyieithog, ond nid o blaid dulliau gweithredu'r Cymric.

> Wedi hynny, gofynnwyd inni adael y cyfarfod fel bod aelodau'r Senedd yn cael gwneud eu penderfyniad. Er bod Cymry amlwg fel yr Athro Bedwyr Lewis Jones, y Parch. Isaac Thomas, yr Athro Alun Llywelyn-Williams, Lynn Davies, ac eraill yn bresennol yn y cyfarfod y prynhawn hwnnw, roeddent yn y lleiafrif, ac nid oeddem yn hyderus y byddai'r Senedd yn dangos trugaredd tuag atom.
>
> Y diwrnod canlynol cawsom wybod ein tynged, a hynny mewn ffordd ddramatig iawn. Ar brynhawn dydd Mercher, Tachwedd 17, cyflwynwyd llythyr gan Brif Borthor y Coleg i'r pedwar ohonom, Dafydd, Rheon, Emrys a minnau, oedd yn cynnwys penderfyniad Pwyllgor Disgyblu Senedd y Coleg.
>
> Yn y llythyr nodwyd bod y Pwyllgor Disgyblu yn credu 'bod sail gadarn i'r honiadau bod y pedwar ohonoch wedi cymryd rhan yn yr hyn a ddigwyddodd a bod yr honiadau wedi eu profi'.

Felly penderfynwyd gwahardd pedwar myfyriwr, sef prif swyddogion y Cymric, o'r Coleg am weddill sesiwn academaidd 1976-77, gyda chaniatâd iddynt ddychwelyd yn Hydref 1977 ar yr amod eu bod yn rhoi sicrwydd ysgrifenedig na fyddent yn cymryd rhan eto mewn gweithredoedd a oedd yn debygol o beri difrod i eiddo'r Coleg neu ymyrryd â gwaith arferol y Coleg.

Arwyddwyd y llythyr gan Eric Hughes, Cofrestrydd y Coleg.

Cofia Rheon sut y cafodd y pedwar gadarnhad o'u tynged mewn ffordd ddigon di-drefn:

> Y prynhawn wedyn roedd tîm pêl-droed y Cymric yn chwarae yn erbyn ysgolion lleol, ac roeddwn i ym Mrynrefail, wedi mynd adref i gael swper. Cefais alwad ffôn gan fy nghariad Einir, a hithau wedi clywed o 'mlaen i ar raglen newyddion *Y Dydd* ar HTV, fy mod wedi cael fy niarddel. Cefais lawer o gefnogaeth: er bod fy rhieni'n flin ar y cychwyn ac wedi cael eu syfrdanu, roedd fy nhad-yng-nghyfraith yn gefnogol iawn. Doeddwn i ddim yn y neuadd yn fy mlwyddyn olaf, ond bu'n rhaid i Glyn ac Emrys adael JMJ gan nad oedden nhw'n cael aros ar dir y Coleg.

Profiad anodd ar y cychwyn oedd y diarddel i Glyn hefyd, fel y cofiodd yn ei hunangofiant *Deffro i Fore Gwahanol*:

> Roedd y daith adra yn y car y prynhawn hwnnw yn un anodd, wrth feddwl beth fyddai ymateb fy rhieni. Er bod yn bryderus ynglŷn â'r gwaharddiad a'm dyfodol, roeddent yn dosturiol. Penderfynais mai peidio ag aros adra fyddai orau, a dyma yrru'n ôl i Fangor er mwyn cael bod gyda'r tri arall. Wedi dychwelyd i Fangor, aeth y pedwar ohonom i'r Glôb am sgwrs.

Tra'r oedd y pedwar yn rhannu peint yn y dafarn a phwyso a mesur yr hyn oedd wedi digwydd iddynt, roedd gweddill aelodau'r Cymric yn cynnal cyfarfod i drafod beth i'w wneud nesaf. Cyn mynd am y Glôb aeth Glyn i JMJ i nôl ei bethau a chael llythyr swyddogol yn ei wahardd gan warden y Neuadd Gymraeg.

> Wna i fyth anghofio'r sefyllfa anodd roedd John Llew, warden y neuadd, ynddi wrth orfod rhoi'r llythyrau i ni yn ein hysbysu o'r diarddel. Ond dwi'n cofio eistedd yng nghyntedd JMJ, a chyfarfod y Cymric ar fin cychwyn i drafod sut i ymateb i'n diarddeliad – roedd yna deimlad rhyfeddol bod rhywbeth ar droed, ac roedd yn brofiad arbennig gweld y gefnogaeth a gawson ni.

Dull Charles Evans o weithredu oedd anfon llythyrau at y myfyrwyr a gafodd eu diarddel a disgwyl i John Llew fel warden y neuadd eu dosbarthu. Dywed John Llew fod y diarddel yn ei roi mewn lle arbennig o anodd:

> Y dasg anoddaf a ddaeth i'm rhan fel Warden oedd gorfod cyflwyno, ar ddau achlysur gwahanol, lythyrau i'r myfyrwyr oedd wedi eu diarddel o'r Coleg. Er fy mod yn ceisio gweithredu fel rhyw fath o ganolwr mae'n bur debyg y gwyddai swyddogion y Coleg fod fy nghydymdeimlad gyda'r myfyrwyr a'm bod yn gwaredu at ddiffyg sensitifrwydd a chomon sens awdurdodau'r Coleg.

Ychwanega'r warden ei fod yn cael ei weld gan yr awdurdodau, ynghyd â phobl fel y Cynghorydd Dafydd Orwig a Dr R. Tudur Jones, prifathro Coleg Bala-Bangor, fel pobl hŷn oedd yn annog y myfyrwyr ifanc, er nad oedd hynny'n wir o gwbl, meddai.

> Drwy'r holl gyfnod yma teimlai Syr Charles nad oeddwn i'n ddigon llym o ran disgyblu myfyrwyr y neuadd, ac roeddwn dan bwysau i ddisgyblu'n llymach. Ond mi es i draw i gartref Dafydd Roberts yn Llwyngwril i'w gefnogi. Oherwydd ro'n i'n teimlo fel warden 'mod i'n gyfrifol am fy myfyrwyr, ac yn teimlo'n driw iddyn nhw. Roeddwn eisiau iddyn nhw gael chwarae teg.

Penderfyniad corff y Cymric y noson honno oedd cynyddu'r brotest a meddiannu rhan sylweddol o adeiladau'r Coleg. I nifer o'r myfyrwyr Cymraeg, roedd y penderfyniad i ddiarddel y pedwar yn groes i bob egwyddor o degwch, ac yn arwydd fod y Coleg yn barod i gosbi unigolion a thorri'r ymgyrch. Felly o fewn ychydig oriau, dechreuodd myfyrwyr ymgynnull, trafod, a chytuno mai gweithredu pellach oedd yr unig ymateb priodol.

Penderfynwyd meddiannu Adeilad Newydd y Celfyddydau.

4

'Euros Jones and persons unknown'

O DDYDD MERCHER, 17 Tachwedd, hyd at ddydd Gwener, 19 Tachwedd, meddiannwyd Adeilad Newydd y Celfyddydau yn rhannol gan aelodau'r Cymric. Cafodd mynediad i'r adeilad a'r fynedfa i'r cwadrangl blaen eu rhwystro. Roedd yr adeilad yn cynnwys tua 50 o ystafelloedd darlithwyr ac athrawon, 19 o ystafelloedd darlithio, a rhai o swyddfeydd gweinyddol y Coleg.

Yn y cyfamser cynhaliwyd Cyfarfod Cyffredinol Undeb y Myfyrwyr ar 18 Tachwedd, ond yn gymysg â chydymdeimlad gyda'r pedwar a ddiarddelwyd roedd yno deimladau gelyniaethus tuag at y Cymric ymhlith y myfyrwyr Saesneg. Mewn pleidlais allweddol penderfynwyd peidio â chefnogi gweithredu uniongyrchol o blaid swyddogion y Cymric, gyda 217 yn pleidleisio yn erbyn a 199 o blaid. Er mai 'Na' oedd y penderfyniad ffurfiol, dehonglwyd y canlyniad fel arwydd o gefnogaeth sylweddol i achos y Cymry, ac yn hytrach na derbyn y bleidlais fel diwedd ar y mater, penderfynodd y Cymric wahodd y 199 a bleidleisiodd o blaid cefnogi i gyfarfod yn Neuadd John Morris-Jones.

Yn syth ar ôl y diarddel, trodd y Cymric at lunio apêl gyhoeddus, gan gysylltu â chefnogwyr y Gymraeg ledled Cymru. Anfonwyd llythyr gan Russell Isaac ac Iwan Edgar ar ran y Cymric yn galw am weithredu yn erbyn penderfyniad y Coleg ac o blaid gweithredu Polisi Iaith synhwyrol.

Fel y gwyddoch mae Cymdeithas y Cymric, Cymdeithas Gymraeg Coleg y Brifysgol, Bangor, ar hyn o bryd yn cynnal ymgyrch yn erbyn awdurdodau'r coleg er hyrwyddo polisi iaith a fyddai'n rhoi tegwch i'r Gymraeg ym mhob agwedd ar fywyd y coleg, yn weinyddol ac yn addysgol.

Hyd yn hyn mae ei haelodau wedi defnyddio dulliau cyfansoddiadol a rhywfaint o ddulliau anghyfansoddiadol megis tynnu posteri a phaentio sloganau, yn ddisgybledig ac yn ddi-drais. Canlyniad yr ymgyrch oedd gyrru pedwar o swyddogion y Gymdeithas, tri ohonynt ar eu blwyddyn derfynol, o'r coleg am weddill y sesiwn, a'u gwahardd rhag dyfod ar gyfyl y coleg.

Pe baent yn addo peidio ag ymyrryd mewn unrhyw fodd nac o dan unrhyw amgylchiadau â gweinyddiaeth a gweithrediad y coleg, ac yn datgan hynny'n ysgrifenedig wrth y coleg, byddai'r coleg yn fodlon eu derbyn yn ôl fel myfyrwyr.

Teimlwn fod cosb mor drom â hon ar y rhai a ddigwyddai fod yn swyddogion y Cymric, a hynny o ganlyniad i ymgyrch ddisgybledig a threfnus, yn hollol anghyfiawn.

Ymbiliwn arnoch fel caredigion y Gymraeg i ysgrifennu at Gofrestrydd y Coleg, Eric Hughes, i gwyno am y fath driniaeth ac i ofyn i weithredu'r polisi synhwyrol a argymhellwyd gan y Cymric.

Dirprwywyd Russell Isaac a John Glyn i siarad gyda'r wasg ac i ymddangos ar ran yr ymgyrchwyr, ac mi fu Russell ar y teledu yn dadlau gyda gwleidyddion amlwg.

Bues i ar raglen *Yr Wythnos* ar HTV gyda Gwilym Owen a Wyn Roberts, AS Conwy. Dywedodd Wyn Roberts, oedd yn aelod blaenllaw o'r Blaid Geidwadol yng Nghymru, wrtha i taw "Mynd i'r coleg ydach chi i ddysgu."

Ar ôl iddo ddweud hynny, atebais i fe drwy ddweud: "Mr Roberts, dwi wedi dysgu mwy yn yr wythnosau diwethaf na dwi wedi yn y tair blynedd diwethaf."

A wedyn pan gafon ni ein cyhuddo ganddo fe o ddefnyddio trais, atebais: "Pa drais? Dyw paentio ambell i wal ddim yn drais. Mae angen i chi ailddiffinio'r gair."

Ac fel noda Russell Isaac, "Cawsom gefnogaeth Cymru gyfan, a llythyrau gan ddegau o bobl." Ymysg y cefnogwyr yr oedd llenorion fel Kate Roberts a John Gwilym Jones, ac roedd cefnogaeth o'r fath yn galondid mawr i Glyn Tomos:,

> Mi oedd 'na lythyrau'n dod i mewn i Undeb y Myfyrwyr gan ffigyrau amlwg fel Dr Kate Roberts; gan John Gwilym Jones, y dramodydd. Oedd 'na gant a mil o ffigyrau amlwg Cymru yn gefnogol... Roedd y ffaith bod John Gwilym Jones a Kate Roberts yn cefnogi yn gneud i Mam a Dad deimlo'n well.

Mynegodd Rheolwr y BBC yn y Gogledd, John Roberts Williams, feirniadaeth o benderfyniad y Coleg i ddiarddel y pedwar gan ddweud fod y sefydliad wedi dewis gwneud hynny mewn modd anghyfansoddiadol.

Un arall oedd yn gefnogol i'r pedwar ac yn hallt ei gondemniad o'r Coleg oedd un o sylfaenwyr Plaid Cymru, Lewis Valentine, a fu ei hun yn arwain protestiadau yn erbyn Seisnigo'r Coleg ym Mangor yn yr 1920au. Mynegodd Valentine ei gefnogaeth yn ddiamwys i'r pedwar a ddiarddelwyd: "Yr wyf yn eich cefnogi yn llwyr." Ysgrifennodd Valentine at ei chwaer yn yr un cyfnod, gan gyfeirio at Lys y Coleg fel 'Llys y Brad', ac ychwanegu'n chwyrn:

> Onid yw hi'n gythraul tua Bangor yna. Yr oeddwn ar flaen y gad yn ymladd am ryddid ac urddas i'r iaith yno yn 1920–21, ac nid oes dim o bwys wedi ei ennill er hynny; ar rai ystyron mae'n waeth. Y mae rhyw griw o Saeson a'u cynffonwyr wedi ymgastellu yno ac yn epilio yn gyson – gofidiaf na fuaswn yn ieuengach a chryfach. Rhoddaf fwy o bwys ar frwydr yr iaith beunydd – oni enillwn y frwydr hon ni bydd dim gwerth ei gael wedi ei ennill, bobl bach, gweddïwch dros y Gymru Gymraeg!

Nid oedd Glyn Tomos am golli dim o'r cynnwrf a'r gweithredu er ei fod wedi'i wahardd o dir y coleg:

> Tra bod y protestiadau yn mynd rhagddynt, roeddwn yn awyddus i aros ym Mangor. Drwy haelioni Gethin Clwyd a Trefor Jones Morris, dau fyfyriwr o Goleg Bala-Bangor, cefais aros efo nhw. Trefniant answyddogol oedd hyn, gan na wyddai awdurdodau Bala-Bang ddim am y peth.

Ar 22 Tachwedd 1976, trefnwyd gorymdaith fawr drwy strydoedd Bangor, wedi'i harwain gan y pedwar a gafodd eu diarddel, ac amcangyfrifwyd bod rhwng 300 a 800 o fyfyrwyr wedi cymryd rhan.

Mewn gwirionedd Glyn Tomos oedd yr unig un o'r pedwar fu'n flaenllaw iawn yn y gwaith o drefnu'r gweithredu yn erbyn y Coleg, a chafodd y tri arall eu cosbi yn unig am eu bod yn swyddogion y Cymric. Ond gwnaeth pob un o'r rhai a gafodd eu gwahardd sefyll yn gadarn yn ôl Glyn: "Roeddwn i'n ddiolchgar i'r tri am gadw efo ni, achos roedd eu dyfodol nhw hefyd yn ansicr ar ôl cael eu gwahardd."

Dywed Russell Isaac fod rhai o'i gyfeillion yng Nghymdeithas yr Iaith yn rhyw hanner poeni bod protestiadau Bangor yn tynnu sylw oddi ar eu hymgyrchoedd nhw:

> Dywedodd ffrindiau oedd yn Aberystwyth ac yn weithgar gyda Chymdeithas yr Iaith wrtha i: byddwch yn ofalus eich bod chi ddim yn tynnu tân oddi wrthyn ni. Roedden nhw'n gweld yr ymgyrch ym Mangor yn rhy leol, ac yn poeni y gallai amharu ar ymgyrchoedd mwy cenedlaethol.

Daeth y rali heddychlon i ben yng nghwad y coleg, lle'r oedd y siaradwyr gwadd yn cynnwys y bardd R.S. Thomas, y dramodydd John Gwilym Jones a Dafydd Iwan. Yno yn ogystal i ddangos eu cefnogaeth i'r 4 roedd darlithwyr o Goleg Aberystwyth, gan gynnwys John Rowlands, Tedi Millward, a D.J. Bowen.

Un o gyfeillion pennaf John Gwilym Jones oedd Thomas Parry, yr ysgolhaig a'r llenor, a fu'n Brifathro Coleg Prifysgol Cymru Aberystwyth rhwng 1958 ac 1969 ond a oedd erbyn 1976 wedi ymddeol ac yn byw yn ôl ym Mangor Uchaf. Cyn mynd yn brifathro ar y Coleg ger y Lli, fodd bynnag, gobaith mawr Thomas Parry oedd cael ei benodi'n Brifathro Coleg Prifysgol Bangor, ac yn ôl ei gofiannydd Derec Llwyd Morgan roedd yn hynod siomedig pan benodwyd Charles Evans yn ei le yn 1958.

Yn wreiddiol roedd Charles Evans ac awdurdodau'r coleg am wrthod caniatâd i'r Cymric gynnal rali i wrthwynebu diarddel y pedwar o flaen grisiau Neuadd PJ. Ond pan glywodd Thomas Parry am hyn, aeth ar ei union at arweinwyr y sefydliad i ddadlau'n gryf y dylid caniatáu'r gwrthdystiad ar dir y Coleg, ac ildiodd yr awdurdodau i'r pwysau. Cwestiwn diddorol sy'n codi yn sgil yr helynt yma yw'r posibilrwydd y byddai agweddau Coleg Bangor tuag at y Gymraeg wedi bod dipyn mwy cadarnhaol pe bai Thomas Parry wedi'i benodi'n brifathro yn hytrach na Charles Evans yn 1958.

Yn y rali ei hun clywid cefnogaeth gan bob siaradwr i ofynion craidd y Cymric y dylai'r coleg, yn ei holl ymwneud â'r cyhoedd, â myfyrwyr, darpar fyfyrwyr a chyn-fyfyrwyr, roi blaenoriaeth amlwg i'r Gymraeg. Nodwyd bod Cymdeithas yr Iaith wedi datgan ei chefnogaeth i'r Cymric hefyd.

Yn ei araith mynegodd Dafydd Iwan ei gefnogaeth ddiamod i'r myfyrwyr, gan bwysleisio bod y frwydr dros y Gymraeg mewn addysg uwch yn rhan o frwydr ehangach dros urddas a hawliau cenedlaethol. Ategwyd hynny gan

John Gwilym Jones a dynnodd sylw at ddyletswydd foesol sefydliadau addysg i wasanaethu'r gymdeithas gyfan yng Nghymru.

Cafodd y myfyrwyr gefnogaeth sylweddol, a derbyniodd y Coleg tua 150 o lythyrau yn cymeradwyo eu safiad, a chodwyd pryderon gan rai aelodau lleyg o Gyngor y Coleg ynghylch gweithredoedd y Coleg. Roedd O.V. Jones, obstetregydd blaenllaw o Borthaethwy ac aelod o'r Cyngor, yn arbennig o anfodlon ar y gosb a roddwyd, gan ddisgrifio'r cosbau ar y pedwar myfyriwr fel rhai hynod lym.

Daeth cefnogaeth i'r pedwar a beirniadaeth ar agwedd yr awdurdodau gan amryw o gyn-lywyddion y Cymric, yn eu plith Ann Beynon, Emlyn Davies, Dafydd Elis Thomas, R. Alun Evans, Gwynn Matthews, Eryl Owain, Dafydd Parri, Huw Roberts, Euryn Ogwen Williams a Norman Williams. Ysgrifennodd Gruffydd Aled Williams, a oedd ei hun yn aelod o'r Adran Gymraeg ym Mangor, lythyr cefnogol ar ran cymdeithas y cyn-fyfrwyr yn gofyn i awdurdodau'r Coleg ailfeddwl ond yn ofni mai achos y gwrthdaro oedd 'agwedd ymarhous y Coleg tuag at weithredu polisi dwyieithog a hefyd i'w agwedd amwys tuag at ei gyfrifoldeb i Gymru'.

Ar y llaw arall, cynddeiriogwyd rhai academyddion di-Gymraeg gan y protestiadau. Er gwaethaf dadleuon darlithwyr fel Dyfnallt Morgan ychydig iawn o aelodau di-Gymraeg cangen Bangor o undeb darlithwyr yr AUT oedd yn cydymdeimlo gyda'r myfyrwyr Cymraeg. Yn wir roeddent am weld cosbi llymach. Galwodd yr AUT am 'firm disciplinary action to be taken' yn eu herbyn. Mewn colofn olygyddol mynegodd y *Caernarvon and Denbigh Herald* ei bod yn falch fod prifathro Coleg Prifysgol Bangor wedi bod yn gadarn yn ei ymdriniaeth â'r myfyrwyr.

Mewn cyfarfod cyffredinol arall a gynhaliwyd yn JMJ penderfynwyd y byddai aelodau'r Cymric yn meddiannu

Adeilad Newydd y Celfyddydau unwaith eto, ac am gyfnod amhenodol y tro hwn. Yn y cyfarfod hwnnw penderfynwyd y byddai aelodau o Gymdeithas y Dysgwyr a myfyrwyr tramor yn meddiannu Tŵr Mathemateg y Coleg, ac y byddai'r ddau feddiannu yn cydredeg.

Felly am 6 o'r gloch nos Fawrth, Tachwedd 23, dechreuodd myfyrwyr y Cymric feddiannu Adeilad Newydd y Celfyddydau gan osod rhwystrau ar risiau mynediad yr adeilad, a pharcio dau gar ar draws y fynedfa i gwad y coleg er mwyn cau'r safle.

Roedd trefniadaeth effeithiol a glynu wrth egwyddorion gweithredu di-drais yn ganolog i'r meddiannu yn ôl Russell Isaac, ac yn ffordd o ddarbwyllo rhai myfyrwyr petrusgar i weithredu:

> Roedden ni'n benderfynol o beidio bod yn dreisgar. Roedd protestio di-drais yn greiddiol, ac roedd lot o fyfyrwyr llai eithafol yn gofyn i fi siarad ar eu rhan nhw. Roeddwn i'n dod drosodd yn gymedrol a rhesymol ond ar yr un pryd yn fodlon herio'r awdurdodau. Roeddwn i'n gweld fy hun fel cymedrolwr, ond roedd anghyfiawnder, a sefydlu'r Undeb yn ffordd o godi llais. Roedd y meddiannu wedi ei drefnu'n ofalus – bwcedi ar raff, shifftiau, a rota i sicrhau bod pobl yno drwy'r amser.

Mae'n debyg bod Euros Jones wedi cadw dyddiadur o'r cyfnod ac fel ysgrifennodd ei gyfaill John Pritchard yn y gyfrol *Cofio Euros* mae ei nodiadau yn creu darlun byw;

> ... y myfyriwr a guddiodd mewn cwpwrdd yn yr Adeilad am rai oriau er mwyn gallu agor ffenestri'n hwyr y nos i'r gweddill ddringo i mewn; y ffaith fod dros 150 o fyfyrwyr wedi cymryd rhan yn y Meddiannu; ac mai ei gar ef [Euros] oedd un o'r ceir a ddefnyddiwyd i rwystro mynediad i Gwadrangl Ffrynt y Brifysgol.
>
> Mae'r cof hefyd yn dychwelyd at y manylion bach hynny sy'n

> dweud cymaint am ysbryd y cyfnod: myfyrwyr y Coleg Normal yn dod â chymorth ymarferol, yn darparu cawl i bawb, a'r cawl yn cael ei godi ar raff at ffenestri llawr cyntaf yr Adeilad. (Yn rhyfedd iawn, nid yw Euros yn crybwyll y brechdanau enfawr y buom yn gwledda arnynt.) Mae hefyd yn cyfaddef iddo anfon yr ysgolion a ddefnyddiwyd i sicrhau mynediad i'r Adeilad yn ôl i Fala–Bangor, heb gofio y byddai eu hangen pe bai'n rhaid i rai fynd a dod.

Am 6.30 ar yr un noson symudodd y myfyrwyr eraill i feddiannu pum llawr uchaf Adeilad deg llawr y Tŵr Mathemateg oedd yn rhan o Floc y Gwyddorau ar Ffordd Deiniol. Cafwyd gafael ar set o oriadau i'r Tŵr, a llwyddodd criw bach cychwynnol i gael mynediad heb orfod torri i mewn, ac yna fe'u dilynwyd gan niferoedd mwy, gan sicrhau meddiant o'r adeilad yn gyflym. Rhwystrwyd y ddau lifft yn yr adeilad rhag gweithio a gosodwyd rhwystrau ar y grisiau oedd yn arwain at y chweched llawr ac ar y ddihangfa dân allanol. Ar ôl caniatáu mynediad i ddau neu dri o lanhawyr yn gynnar y bore, gosodwyd rhwystrau ar draws y grisiau, a bu'r Tŵr ar gau i ddarlithoedd y diwrnod canlynol ac i mewn i'r wythnos wedyn.

Felly erbyn 24 Tachwedd roedd tua 120 o fyfyrwyr Cymraeg yn meddiannu Adeilad Newydd y Celfyddydau, tra bod tua 100 o'u cefnogwyr di-Gymraeg, yn gweithredu'n annibynnol ar Undeb y Myfyrwyr, wedi meddiannu'r Adran Fathemateg.

Gwnaed ymgais yn Aberystwyth ar 24 Tachwedd am 9.15 y bore i feddiannu swyddfeydd yn y coleg. Wrth i'r myfyrwyr Cymraeg gyrraedd y swyddfeydd gofynnwyd yn gwrtais i'r staff gweinyddol adael, ond dywedwyd bod un ohonynt wedi cael trawiad ar y galon a'i gymryd i'r ysbyty. Dan yr amgylchiadau penderfynwyd peidio parhau â'r bwriad i feddiannu. Aeth dirprwyaeth o'r myfyrwyr i gyfarfod â'r

Prifathro Syr Goronwy Daniel a wadodd unrhyw gysylltiad ffurfiol gydag awdurdodau Bangor. Hysbyswyd y myfyrwyr bod yr aelod o staff yn ddifrifol wael ac ar beiriant cynnal bywyd. Ond yn ddiweddarach wedi holi'r ysbyty canfu'r myfyrwyr nad oedd gwirionedd yn y stori a bod y gweithiwr yn holliach ac wedi mynd adref.

Yn ôl ym Mangor, rhybuddiodd Charles Evans y gallai'r protestwyr gael eu disgyblu pe caent eu hadnabod ac mewn *ultimatum* i fyfyrwyr a staff, dywedodd na fyddai'r Coleg yn cael ei frawychu i newid polisi drwy fygythiadau na thrais. Ar ôl cyflwyno llythyrau at y Prifathro bob awr drwy gydol y dydd yn gofyn iddo drafod eu gofynion, cyfarfu dirprwyaeth o'r protestwyr â'r Prifathro, ond gwrthododd eu cais i godi'r gwaharddiad ar y pedwar myfyriwr. Yr hyn sy'n drawiadol yw'r modd y ceisiodd awdurdodau'r Coleg bortreadu'r meddiannu drwy bwyslais ar rybuddion disgyblu gan y Prifathro, ac ar y defnydd o iaith fel 'threats and violence', er bod y myfyrwyr eu hunain yn pwysleisio trefn, rota, a gweithredu di-drais.

Cam nesaf yr awdurdodau oedd sicrhau gwŷs gyfreithiol yn erbyn y myfyrwyr oedd yn rhan o'r meddiannu, a chyhoeddwyd yr wŷs yn erbyn "Euros Jones and persons unknown", ac roedd yn atebol i'w wrando yn Adran Siawnsri yr Uchel Lys yn Lerpwl fore Llun 27 Tachwedd. (Yn ôl John Pritchard mi wnaeth enwi Euros Jones yn benodol ar yr wŷs ennill awr o enwogrwydd i'r ymgyrchydd brwd, a daeth yr wŷs yn destun balchder mawr iddo wedyn.)

Ceisio "adfer" Adeilad Newydd y Celfyddydau oedd y Coleg yn ôl y ddogfen, ac os na fyddai'r diffynyddion yn bresennol nac wedi'u cynrychioli, byddai'r Coleg yn ceisio gorchymyn gan y llys.

Yn y pen draw, gadawodd y meddianwyr y Tŵr o'u gwirfodd ar 28 Tachwedd ar ôl i'r Coleg sicrhau gwŷs.

Gwnaed hynny ar gais y Cymric gan mai fel unigolion roedd y myfyrwyr wedi meddiannu'r Tŵr Mathemateg, ac nid fel aelodau o unrhyw gorff myfyrwyr. Elaine Tyler oedd yn arwain y meddianwyr parhaol, tra bod Vaughan Roderick, Leighton Andrews (a fyddai maes o law yn Weinidog Addysg Llywodraeth Cymru) ac Andy Chandler yn gweithredu fel cyswllt rhwng y dysgwyr Cymraeg, y Cymric ac Undeb y Myfyrwyr. Yn ogystal â hynny, cynhaliwyd amryw o brotestiadau o blaid y pedwar myfyriwr a ddiarddelwyd mewn colegau eraill ledled Cymru.

Yn dilyn y gorchymyn Uchel Lys, daeth meddiannu'r Cymric i ben. Ar Dachwedd 30, mewn cyfarfod yn Narlithfa 4 yn Adeilad Newydd y Celfyddydau penderfynodd y myfyrwyr y byddent yn gadael yr adeilad unwaith y deuai'r heddlu i weithredu'r wŷs.

Ond nid dyna oedd diwedd yr ymgyrch o bell ffordd.

****

Er mwyn ceisio datrys yr anghydfod a chael yr awdurdodau i ildio rhywfaint, cyfarfu Aelod Seneddol Plaid Cymru dros Gaernarfon, Dafydd Wigley, â Phrifathro'r Coleg, Syr Charles Evans, ynghyd â'r Is-brifathro a'r Cofrestrydd. Dywedodd yr Aelod Seneddol mai pwrpas y cyfarfod oedd ailystyried diarddel pedwar swyddog y Gymdeithas gan Senedd y Coleg yn dilyn y gwrthdystiadau.

Beirniadol iawn oedd Dafydd Wigley o agwedd yr awdurdodau.

> A dweud y gwir, ni chyflawnodd y cyfarfod ddim byd. Gwrthododd awdurdodau'r Coleg yn llwyr ateb nifer o gwestiynau, ar y sail nad oedd eu cyfreithiwr yn bresennol. Roedd y rhain yn cynnwys cwestiynau hollbwysig ynghylch a oedd y rhai a ddiarddelwyd wedi bod yn bresennol mewn unrhyw un o'r digwyddiadau yr

> oeddent yn cael eu cosbi amdanynt. Gofynnais i'r achos gael ei gyfeirio at gymrodeddu annibynnol, ond gwrthodwyd hynny hefyd, gan fod yr awdurdodau'n ystyried bod eu pwerau yn y materion hyn yn absoliwt. Roeddwn, a dweud y gwir, wedi fy syfrdanu gan *authoritarianism* y Coleg.

Cyfarfu Cyngor y Coleg ar 8 Rhagfyr 1976, ac wedi trafodaeth fer, ac ar gynnig gan Archesgob Cymru, G.O. Williams, a eiliwyd gan O.V. Jones, condemniodd y Cyngor y defnydd o drais a galwodd ar y Cymric i ymatal rhag unrhyw weithredu a fyddai'n tarfu ar weithrediad y Coleg. Ar yr un pryd, gofynnwyd i'r Senedd, a oedd yn gyfrifol am ddisgyblaeth myfyrwyr, ddangos trugaredd i'r pedwar. Felly ar 15 Rhagfyr, ailystyriodd y Senedd y sefyllfa, ac fel 'gweithred arbennig o drugaredd' – *'act of clemency'*, oedd y term swyddogol mawreddog – codwyd y gwaharddiadau ar y pedwar myfyriwr, ar yr amod bod y myfyrwyr a'r Cymric yn addo na fyddent yn ymddwyn yn yr un modd eto. O ganlyniad, roedd yn ymddangos bod y gwrthdaro wedi tawelu, o leiaf dros dro. Mynegodd Thomas Parry, cyn-Brifathro Coleg Prifysgol Aberystwyth, ei fod yn falch iawn o benderfyniad y Senedd, gan obeithio y byddai'r myfyrwyr yn ymateb yn briodol. Gwnaeth y pedwar hynny, gan roi'r addewidion y gofynnwyd amdanynt, ac ar ôl chwech wythnos o waharddiad caniatawyd iddynt ddychwelyd.

Er hynny digon cymysg oedd teimladau'r pedwar wrth fynd yn ôl, fel cofia Rheon Tomos:

> Roeddwn wedi cael llond bol ac wedi suro i raddau. BA mewn Cyfrifeg a Rheolaeth Ariannol oedd fy ngradd ac er bod fy nhiwtor yn iawn ac wedi gadael imi barhau i astudio yn ystod y gwaharddiad, es i ddim i'r seremoni raddio. Doeddwn i ddim eisiau potsian efo hwnnw.

Yn wleidyddol, teimlo'n rhwystredig oedd Glyn Tomos, yn enwedig o weld ymateb llugoer ac ofnus rhai academyddion.

> Dw i'n reit argyhoeddedig, pe bai academwyr Cymraeg y coleg wedi rhoi mwy o gefnogaeth i ni, y byddem wedi cracio'r wy a chael mwy o lwyddiant.

Yn bersonol profodd Glyn Tomos ddwy wedd o ymateb. O ran ei gwrs coleg i fynd i'r offeiriadaeth ac ymateb yr Eglwys yng Nghymru dywed i'r Archesgob fod yn ystyriol iawn, er nad oedd pob eglwyswyr mor feddylgar:

> Bu'r Archesgob Gwilym O. Williams yn dda efo fi, a gwnaeth lawer i'n cael ni'n ôl. Ond mi fyddwn i'n mynd ambell i Sul i eglwysi lleol i bregethu, ac mi es i un eglwys bryd hynny, a phan welodd rhai pobl mai fi oedd yno mi aethon nhw oddi yno. Ond eithriadau oedd hynny, ac mi ges i gefnogaeth leol gan eglwysi eraill ac *Eco'r Wyddfa*, y papur bro lleol.

Symud o Fangor wnaeth Glyn oherwydd gofynion ei gwrs gyda'r eglwys.

> Roedd hi'n gyfnod o drawsnewid wedi 1976, ac mi roeddwn i allan ohoni. Roeddwn wedi gweithio'n galed ar yr egwyddor o sefydlu'r Undeb Gymraeg ond nid yr ochr ymarferol. Mi wnes i drio aros ym Mangor, ond doedd dim dewis gen i yn y diwedd ond mynd i Landaf, i Goleg Mihangel yno, i barhau gyda'm hyfforddiant eglwysig. Ond roedd holl Seisnigrwydd Llandaf yn rhywbeth yr oeddwn yn ei ymladd, a chanlyniad hynny yn y diwedd oedd gadael, ac arwain clybiau ieuenctid a maes o law mynd i faes gwaith cymdeithasol. Ond roedd hi'n anodd cael swyddi ar y dechrau oherwydd helynt 1976.

Yn y cyfamser, roedd yr adolygiad o'r Polisi Dwyieithog yn symud yn ei flaen, ond heb unrhyw ddatblygiadau o bwys. Mewn dogfen dros dro a gyflwynwyd i gyfarfod y Cyngor yn Rhagfyr 1976, nodwyd bod gwybodaeth yn cael ei chasglu, ac y gofynnid i'r Senedd ystyried materion yn ymwneud â dwyieithrwydd a Phrosbectws y Coleg maes o law.

Felly o ran canlyniadau a sgileffeithiau'r cynnwrf yn Nhachwedd 1976, er na weithredwyd Polisi Iaith llawn ar unwaith gan y Coleg, enillwyd rhyw lun ar bolisi iaith dwyieithog, a gorfodwyd awdurdodau'r Coleg i gydnabod ar bapur eu dyletswydd tuag at y Gymraeg. O dan bwysau barn gyhoeddus, ildiodd y Coleg drwy dderbyn pedwar swyddog y Cymric yn ôl. Llwyddwyd, yn ogystal, i uno brwydr y myfyrwyr â brwydrau cenhedlaeth newydd o genedlaetholwyr ar gynghorau lleol y Gogledd, gyda chanlyniadau pellgyrhaeddol yng nghyfarfodydd Llys y Coleg ei hun. Ar ddechrau'r saithdegau prin y clywid y Gymraeg yn y cyfarfodydd hynny; erbyn 1976 roedd hyd yn oed yr Arglwydd Kenyon yn gorfod ymostwng i ateb dadleuon cenedlaetholwyr ar y Llys.

****

Yn hytrach na thawelu'r sefyllfa, caledodd safbwynt haearnaidd yr awdurdodau benderfyniad y myfyrwyr, a chryfhau'r gred nad oedd newid gwirioneddol i'w gael ond trwy weithredu pendant eofn.

Cafodd Russell Isaac sgwrs breifat gydag Eric Hughes, Cofrestrydd y Coleg, ar y pryd, a ddywedodd wrtho ei fod yn teimlo na ddylai'r Coleg fod wedi mynd i'r Uchel Lys i gael gwŷs i symud y meddianwyr o Adeilad Newydd y Celfyddydau. I Russell, roedd hynny'n ddatguddiad pwysig ac yn dystiolaeth o'r diffyg dealltwriaeth dyfnach ar ran yr awdurdodau ynghylch natur y brotest a'r hyn oedd yn tanio'r gweithredu. Yn wir roedd ymateb y Coleg bryd hynny meddai "wedi bod yn annoeth ac wedi agor y drws i fwy o feddiannu a gweithredu mwy eithafol."

Roedd Golygydd cylchgrawn y cyn-fyfyrwyr, *Y Bangoriad*, Dr Bruce Griffiths, darlithydd yn yr Adran Ffrangeg yn ddi-flewyn-ar-dafod, gan osod y cyfrifoldeb am y cynnwrf yn sgwâr ar ysgwyddau'r Prifathro:

> TRECH GWLAD NAG ARGLWYDD
> Safle, neu'n hytrach diffyg safle'r iaith Gymraeg yn ein coleg, a achosodd y llynedd yr helyntion mwyaf a welwyd yma ers blynyddoedd. Tynnwyd sylw'r wasg a'r cyfryngau torfol atom am wythnosau gan brotest filwriaethus y Cymric dros ein hiaith, a bu'n destun trafod mewn capel a thafarn ledled Cymru. Collfarnwyd dull ymosodol y Cymric o ymgyrchu gan Phariseaid lu, yn enwedig gan rai yn annog 'ymgyrchu tawel, di-drais,' na wyddent, neu a ddewisent anghofio, y buwyd yn ymgyrchu'n dawel a di-drais ers pymtheng mlynedd bellach, heb fawr ffrwyth...
>
> Yn ffodus i'r Cymric, bu i awdurdodau'r coleg ymddwyn yn hollol ddi-glem. Gallasai'r coleg fod wedi honni, er enghraifft, iddo wneud defnydd ehangach a mwy amlwg o'r Gymraeg nag erioed o'r blaen, sy'n wir. Ni ddewisodd wneud hynny. O holl aelodau'r Cymric a arddelodd gyfrifoldeb am y difrod, dewisodd y coleg bedwar bwch dihangol a'u cosbi yn hysteraidd ac eithafol. Trawodd adwaith y cyhoedd y coleg fel corwynt. Nid ffŵl mo'r dyn cyffredin, a gall adnabod annhegwch ciaidd o'r fath. Ni thyciodd agwedd gwbl anghymodlon y Prifathro ddim, a bu'n rhaid i'r Senedd droi ar ei garn a chael esgus dros wneud. Bellach, mae is-bwyllgor yn trafod polisi iaith y coleg. Oni amlygir parodrwydd ar ran y coleg i arddel ei Gymreictod, ni fydd yr heddwch presennol yn ddim ond gosteg o flaen storm waeth i ddod.

Yr un oedd neges Prifathro Coleg Bala-Bangor, Dr R. Tudur Jones. Yn ei golofn yn *Y Cymro* ar ddechrau Rhagfyr 1976, dadansoddodd y sefyllfa ym Mangor yn groyw, gan ddadlau bod polisi iaith y Cymric yn gwbl resymol ond yn gwbl groes i feddylfryd Prydeinig yr awdurdodau, a bod y diffyg parch i'r iaith a'r polisi o ehangu'r Coleg yn mynd law yn llaw:

> Yn awr, mae'r ddogfen hon [polisi iaith y Cymric] yn herio egwyddor sy'n garreg sylfaen pob polisi a fabwysiadwyd gan Goleg Bangor yn ystod y blynyddoedd diwethaf. A dyma, yn y bôn, pam yr aeth yn gythrwfl yma. Safbwynt gweinyddwyr presennol y Coleg yw mai 'Coleg Prydeinig' ydyw. Mae'r Prifathro wedi pwysleisio hyn yn gyson.
>
> Mae nifer o oblygiadau'n dilyn. Yn gyntaf, nid oes gan Gymru unrhyw hawl arbennig ar y Coleg. Mater o ddamwain yw mai ar dir Cymru y lleolir ef. Yn ail, nid oes hawl gan y Cymry ddisgwyl unrhyw driniaeth freiniol yn y Coleg. Perthyn y Coleg i 'Brydain' ac nid oes gan Gymro fwy o hawl i sylw arbennig na myfyriwr o Gaer Efrog neu o Gaint. Yn drydydd, gan mai gwasanaethu 'Prydain' yw swydd y Coleg, nid oes eisiau cyfyngu ar nifer y myfyrwyr gan ddweud y byddai Coleg llai'n ddigon i gyfarfod gofynion Cymru. Yn bedwerydd, nid oes unrhyw ddiben i neb ddisgwyl i adrannau'r Coleg gymryd diddordeb neilltuol mewn problemau Cymreig.
>
> Chwyddo'r Coleg i'w faintioli presennol oedd un o'r camau pwysicaf i sylweddoli'r polisi Prydeinig hwn. Unwaith yr oedd lluoedd o fyfyrwyr o'r tu allan i Gymru wedi cyrraedd, yr oedd y ffordd yn glir i ddadlau mai lleiafrif cymharol ddibwys oedd y Cymry, a'r Cymry Cymraeg yn lleiafrif llai fyth. Ond gan eu bod ar dro'n lleiafrif swnllyd, yr oedd callineb yn awgrymu mai cyfrwys o beth fyddai ildio dipyn bach iddynt yma ac acw. Ond, wrth gwrs, yr oedd yr athroniaeth sylfaenol yn golygu mai lleiafrif yn ceisio ffafr oeddent, nid myfyrwyr Cymraeg yn un o'r colegau cenedlaethol yn disgwyl cael safle i'w hiaith trwy hawl. Gosodwch chwi'r ystyriaethau hyn ochr-yn-ochr ag egwyddor sylfaenol polisi iaith y Cymric, ac fe welwch ar unwaith pam y bu ffrwydrad yma.
>
> Ac ni chlywsom y diwedd eto.

5

O Ford y Gegin i Gaffi Deiniol (1977)

HEB AMHEUAETH, CANLYNIAD uniongyrchol mwyaf arwyddocaol ymgyrch 1976 oedd sefydlu Undeb Gymraeg annibynnol, sef Undeb Myfyrwyr Colegau Bangor – UMCB.

Cofia Rheon Tomos y dadleuon a fu dros y blynyddoedd, a sut y gwnaeth gwahardd y pedwar droi'r fantol o blaid creu undeb annibynnol Gymraeg:

> Rwy'n cofio lot o drafod, a lot yn gwrthwynebu symud i sefydlu undeb annibynnol. Doedd y penderfyniad ddim yn unfrydol o bell ffordd. Roedd rhai yn dadlau dros weithio drwy'r prif undeb, ond roedd y diarddel yn dangos mai hesb oedd hynny.

Felly ar 8 Rhagfyr 1976, cynhaliwyd cyfarfod mawr o'r myfyrwyr Cymraeg yn Ystafell Gyffredin Neuadd John Morris-Jones i ddod â'r Cymric i ben a sefydlu Undeb annibynnol. Yn ôl atgof Densil Morgan: "Fi, rwy'n cofio, a gynigiodd yn ffurfiol mewn cyfarfod cyhoeddus ein bod yn diddymu'r Cymric a sefydlu undeb annibynnol, gydag Edryd Gwyndaf yn eilio."

Ond yn ôl cyfansoddiad y Cymric, roedd yn rhaid cynnal cyfarfodydd y Cymric yn yr Ystafell Gymraeg. Felly er mwyn osgoi unrhyw bosibilrwydd y byddai rhai am atgyfodi'r Cymric mewn gwrthwynebiad i'r undeb annibynnol, aeth criw o ryw ugain draw o JMJ i'r Ystafell Gymraeg yn yr Hen Goleg i ddirwyn Cymdeithas y Cymric i ben yn swyddogol yn ei chyfarfod ffurfiol olaf, dan gadeiryddiaeth Iwan Edgar. Yn ôl yn JMJ wedyn symudwyd ymlaen yn gyflym, gydag Euros Jones yn rhoi cynnig gerbron, wedi'i eilio gan Edryd Gwyndaf: "ein bod yn sefydlu Undeb Gymraeg yn ddi-oed". Penodwyd dau swyddog i drefnu etholiadau, casglwyd un geiniog gan bawb fel tâl aelodaeth, a gwnaed trefniadau i ddiddymu cyfansoddiad y Cymric yn derfynol o fewn muriau'r Hen Goleg.

Cafwyd peth trafodaeth ar y dechrau ynghylch union enw'r undeb newydd ond dadleuodd amryw nad 'Undeb Myfyrwyr Cymraeg Bangor' ddylai fod yr enw, ond 'Undeb Myfyrwyr Colegau Bangor', gyda'r holl weinyddiad trwy gyfrwng y Gymraeg ond heb y gair ei hun, gan adlewyrchu hefyd y colegau eraill ym Mangor, fel y Coleg Normal a'r Coleg Technegol. "Dyna," ym marn John Glyn, "oedd sut y dylai pethau fod mewn gwlad normal." A dyna a benderfynwyd.

Yn ôl Russell Isaac, gweithred golectif ar y cyd oedd y protestiadau a sefydlu'r Undeb, nid camp unigolion. "Roedden ni i gyd yn ysbrydoli ein gilydd i weithredu," meddai, gan bwysleisio mai'r teimlad o gyfrifoldeb ar y cyd a roddodd y nerth i'r ymgyrch fynd mor bell ag y gwnaeth.

Ategir hynny gan Ifan Roberts a ddywedodd fod unoliaeth pwrpas o fewn UMCB er gwaethaf y berthynas anodd ar brydiau rhwng Cymdeithas yr Iaith ac Adfer ar ddiwedd y saithdegau:

> Ar y pryd roedd ymgyrch arwyddion ffyrdd a sianel Gymraeg Cymdeithas yr Iaith ar eu hanterth ac roedd cystadleuaeth a thensiwn ymysg mudiadau iaith y cyfnod rhwng y Gymdeithas a Mudiad Adfer. Ond doedd dim anghydweld o fewn UMCB, roedd

yna unoliaeth ar egwyddor undeb annibynnol ac ymgyrchu yn erbyn y Coleg.

Erbyn dechrau 1977, roedd UMCB wedi'i sefydlu fel corff annibynnol, ac yn etholiadau cyntaf yr undeb newydd etholwyd Edryd Gwyndaf yn Llywydd ac Iwan Edgar yn Is-lywydd. Anwen Hughes a etholwyd yn Ysgrifennydd, gyda Gwenan Ifans yn Is-ysgrifennydd. Penodwyd Gari Wyn yn Drysorydd a Vaughan Roderick yn Swyddog Cyswllt. Dyma felly oedd swyddogion etholedig cyntaf UMCB.

Yn sgil ei sefydlu roedd yr UMCB newydd yn wynebu sawl her – ceisio sefydlogi'r Undeb yn ariannol ac yn drefniadol, a pharhau i ymgyrchu dros hawliau'r Gymraeg, myfyrwyr Cymraeg, a bro Gymraeg dalgylch y Coleg.

Proses gydweithredol fu llunio cyfansoddiad yr undeb annibynnol newydd, a bu tipyn o gyfnewid syniadau ar y mater dros fisoedd ail hanner 1976, ond ar gais Glyn Tomos, yr un fu'n bennaf gyfrifol am ddrafftio'r cyfansoddiad terfynol oedd Iwan Edgar.

Oherwydd iddi dorri oddi wrth yr NUS ac yn wyneb diffyg cydnabyddiaeth swyddogol gan y Coleg, bu'n rhaid i UMCB ddatblygu sylfaen ariannol annibynnol. Gan nad oedd yr Undeb newydd yn cael ei chydnabod gan y Brifysgol, ni fyddai'n derbyn unrhyw nawdd ariannol o gwbl.

Er i UMCB wneud cais at bob Cyngor Sir yng Nghymru i ofyn iddynt anfon cyfraniadau myfyrwyr oedd yn aelodau'r Undeb Annibynnol yn uniongyrchol i goffrau'r Undeb, gwrthododd pob Cyngor Sir y cais hwnnw, ac eithrio Gwynedd. A hyd yn oed yng Ngwynedd wrth ystyried y cais gan Bwyllgor Addysg Gwynedd, penderfynwyd "yng ngoleuni'r dystiolaeth amrywiol a gyflwynwyd" i adael y mater ar y bwrdd. Roedd yn gwbl amlwg na fyddai'r tâl aelodaeth o un geiniog a dalwyd gan bob aelod ar y cychwyn yn para'n hir, felly un o'r penderfyniadau cyntaf a wnaed er mwyn creu incwm oedd sefydlu canolfan gymdeithasol. Canolfan gymdeithasu a fyddai'n dod ag incwm i goffrau UMCB.

I'r perwyl hwn penderfynwyd llogi hen gaffi'r Kit Rose uwchben un o siopau Bangor Uchaf. Er mwyn ariannu'r fenter cyfrannodd tua 160 o fyfyrwyr o leiaf £10 y pen, ac felly yn Chwefror 1977 agorwyd Caffi UMCB, sef Caffi Deiniol.

Bu gan Edryd Gwyndaf gyfraniad hollbwysig i'r fenter hon. Roedd yn fab fferm o Sir Gaerfyrddin ac wedi magu profiad yn y diwydiant bwyd, ac roedd ei brofiad o redeg busnes bwyd yn gaffaeliad wrth i UMCB fynd ati i osod y caffi ar ei draed. Fel dywedodd Russell Isaac, "Fe wnaeth e [Edryd Gwyndaf] lawer i sefydlu'r Caffi ac roedd e'n graff o ran rhedeg busnes." Ymhlith y rhai eraill a fu'n allweddol wrth osod sylfeini busnes cadarn i'r caffi oedd Trefor Jones Morris a Gari Wyn, gan roi amser, llafur a threfniant i sicrhau bod y fenter yn gynaliadwy. Mantais arall oedd bod Rheon Tomos, a fu'n Drysorydd y Cymric, wedi dod yn Drysorydd Caffi Deiniol. Fel y mae Rheon yn cofio:

> Un o'r pethau rwy'n meddwl oedd yn bwysig oedd sut i gael pencadlys i ni, a phenderfynwyd cael lle ym Mangor Uchaf gyda chegin. Fi a Trefor Jones Morris wnaeth gymryd yr awenau i drefnu llawer o hynny yng ngaeaf 1977. Roedd hynny'n sgil fy rôl fel trysorydd y Cymric ac wedyn y caffi.

Disgrifir bwrlwm Caffi Deiniol yn gofiadwy gan John Pritchard, oedd yn fyfyriwr yng ngholeg diwinyddol Bala-Bangor, yng nghyfrol deyrnged *Cofio Euros*:

> Dyma ddaeth yn gartref i'r Undeb newydd: ei swyddfa, ei fan cyfarfod, ei le paned, a'i lwyfan trafod. I'r rhai ohonom nad oedd

yn gwirioni ar goginio, daeth Caffi Deiniol yn fuan iawn yn lle brecwast, cinio a swper beunyddiol. Roedd y prisiau rhad yn help mawr, ac roedd modd cyfiawnhau ein habsenoldeb parhaol o gegin Bala-Bangor drwy ddweud bod pob ceiniog a wariem ar baned, brechdan neu ffa pob ar dost yn gyfraniad gwerthfawr at goffrau'r Undeb newydd. Er mwyn arbed costau, byddem yn gwasanaethu y tu ôl i gownter y Caffi yn ein tro. Gwneud te neu goffi a derbyn arian oedd unig gyfrifoldeb y mwyafrif ohonom, ond byddai ambell un mwy mentrus yn helpu'r bobl dda oedd dan gyflog yn y gegin.

Wrth gofio sefydlu'r Caffi, nododd Trefor Jones Morris:

Roedd defnydd cyson o lefydd bwyta Bangor Uchaf fel y Glôb neu Gaffi La Provencal, ond daeth cyfle i gymryd at Gaffi Deiniol, drws nesa i gapel Twrgwyn. Roedden ni'n mynychu'r lle bob dydd, a dau gof sydd gen i yw ryw fath o gystadleuaeth wythnosol i gwblhau croesair *Y Cymro* a chynnal noson gyda rhai fel Huw Jones, Sain, ar y pryd.

Daeth y caffi'n ganolfan gymdeithasol ac yn fan trefnu i'r Undeb, gan symud bywiogrwydd y trafodaethau a ddechreuodd yn Ford y Gegin i Gaffi Deiniol, lle gallai'r myfyrwyr gynnal trafodaethau, cynllunio protestiadau a threulio cryn dipyn o amser yn malu awyr! Cyfrannodd amryw o staff cyflogedig i'r caffi yn y blynyddoedd cynnar wrth osod y busnes ar ei draed, yn enwedig felly Helen Greenwood; Mrs Thomas, Maesgeirchen; Sion a Catrin Alun; Gwenno Jones a Mrs Avril Williams.

Roedd penderfyniad UMCB i ddefnyddio Caffi Deiniol fel prif swyddfa yn rhyddhad i warden neuadd JMJ, John Llywelyn Williams:

Roeddwn i'n falch iawn bod UMCB wedi sefydlu eu pencadlys yn y Caffi, ac ar wahân i JMJ, roedd hynny'n ffodus iawn oherwydd gallwn gadw'r neuadd yn annibynnol i'r Undeb. A'r hyn y trïais i

> ei wneud ar hyd yr adeg oedd cadw lled braich rhwng y myfyrwyr a minnau. Roeddwn i'n ffodus yn y ffaith na fyddai'r myfyrwyr ac arweinwyr UMCB yn trafod dim o'u cynlluniau efo mi, diolch byth! Er na wnaeth hynny atal y Coleg rhag peidio ymddiried ynof chwaith.

Bu sefydlu a rhedeg Caffi Deiniol yn dipyn o gamp. Er gwaethaf y feirniadaeth achlysurol dros y blynyddoedd am y fwydlen gyfyngedig, roedd y ffaith fod criw o fyfyrwyr wedi llwyddo i redeg caffi masnachol yn wirfoddol yn llwyddiant digamsyniol ac yn dystiolaeth glir o gyd-dynnu a chydweithrediad a hyd yn oed mentergarwch aelodau'r Undeb. Yn wir, ystyriwyd ar un adeg y gallai'r Undeb redeg tafarn y Llew Gwyn ar Stryd Fawr Bangor, ond roedd honno'n fenter ry uchelgeisiol, mae'n debyg.

Yn gysylltiedig â'r Caffi ac â hunaniaeth yr Undeb yn ehangach oedd ei harwyddlun trawiadol o ddeilen iorwg a ddyluniwyd gan Iwan Edgar. Yn ôl traddodiad, roedd y ddeilen hon yn cynrychioli rhyddid ym mhroffwydoliaeth Myrddin ond roedd atgof hanesyddol dyfnach ynghlwm wrth yr iorwg: oherwydd dywedir mai coron o iorwg a roddwyd ar ben Llywelyn ein Llyw Olaf pan roddodd Edward y Cyntaf ben y Tywysog ar bolyn yn Nhŵr Llundain yn 1282. Yn y cyd-destun hwn, daeth yr iorwg yn symbol o barhad, cof a gwrthsafiad, gan gysylltu hunaniaeth yr Undeb â thraddodiad hir o wrthsefyll ac ymdrech genedlaethol.

Fel pob mudiad effeithiol roedd gofyn i UMCB gael cyfrwng cyfathrebu effeithiol. I'r diben hwnnw dechreuodd yr Undeb newydd gyhoeddi ei chylchgrawn myfyrwyr ei hun, *Y Llef*. Dan y golygydd cyntaf Robat Trefor daeth *Y Llef* yn gyfrwng cyfathrebu i'r aelodau. Yn ogystal â chynnwys arferol cylchgrawn coleg o glecs a bwrlwm cymdeithasol roedd ynddo erthyglau gwleidyddol caled ac eitemau dychanol a doniol am y frwydr yn erbyn Seisnigrwydd y Coleg. Dilynwyd Robat fel golygydd yn y blynyddoedd wedyn gan Rhiannon Tomos (a ddaeth yn un o sêr oes aur y sîn roc Gymraeg yn yr 1980au) ac Esyllt Maelor (a ddaeth y ferch gyntaf i fod yn llywydd UMCB yn 1980).

****

Yn naturiol, fel llywydd cyntaf UMCB roedd Edryd Gwyndaf yn ffigwr canolog yn nyddiau cynnar yr Undeb. Bu'n fyfyriwr ym Mangor rhwng 1972 a 1975, cyn dychwelyd eto rhwng 1975 a 1978. Yng ngwanwyn 1977 fel Llywydd UMCB penderfynodd arwain drwy esiampl a herio agwedd awdurdodau'r coleg tuag at y Gymraeg.

Pan dderbyniodd Gwyndaf gopi o raglen Cynhadledd y Prifathrawon oedd i'w chynnal yng Ngholeg Prifysgol Bangor yn Ebrill 1977, sylwodd ar unwaith ei bod yn uniaith Saesneg. Er mai cynhadledd i brifathrawon Cymru oedd hi, gwahoddwyd cynrychiolwyr o Loegr, ac roedd hyn, ynghyd â'r ymdrech i ddenu myfyrwyr o Loegr, yn groes i bolisi'r Undeb o geisio Cymreigio'r Coleg.

Fel Llywydd UMCB, teimlai mai ei ddyletswydd oedd cael barn Cyngor yr Undeb a gweithredu yn unol â phenderfyniad y corff hwnnw. Ffoniwyd saith aelod o'r Cyngor, a phenderfynwyd dros y ffôn, gan fod pawb adref dros y Pasg, i alw cymaint o fyfyrwyr â phosib 'nôl i Fangor er mwyn mynychu'r gynhadledd. Ffoniwyd degau o aelodau'r Undeb, a chysylltwyd â rhagor yn y dyddiau dilynol.

Nid oedd yn ddigon mynychu'r gynhadledd, roedd angen gweithredu hefyd, oherwydd barnai Gwyndaf fod sawl rheswm dros darfu ar y digwyddiad:

> Yn gyntaf, roedd y rhaglen yn uniaith Saesneg, a hynny yn amlygu diffyg diffuantrwydd awdurdodau'r Coleg ar fater yr iaith. Er eu

> bod yn honni tegwch a chydymdeimlad ar un llaw, roeddent ar y llaw arall yn gwadu Cymreictod y Coleg yn ymarferol. Yn ail, bwriad y gynhadledd oedd denu mwy o fyfyrwyr i goleg oedd eisoes yn rhy fawr i ddinas Bangor a'r ardaloedd cyfagos, ac yn gysylltiedig â hynny, rhan o fwriad y gynhadledd, oedd denu rhagor o fyfyrwyr o Loegr. Roedd anghydbwysedd ieithyddol difrifol ym Mangor, gyda tua naw di-Gymraeg i bob un Cymro Cymraeg.

Nid oedd unrhyw sôn chwaith yn rhaglen y gynhadledd am broblem iaith y Coleg. 'Student Welfare' oedd testun y sesiwn gyntaf, ac i Gwyndaf roedd hyn yn arwydd bod awdurdodau'r Coleg yn methu cydnabod mai'r iaith oedd un o broblemau dyfnaf carfan fawr o'r myfyrwyr.

Ar ben hynny, roedd effaith y Coleg ar y Fro Gymraeg gyfagos yn cael ei anwybyddu'n llwyr. Roedd y Coleg yn hysbysebu'r pentrefi cyfagos fel lleoedd delfrydol i fyfyrwyr fyw ynddynt, heb ystyried o ddifrif yr effaith niweidiol ar gymunedau lleol o bolisi lletya o'r fath. Yn olaf, pwysleisiai'r Coleg fanteision Bangor fel coleg mewn ardal dwristiaid, gan honni bod agosrwydd at dai haf yn ei gwneud yn '*fortunate*'. Yn ôl Gwyndaf, nid oedd unrhyw ystyriaeth o'r difrod i ardaloedd oedd eisoes yn dioddef oherwydd y broblem tai haf, problem oedd yn cael ei lledaenu dros y flwyddyn gyfan gan bresenoldeb myfyrwyr o'r tu allan i Gymru.

Roedd y diwrnod i gychwyn am 9.00 y bore, ac am 9.15 aeth rhwng 30 a 35 o aelodau UMCB i'r gynhadledd yn y brif ddarlithfa. Cafodd rhai fynd i mewn heb eu hatal, tra cafodd eraill eu rhwystro, nes i Arfon G. Jones, yr Is-gofrestrydd, roi caniatâd iddynt fynd i mewn. Eisteddodd y grŵp yn dawel yng nghefn y ddarlithfa, lle'r oedd myfyriwr yn siarad yn Saesneg ar lesiant myfyrwyr.

Daeth y Cofrestrydd Academaidd, A. Jones Williams,

ynghyd ag Arfon G. Jones, draw i holi Edryd Gwyndaf ynghylch pwrpas eu presenoldeb. Eglurodd yntau mai eu bwriad oedd cyflwyno nifer o gwestiynau i'r Is-brifathro, yr Athro Gwynn Williams, cadeirydd y cyfarfod, a gofyn iddo eu hegluro i'r gynhadledd. Cynigiodd Arfon G. Jones gyflwyno'r cwestiynau ar eu rhan, ond gwrthododd Gwyndaf, gan ddweud ei fod am eu cyflwyno ei hun.

Ar ôl dychwelyd i'w seddau, arhosodd y myfyrwyr yn dawel am tuag ugain munud. Cyfeiriodd Aled James, aelod o Senedd y Coleg, at bresenoldeb y myfyrwyr gan bwysleisio eu trefnusrwydd a'u cwrteisi. Pan ddaeth y cyfle, cyflwynodd Edryd Gwyndaf ei gwestiynau i'r Athro Gwynn Williams ac yna dychwelyd i gefn y ddarlithfa. Yna, yn ôl Gwyndaf:

> Ar ganol y drafodaeth cyfeiriodd yr Athro Williams at y cwestiynau gan ddweud y byddai'n troi atynt yn ddiweddarach yn y sesiwn. Ar ôl i un neu ddau siaradwr gyfrannu eu sylwadaeth trodd yr Athro Williams at y cwestiynau yn ei feddiant. Gwnaeth araith fer a chryno yn sôn am ein teimladau ar bwnc yr iaith yn y coleg a'n diffuantrwydd a'n hymroddiad yn gyffredinol ond dywedodd na chredai mai'r cyfarfod y bore hwnnw oedd *y* lle priodol i drafod ein cwestiynau ni!

Ar ôl iddo orffen, mynnodd Gwyndaf gyfle i siarad. Wedi cael caniatâd, dechreuodd feirniadu pwrpas y gynhadledd, ei rhaglen a'i chynnwys. Torrwyd ar ei draws gan yr Athro Williams. Er iddo gydnabod y cais i stopio, mynnodd Gwyndaf barhau. Dechreuodd rhai o'r prifathrawon godi a gadael y neuadd. Bygythiodd yr Athro Williams ddirwyn y cyfarfod i ben sawl gwaith, ac yna cododd aelod arall o'r Undeb ar ei draed i siarad, ac wrth i'r tensiwn gynyddu, roedd y rhan fwyaf o'r prifathrawon ar eu traed. Yn y pen draw, cloi'r cyfarfod a wnaeth yr Athro Williams.

Yn sgil y tarfu ar Gynhadledd y Prifathrawon a'r camau disgyblu dilynol, gweithredodd Senedd y Coleg unwaith eto. Yr un hen stori o weithredu haearnaidd awtocratig oedd hi.

Felly ddeng niwrnod yn ddiweddarach, diarddelwyd Edryd Gwyndaf ac ni chaniatawyd iddo ddychwelyd i'r Coleg tan fis Medi 1977, gan olygu na allai fel myfyriwr ail flwyddyn, sefyll ei arholiadau. Yn yr un cyfnod, dirwywyd myfyriwr arall, Arfon Jones, £10 am dynnu hysbysiadau oddi ar fyrddau'r Coleg.

****

Yn dilyn gwahardd Gwyndaf o'r coleg, ar 15 Mai 1977 anfonodd Russell Isaac, Llywydd newydd UMCB, ynghyd ag Iwan Edgar, yr is-lywydd, lythyr at Eric Hughes, y Cofrestrydd. Yn y llythyr datganwyd yn glir fod yr Undeb yn "ystyried a allwn ganiatáu i'r Coleg agor fel y bwriedir y tymor nesaf" gan nodi nad oedd agweddau awdurdodau'r coleg wedi newid "nemor ddim tuag at ymdrechion UMCB i hyrwyddo defnydd cyflawn o'r Gymraeg o fewn y sefydliad". Er nad oedd diarddeliad eu cyn-lywydd yn syndod, mynegwyd siom ddofn wrth sylweddoli "fod Senedd y Coleg yn parhau mor wrth-Gymraeg ei natur, yn enwedig o gofio'r adwaith a fu i'w ffolineb yn ystod Tymor y Nadolig". Rhybuddiodd y llythyr y byddai "hanes dyfodol agos y Coleg" yn "dristach fyth" pe bai'r penderfyniad hwn yn adlewyrchu natur adroddiad y Cyngor ar bolisi iaith y coleg, a oedd i'w gyflwyno ar 22 Mehefin. Nodwyd ar ddiwedd y llythyr fod y safbwynt hwn wedi'i basio'n unfrydol gan aelodau UMCB.

Wrth i UMCB gryfhau ei safbwynt yn erbyn bwriad Coleg y Brifysgol i ehangu nifer y myfyrwyr, tynnwyd sylw at effaith uniongyrchol y cynnydd hynny ar ardal gogledd-orllewin Gwynedd. Rhwng 1965–66 a 1975–76, cynyddodd nifer y myfyrwyr o 2,039 i 2,693. Erbyn 1975–76, dim ond 586 o'r myfyrwyr oedd yn hanu o Gymru, a dim ond 257 o'r rheiny oedd yn medru siarad Cymraeg – sef 9.3% o'r holl fyfyrwyr.

Yn yr un flwyddyn, roedd 1,417 o fyfyrwyr, neu 52.6% o'r cyfanswm, yn byw mewn tai neu fflatiau ym Mangor. Cyfaddefai awdurdodau'r Coleg fod y cynnydd yn nifer y myfyrwyr yn peri problemau difrifol o ran llety, ac awgrymwyd atebion a oedd yn ymestyn y broblem i'r ardal ehangach o amgylch y ddinas. Soniodd yr awdurdodau am letya myfyrwyr ar raddfa fwy mewn trefi a phentrefi o fewn deg milltir i Fangor, gan gynnwys Llanfairfechan, Y Felinheli, Bethesda, Llanrug, Waunfawr a Chaernarfon.

Fel y nodwyd mewn llyfryn a ddosbarthwyd i brifathrawon ym Mhrydain gan awdurdodau'r Coleg: "If he fails [to find accommodation in Bangor] he can be found a lodging in Beaumaris or Port Dinorwic, while mountaineers may prefer to take a cottage in Bethesda, Llanrug, or Waunfawr."

I UMCB, roedd hyn yn dystiolaeth glir fod yr awdurdodau'n barod i leddfu problemau Bangor drwy wladychu cymunedau'r fro gyfagos, heb ystyried o ddifrif yr effaith ar y cymunedau hynny eu hunain.

Yn ôl safbwynt UMCB, nid oedd y mewnlifiad parhaus o fyfyrwyr, bron yn ddieithriad Saesneg eu hiaith, yn niwtral o ran ei effaith. Arhosai cyfran sylweddol o'r myfyrwyr hyn yn yr ardal ar ôl cwblhau eu hastudiaethau, rhai ohonynt yn ddi-waith, gan gyfrannu at Seisnigeiddio'r fro. Ar yr un pryd, gallai perchnogion tai haf osod eu heiddo i fyfyrwyr dros y gaeaf, gan eu defnyddio eu hunain yn yr haf. Roedd hyn, ym marn yr Undeb, yn rhoi mwy o reswm ariannol dros gadw tai haf ac felly'n hybu'r cynnydd yn eu nifer.

Yn y cyd-destun hwn, disgrifiwyd tai haf fel cancr cymdeithasol oedd yn tanseilio cymunedau lleol, ac roedd ehangu parhaus y Coleg yn cael ei weld gan UMCB fel rhan annatod o'r broblem ehangach a oedd yn bygwth dyfodol diwylliannol ac ieithyddol gogledd Gwynedd.

Yr hyn sy'n drawiadol am ddatblygiad UMCB dros flynyddoedd cyntaf ei bodolaeth oedd y newid pwyslais yn ei hymgyrchoedd gwleidyddol. Esblygodd o fod yn fudiad oedd yn protestio am hawliau a statws y Gymraeg o fewn bywyd academaidd a gweinyddol Coleg Bangor, i fod yn fudiad gwrthdrefedigaethol oedd yn gwrthwynebu polisi'r coleg o ehangu gan, ym marn yr Undeb, arwain at goloneiddio ardaloedd Cymraeg y gogledd-orllewin.

Erbyn Rhagfyr 1977 roedd polisi iaith dros dro wedi'i gyflwyno gerbron Llys y Coleg. Polisi gwan a thila oedd hwn yn ôl arweinwyr UMCB, ac threfnwyd cyfres o gynigion gan ei chefnogwyr yn y Llys i geisio dylanwadu ar y sefydliad. Felly ar 14 Rhagfyr 1977 cyflwynodd UMCB gyfres o gynigion i Lys y Coleg, yn canolbwyntio ar faterion iaith, diwylliant a safonau academaidd.

Yn gyntaf, galwyd ar y Llys i fynegi pryder ynghylch effeithiau andwyol nifer gormodol o fyfyrwyr di-Gymraeg, nid yn unig ar ddiwylliant Cymraeg y Coleg ei hun, ond ar ddiwylliant Cymraeg yr ardaloedd cyfagos, ynghyd â'r hyn a ystyrid yn ostyngiad diangen mewn safonau academaidd. O ganlyniad, galwyd ar Awdurdodau'r Coleg i sicrhau na fyddai mwy na 500 o fyfyrwyr israddedig yn dechrau ar gyrsiau academaidd yn sesiwn 1978–79. Cynigiwyd y cynnig hwn gan Ifor Bowen Griffith, gyda'r Cynghorydd Dafydd Orwig yn eilio.

Mae'n arwyddocaol fod UMCB wedi llwyddo i ddenu cefnogaeth I.B. Griffith. Roedd cyn-faer Caernarfon, er gwaethaf ei gefnogaeth i'r Arwisgo yn 1969, yn un o gynrychiolwyr traddodiad Llafur Arfon, ac roedd gyda'r mwyaf taer wrth amddiffyn y myfyrwyr Cymraeg a hawliau'r iaith yn y coleg. Roedd I.B. yn cynrychioli'r werin yr oedd ei 'cheiniogau prin' wedi cyfrannu at sefydlu Coleg Prifysgol Bangor yn y lle cyntaf. Un arall fu'n llefarydd ar ran UMCB yn y Llys oedd yr athronydd Hywel D. Lewis. Bu yntau'n gefnogol iawn i'r myfyrwyr.

Yn ail, galwyd ar y Llys ac Awdurdodau'r Coleg i gydnabod Undeb Myfyrwyr Colegau Bangor yn swyddogol. Dafydd Iwan oedd y cynigydd, gyda'r Cynghorydd Richard Edgar, tad Iwan Edgar, yn eilydd.

Yn drydydd, gofynnwyd i'r Llys fynegi anfodlonrwydd cryf â'r polisi iaith dros dro a luniwyd gan Gyngor y Coleg, gan deimlo nad oedd yn rhoi unrhyw degwch gwirioneddol i'r Gymraeg. O ganlyniad, gofynnwyd i Awdurdodau'r Coleg ailystyried y polisi ar frys. Cynigiwyd y cynnig hwn gan Dr R. Tudur Jones gyda'r ymgyrchydd iaith a'r Cynghorydd Geraint Jones yn eilio.

Methu wnaeth y cynigion hyn i gyd.

****

Ar gychwyn 1978, daeth arwyddion bod y tensiynau o fewn y Coleg bellach yn ymestyn y tu hwnt i'r berthynas rhwng UMCB ac awdurdodau'r sefydliad, ac yn cyffwrdd hefyd â pherthynas yr Undeb â rhai o ddarlithwyr Cymraeg y Coleg.

Daeth y tensiwn hwn i benllanw ar 10 Ionawr 1978, pan anfonodd tua 50 o ddarlithwyr Cylch Darlithwyr Cymraeg y Coleg lythyr personol at bob myfyriwr oedd yn aelod o UMCB, yn condemnio'r hyn a ddisgrifiwyd ganddynt fel ymddygiad "trahaus", "gwarthus" a "haerllug" y myfyrwyr. Roedd y cyhuddiadau'n ymwneud â beirniadaeth y myfyrwyr o welliant a gynigiwyd gan yr Athro Bedwyr Lewis Jones yng nghyfarfod Llys y Coleg ar 14 Rhagfyr 1977, yn ogystal ag ymateb UMCB iddo. Yn y llythyr, pwysleisiodd y darlithwyr hawl yr Athro i lefaru'n rhydd yn ôl ei gydwybod, a mynegwyd ofn y gallai dulliau'r Undeb, pe baent yn parhau, niweidio achos y Gymraeg yn y Coleg.

Yn sgil hyn, ymatebodd UMCB drwy egluro cyd-destun y gweithredu. Nodwyd bod yr Undeb eisoes wedi llunio cynnig yn galw ar Lys y Coleg i wrthod y polisi iaith dros dro ansylweddol a gynigiwyd, gan alw ar y Cyngor i ailystyried ei benderfyniad. Cyflwynwyd y cynnig hwn yn ffurfiol, a hysbyswyd ei gynnwys yn gyhoeddus. Yn y cyfamser, heb i'r myfyrwyr wybod, roedd y Cylch Darlithwyr wedi penderfynu argymell i'r Llys dderbyn y Polisi Iaith dros dro fel 'cam cyntaf' tuag at Gymreigio'r Coleg.

Yn ôl y myfyrwyr, roedd hyn yn peri cryn ddicter am sawl rheswm. Yn gyntaf, ystyrid safbwynt y Cylch Darlithwyr, a fynegwyd gan yr Athro Bedwyr Lewis Jones, yn ymgais i gadw heddwch sefydliadol ar draul gwir gyfiawnder i'r Gymraeg – polisi o gadw'r ddysgl yn wastad. Yn ail, dadleuwyd nad oedd derbyn y Polisi Iaith dros dro glastwraidd yn "gam ymlaen", ond yn hytrach yn chwarae i ddwylo awdurdodau'r Coleg drwy symud y cyfrifoldeb dros ffyniant y Gymraeg yn y Coleg oddi ar eu hysgwyddau am gyfnod amhenodol. Canlyniad hyn, yn ôl yr Undeb, fyddai cadarnhau gafael y sefydliad Prydeinig ar y Coleg a gwanhau'r gallu i ddefnyddio'r Gymraeg fel arf i herio'r hierarchaeth Seisnig ym Mangor.

Yn drydydd, mynegwyd siom ddofn nad oedd y Staff wedi hysbysu'r myfyrwyr o'u bwriad, er eu bod yn ymwybodol y byddai'r cam hwn yn tanseilio ymdrechion costus y myfyrwyr dros fisoedd a blynyddoedd. Nodwyd na chafodd y Cynghorydd Geraint Jones, a siaradai dros y myfyrwyr, ei hysbysu chwaith, ac ystyrid yr ymddygiad hwn yn gynllwyniol ac yn haeddu beirniadaeth.

Gwrthododd y myfyrwyr y cyhuddiadau o "bardduo'n gyhoeddus" ac o ymddygiad anfoesgar, gan ofyn am dystiolaeth benodol o'r honiadau hynny. Er i'r Cylch Darlithwyr eu cyhuddo o anelu eu beirniadaeth at un unigolyn, pwysleisiodd swyddogion UMCB mai ar ysgwyddau'r Cylch oedd y cyfrifoldeb, a bod y feirniadaeth bersonol wedi deillio o ddiffyg gwybodaeth am drafodaethau cudd.

Roedd hyn yn arwydd clir fod y berthynas rhwng UMCB a rhai o staff Cymraeg y Coleg wedi mynd yn un gythryblus. Teimlai amryw o'r myfyrwyr Cymraeg mai lleiafrif bach o'r ysgolheigion oedd yn eu cefnogi.

Un o'r rhai a roddodd gefnogaeth gyson i'r protestwyr oedd Brinley Rees, y darlithydd Cymraeg. Ef oedd awdur y gyfrol arloesol am chwedlau Cymru ac Iwerddon *Celtic Heritage*, ar y cyd â'i frawd Alwyn D Rees, golygydd *Barn* yn yr 1960au a'r 1970au cynnar. Nodwyd cefnogaeth Rees gan sawl un o'r ymgyrchwyr, fel Alwyn Gruffydd, myfyriwr o Ben Llŷn a ddaeth yn Llywydd UMCB yn 1978:

> Brinley Rees oedd yr unig un a roddodd gefnogaeth lwyr ddiamod i ni. Roedd cydymdeimlad gan amryw, ond roedd llawer ohonyn nhw'n ofni Syr Charles, a phe baen nhw'n sefyll, y bydden nhw'n cael y sac.

Adleisir hynny gan Iwan Edgar: "Ar y cychwyn roedden ni'n ddigon naïf i gredu y bysan ni'n cael cefnogaeth y darlithwyr Cymraeg, ond cael ein siomi wnaethon ni."

Roedd John Llywelyn Williams, warden JMJ, yn synnu na chafodd y myfyrwyr fwy o gefnogaeth gan yr academwyr Cymraeg.

> Byddai rhywun yn disgwyl i Gymry amlwg y Coleg gefnogi'r myfyrwyr Cymraeg, ond mae Coleg yn lle cystadleuol, a doedd pobl ddim am beryglu eu dyfodol. Doedden nhw ddim am gael eu tynnu i mewn.

Erbyn dechrau 1978 felly, roedd y frwydr dros statws y Gymraeg ym Mangor wedi troi'n wrthdaro aml-haenog – nid yn unig rhwng myfyrwyr ac awdurdodau, ond hefyd rhwng cenhedlaeth o fyfyrwyr oedd yn credu mewn newid chwyldroadol trwy weithredu uniongyrchol a chenhedlaeth hŷn o ddarlithwyr oedd yn ceisio newid graddol o fewn y sefydliad.

Crisialwyd hyn gan ymadrodd Alwyn Roberts yn un o gyfarfodydd y Llys, pan alwodd am 'bwyll, rheswm a doethineb' gan bawb. Ond i'r myfyrwyr, cwbl aflwyddiannus fu blynyddoedd o geisio newid ystyrlon trwy 'bwyll, rheswm a doethineb' yn wyneb agwedd bengaled a gwrth-Gymraeg awdurdodau'r Coleg.

6

'Dim Ehangu' (1978)

FEL Y NODODD David Roberts, hanesydd y Coleg, os oedd arweinwyr y sefydliad wedi disgwyl i ymgyrch y myfyrwyr gilio'n naturiol, buan y profwyd y disgwyliad hwnnw'n anghywir.

Yn hytrach, dwysáu a wnaeth y gwrthdaro drwy gydol 1978, gyda chyfres o weithredoedd protest yn ymledu ar draws y campws. Ymhlith y rhain roedd ymyrraeth â chloeon drysau yng 'nghoridor yr athrawon' yn y Prif Adeilad, ymgais fwriadol eto i darfu ar weithrediad switsfwrdd y Coleg drwy lif o alwadau ailadroddus, a tharfu ar weinyddiad Swyddfa Llety'r myfyrwyr, gan chwalu dogfennau gweinyddol ar hyd y lle. O ganlyniad i'r digwyddiadau hyn, galwyd yr heddlu i ymyrryd, gan nodi dechrau cyfnod lle daeth gweithredu UMCB yn destun ymateb ffurfiol yr heddlu yn ogystal â'r Coleg ei hun.

Denodd yr ymgyrch sylw eang yn y cyfryngau Prydeinig a Chymreig. Un o'r portreadau mwyaf diddorol oedd erthygl gan y newyddiadurwr John Curzon yn y *Western Mail*, a ddisgrifiodd Gaffi Deiniol fel 'Caffi'r Chwyldro', gyda'r pennawd – 'Inside the cafe where revolution's in the air'. Yn yr un erthygl, nodwyd bod y myfyrwyr Cymraeg yn rhedeg Caffi Deiniol fel pencadlys ac fel prif ffynhonnell ariannu'r ymgyrch. Disgrifiwyd y myfyrwyr Cymraeg fel grŵp bychan ond penderfynol, yn barod i gymryd camau uniongyrchol i atal ehangu'r coleg, gyda'r caffi'n ymddangos fel man llawn posteri o feirdd ac artistiaid Cymreig a lle portreadwyd 'chwyldroadwyr ifanc' yn cynllunio ymgyrch o wrthwynebiad. Portread nid annhebyg i atgof John Glyn am naws chwyldroadol y Caffi yn y cyfnod hwn:

> Rwy'n cofio'r awyrgylch yng Nghaffi Deiniol – recordiau *Disgwyl y Barbariaid* ac *Ethiopia Newydd* gan Jarman, a chaneuon Tecwyn Ifan fel *Angel Cymru Newydd* yn chwarae yn y cefndir yn ysbrydoliaeth i ni.

Er i Curzon bwysleisio natur fechan y grŵp, tynnodd sylw at eu parodrwydd i herio awdurdodau'r coleg, a'r undeb myfyrwyr swyddogol. Dyfynnwyd Densil Morgan yn datgan mai "cam cyntaf yn unig" oedd atal ehangu, gyda'r nod hirdymor o greu sefydliad llai a oedd yn gwasanaethu anghenion y gymuned leol. I'r perwyl hwnnw slogan cam nesaf ymgyrch UMCB oedd 'Dim Ehangu'.

I ddeall yr ymgyrch 'Dim Ehangu', rhaid edrych ar ddatblygiadau ym mudiadau protest y Gymraeg yn yr 1970au a dylanwad mudiad Adfer yn arbennig. Sefydlwyd Adfer yn 1971 gyda'r nod penodol o warchod ac adfer yr ardaloedd Cymraeg eu hiaith. Yn wahanol i'r ymgyrchoedd cynt a oedd wedi canolbwyntio ar statws swyddogol yr iaith, credai Adfer fod angen strategaeth ddaearyddol a chymdeithasol ehangach. Roedd llawer o fyfyrwyr Bangor yn yr 1970au hwyr yn aelodau brwd o Adfer, gydag amryw wedi cymryd rhan mewn ymgyrchoedd meddiannu tai haf, gan ddadlau bod twristiaeth a phrynu ail gartrefi yn tanseilio cymeriad Cymraeg pentrefi Gwynedd. Yn y cyd-destun yma, dehonglwyd ehangu'r coleg fel bygythiad i gydbwysedd ieithyddol Gwynedd, gyda'r posibilrwydd o gynnydd sylweddol mewn myfyrwyr a staff di-Gymraeg yn ymgartrefu yn yr ardal. Fel y noda Iwan Edgar:

> Erbyn y flwyddyn 1978-79, yr oedd sylweddoliad pellach wedi dod i'r drafodaeth: bwriad y coleg i ehangu ac oblygiadau hynny i'r Gymraeg o fewn y coleg a thu allan iddo. Yr oedd pethau wedi datblygu ymhellach ym Mangor, yn rhannol drwy ddylanwad mudiad Adfer, fod pwysigrwydd gwarchod yr ardaloedd Cymraeg yn allweddol i les yr iaith. Yr oedd elfen o gydwybod cymdeithasol heibio byd cyfyng myfyrwyr a choleg wedi dod yn ystyriaeth. Y boen oedd mai polisi llugoer anghefnogol neu ffug-gefnogol oedd gan y coleg at y Gymraeg ac felly bod ehangu'r sefydliad yn mynd i gynyddu mwy o fyfyrwyr di-Gymraeg a gweithlu academaidd estron a oedd yn mynd i ymgartrefu yn yr ardal.

Dywed Iwan Edgar fod yr ymgyrch 'Dim Ehangu' wedi cychwyn gyda nifer o brotestiadau "i herio a gwylltio'r Coleg yn Hydref 1978" gan gynnwys blocio'r cwad ar Dachwedd 9, tarfu ar y gyfnewidfa ffôn unwaith eto, a chynnal ymgyrch glynu sticeri 'Dim Ehangu' o gwmpas y Coleg. Nod y gweithredoedd hyn oedd tynnu sylw at wrthwynebiad y myfyrwyr Cymraeg a gorfodi'r coleg i ymateb yn gyhoeddus i'w pryderon. Yn ôl un o arweinwyr yr ymgyrch, Alwyn Gruffydd, roedd y gweithredoedd hyn yn rhan o ymdrech "i atal Seisnigeiddio pellach ardal Gymraeg drwy bolisi ehangu anystyriol".

Un o Fotwnnog, Pen Llŷn oedd Alwyn Gruffydd, Llywydd UMCB yn 1978-79. Roedd yn ymgyrchydd profiadol gyda Chymdeithas yr Iaith ers dyddiau ysgol a Chymraeg a Drama oedd ei bynciau gradd yn y coleg. Bu'n lletya yn Hostel Bala-Bangor (lle mae'n cofio ambell fyfyriwr diwinyddol gwyllt yn tanio ergydion o ddryll pelenni slyg o ffenestri uchaf yr Hostel at garafannau ymwelwyr oedd yn pasio ar hyd Ffordd Caergybi!). Cafodd ei berswadio gan y llywydd blaenorol i roi cynnig ar ymgeisio am y swydd: "Russell Isaac wnaeth fy narbwyllo i daflu fy het i mewn i etholiad Llywydd UMCB," meddai. Dywed mai un o rinweddau mawr yr Undeb oedd ei natur gydweithredol ac unedig: "Roedd yr Undeb reit ddemocrataidd, a chorff y myfyrwyr fyddai'n cael y gair olaf."

Gan nad oedd UMCB yn defnyddio adnoddau adeilad yr Undeb Saesneg ym Mangor, roedd angen trefnu lleoliadau i gynnal digwyddiadau cymdeithasol fel dawnsfeydd a gigs. Aeth Alwyn Gruffydd a Pît Maddocks, trefnydd adloniant yr Undeb, ar sgowt ar hyd ardaloedd cyfagos i chwilio am leoliadau addas. Diweddodd y ddau ym Mhlas Coch, yn Llanedwen ar Ynys Môn. Wrth holi am bris llogi i gynnal nosweithiau, dywedodd y perchennog y câi'r Undeb y lle am ddim gan fod yr elw o'r bar yn ddigon iddo. Am flynyddoedd wedi hynny daeth Plas Coch yn gyrchfan bwysig nid yn unig i UMCB ond i sîn roc Gymraeg lewyrchus dechrau'r 1980au, gyda gigs rheolaidd yn cael eu cynnal yno gan Geraint Jarman a'r Cynganeddwyr, Y Trwynau Coch, Maffia Mr Huws, Angylion Stanli a llawer mwy.

Oherwydd nad oedd gan UMCB statws swyddogol fel yr NUS roedd angen meddwl yn greadigol wrth drefnu bysiau i'r gigs neu ddathliad blynyddol y Gloddest, hyd yn oed os oedd hynny'n golygu weithiau bod yn dan din. Fel y cofia Gwion Lynch, myfyriwr Efrydiau Beiblaidd o Garrog a ddaeth yn Llywydd yr undeb yn ddiweddarach:

> Rwy'n cofio rhyw dro bod angen i ni drefnu bws i fynd i'r Gloddest. Mi wnaethon ni ffonio'r cwmni bysus lleol a chael gwybod nad oedd unrhyw fws ar gael. Oherwydd, fel y daethom i ddeall, roedd yr NUS â rhyw ddigwyddiad eu hunain ymlaen ac wedi archebu degau o fysus ar ei gyfer. Ond dyma fi'n ffonio'r cwmni bysus a smalio mod i'n siarad ar ran yr NUS a dweud bod yna newid yn y cynlluniau a chanslo tomen o'r bysus. Beth ddigwyddodd wedyn oedd i'r cwmni bysus ein ffonio ni'n ôl, a dweud bod ganddyn nhw fysus i UMCB wedi'r cwbl!

Yn Chwefror 1978, cafwyd ymdrech gan UMCB i gynnal ei phrotest fwyaf uchelgeisiol eto a meddiannu'r Hen Goleg i gyd, ymdrech a oedd yn dangos lefel o gynllunio tactegol a dyfeisgarwch a nodweddai rai o weithredoedd yr ymgyrch yn y flwyddyn honno.

Ar brynhawniau Sul roedd yn arferol i'r Gymdeithas Ddrama Gymraeg ymarfer yn ystafell y Teras yn yr Hen Goleg. Felly yn ôl yr arfer ddechrau Tymor y Gwanwyn 1978 aeth dau o'r aelodau, Robat Trefor ac Iwan Edgar, i nôl y brif allwedd gan un o'r porthorion, sef y brif allwedd – y *master key* – a oedd yn agor y rhan fwyaf o ddrysau'r Coleg.

Yn ôl Iwan, "Estynnodd y porthor agoriad arian crand seremonïol, a deud wrthym 'Dyna chi, hogia, dowch â fo'n ôl wedi i chi orffen.'" Y peth cyntaf wnaeth y ddau wedyn ar ôl agor drws yr ystafell ymarfer oedd mynd â'r allwedd at Dewi Llewelyn a John Trefor. Un o drefnwyr pennaf protestiadau 1978 oedd Dewi Llewelyn. Roedd gan y myfyriwr Efrydiau Beiblaidd o Lanbedrog ddawn drefnu drylwyr ac effeithiol, ac ysgwyddodd lawer o'r gwaith cynllunio ymarferol i gael mynediad i adeiladau'r Coleg. Aeth Dewi a John ati yn syth i greu cast o'r allwedd trwy ddefnyddio blu-tac a'i fowldio i greu cast. Yn ôl Iwan:

> Mi ffeindiwyd agoriad hen storfa yng nghefnau Bala-Bangor oedd yr un maint â siâp y cast, mi ffeiliwyd y dannedd ac ati nes ei fod yn cyfateb, ac yna ei brofi ar rai o ddrysau'r coleg i weld a oedd yn ffitio.

Felly rhai wythnosau yn ddiweddarach defnyddiwyd y copi a wnaed o'r brif allwedd i alluogi i tua 120 o aelodau UMCB gael mynediad i'r Hen Goleg. Roedd y cast wedi galluogi i'r myfyrwyr feddiannu'r adeilad heb orfod torri i mewn na gwneud difrod i'r drysau na'r ffenestri. Mae'n drawiadol na lwyddodd awdurdodau'r coleg i ddarganfod ar y pryd sut y cafodd y myfyrwyr fynediad heb unrhyw fandaliaeth na thorri drysau na ffenestri.

Ar gychwyn y meddiannu aeth pethau'n dda i'r protestwyr. Baricediwyd pob mynedfa gyda chadeiriau, byrddau a desgiau. Cafwyd ymdrech gan y porthorion a'r plismyn i gael mynediad o gyfeiriad Neuadd PJ, ond cawsant eu pledu gan gadeiriau plastig. Aeth yn sgarmes go egr rhwng y myfyrwyr a'r plismyn a'r porthorion, wrth iddynt geisio gafael a llusgo rhai o'r myfyrwyr oddi yno, ond rywsut llwyddodd y myfyrwyr i ddal eu tir ac ni lwyddodd y swyddogion i gipio neb.

Ond mi gododd ambell i broblem wedi hynny. Yr un fwyaf ymarferol oedd diffyg toiledau yn y darn o'r coleg a feddiannwyd. Gorfododd hynny'r meddianwyr i ehangu'r ardal a feddiannwyd i gynnwys bloc toiledau. Yr anhawster sylweddol oedd, er bod y rhan fwyaf o'r drysau wedi'u blocio i rwystro mynediad i'r awdurdodau, roedd y meddianwyr wedi anghofio am un fynedfa, a bod modd i'r awdurdodau ddod i mewn drwy honno. Gorfodwyd y protestwyr felly i encilio i Neuadd Powis, a bu'n rhaid i'r Undeb fodloni ar weithred feddiannu symbolaidd a llai uchelgeisiol. Daeth y cyfan i ben ar ôl deuddydd.

Nid dyna ddiwedd y protestio serch hynny.

****

Ar brynhawn dydd Llun, 27 Chwefror, aeth grŵp o fyfyrwyr, rhai ohonynt yn gwisgo sgarffiau'r Brifysgol, i mewn i'r Swyddfa Llety. Cipiwyd yr holl ffurflenni, llythyrau a phapurau roedd y Swyddog Llety yn gweithio arnynt ar y pryd, a rhwygo pob hysbysiad, map a rhestr rhifau ffôn oddi ar y waliau. Yna gadawodd y myfyrwyr y swyddfa, ac fe'u gwelwyd yn ddiweddarach yn taflu'r papurau i lawr y llethr glaswelltog o dan y Teras.

Dywedodd y Swyddog Llety fod un o'r gwrthdystwyr wedi dweud wrthi eu bod yno ar ran Adfer i gynnal protest yn erbyn y ffordd yr oedd y Swyddfa Llety yn dosbarthu cyfeiriadau tai a bythynnod mewn pentrefi Cymraeg i fyfyrwyr di-Gymraeg, ac felly, ym marn y protestiwr, yn helpu i ddinistrio Cymreictod y pentrefi hynny.

Atebodd y Swyddog Llety iddi egluro fod y Swyddfa yn gweithredu yn unol â dymuniadau perchnogion tai a landlordiaid, sef bod eu cyfeiriadau i'w pasio ymlaen i denantiaid myfyrwyr. Dywedodd ei bod yno i helpu pob myfyriwr, boed "yn ddu, yn wyn, yn Arabaidd neu'n Seisnig" ac na fyddai'r swyddfa, o dan unrhyw amgylchiadau, yn gwrthod rhoi cyfeiriadau i unrhyw fyfyriwr oedd yn gofyn am gymorth. Ar wahân i araith y llefarydd, ychwanegodd fod y cyrch cyfan wedi digwydd mewn "distawrwydd llethol".

Galwyd yr heddlu i achlysur tebyg ym Mawrth 1978, pan aeth twr o brotestwyr i'r Swyddfa Llety a chreu llanast. Galwyd yr heddlu ac arestiwyd dau fyfyriwr yn y fan a'r lle, gyda thrydydd yn cael ei harestio yn nes ymlaen. Y tri oedd Alwyn Gruffydd, Rhian Eleri Roberts a Carys Dafydd, a gyhuddwyd o fyrgleriaeth trwy ddwyn dogfennau yn ystod y brotest yn y Swyddfa. Ymddangosodd y tri myfyriwr gerbron Llys y Goron Caernarfon yn ddiweddarach yn y flwyddyn yn gysylltiedig â'r digwyddiadau.

Rhywun cyfarwydd iawn â phrotestio a thorri'r gyfraith dros yr iaith oedd Carys Dafydd. Dyma sut y cofiai'r digwyddiad yn y Swyddfa Llety:

> Yn y cyfnod yna roeddwn i'n protestio'n aml, yn meddiannu tai haf a phaentio. Treuliais gyfnod yng ngharchar Risley am beidio talu dirwyon ar ôl meddiannu tŷ haf yn enw Adfer yn 1977, a

minnau'n 20 oed. Ar ôl meddiannu'r Swyddfa Llety mi wnaeth yr heddlu arestio Rhian Eleri ond wnaethon nhw ddim fy arestio i. Felly mi es i at yr heddlu a holi pam nad oedden nhw wedi fy arestio i, ac mi fynnais gael fy arestio!

Un atgof sydd gan Alwyn Gruffydd am y digwyddiad yw ei fod i gymryd rhan mewn drama ar lwyfan Theatr Gwynedd y noson y cafodd ei arestio, a bod ei brotest wedi peryglu ei ymddangosiad ar y llwyfan.

Roedd Cymdeithas Ddrama Gymraeg y Coleg i berfformio drama enwog William Lewis, *Geraint Llywelyn*, yn Theatr Gwynedd ym mis Mawrth 1978, ond ar ddiwrnod y perfformiad roeddwn i yn nalfa'r plismyn ym Mangor, ac mi wnes i erfyn ar yr heddlu i'm gadael allan i gael actio. Mi gefais fy rhyddhau ar ddiwedd y prynhawn yn y diwedd, ond pe bawn i'n dal i mewn, Russell Isaac oedd i fod i chwarae'r rhan yn y ddrama yn fy lle!

Roedd yr achos yn erbyn y tri yn ymwneud â chyhuddiad o ddwyn rhestr llety a dogfennau printiedig eraill, gwerth £150, o Swyddfa Llety'r Coleg. Haerodd yr erlynydd Maldwyn Parry, fod criw o rhwng 25 a 30 o fyfyrwyr wedi mynd i mewn i adeilad Undeb y Myfyrwyr ar 14 Mawrth, gyda thua deuddeg ohonynt yn mynd i swyddfa fewnol lle'r oedd system gardiau mynegai yn cynnwys enwau a chyfeiriadau darpar landlordiaid.

Ond yn Llys y Goron, Caernarfon ar 13 Tachwedd yn ddiweddarach yn y flwyddyn, ar gyfarwyddyd y Barnwr D.T. Lloyd Jones dychwelodd y rheithgor reithfarn ddieuog yn erbyn y tri diffynnydd. Oherwydd ar ôl clywed cyflwyniadau cyfreithiol gan yr amddiffynnydd Michael Farmer, penderfynodd y Barnwr dynnu'r achos oddi ar y rheithgor. Nododd nad oedd safon y dystiolaeth wedi cyrraedd y trothwy angenrheidiol i brofi'r drosedd o ddwyn yn erbyn dau o'r diffynyddion, ac er bod rhywfaint o dystiolaeth mewn perthynas â'r trydydd, penderfynodd yr erlyniad, ar wahoddiad y llys, i beidio â phwyso am gollfarn. Canlyniad "rhyfeddol" ym marn Alwyn Gruffydd. Fel y gellid disgwyl, cafodd y penderfyniad groeso mawr yn yr oriel gyhoeddus, gyda chefnogwyr y tri yn canu 'Hen Wlad Fy Nhadau' y tu allan i'r llys.

Mewn pamffled a gyhoeddwyd gan UMCB i gyd-fynd â'r achos cyhuddwyd y Coleg o ddilyn polisi llety oedd yn troi pentrefi Môn ac Arfon yn 'gartrefi i lu o ddarlithwyr a myfyrwyr o ddiwylliant estron' a 'swcro'r diwydiant tai haf yn yr ardal'.

Cynhaliwyd achos y tri yng Nghaernarfon rhwng dwy brotest drawiadol arall gan yr Undeb.

Ar fore 9 Tachwedd, cyrhaeddodd staff a myfyrwyr y coleg i ddarganfod bod y cwad blaen wedi'i flocio'n llwyr gan geir. Trefnodd UMCB fod cerbydau'n cael eu parcio ar draws y fynedfa i brif gwadrangl y coleg, gan ei gwneud hi'n amhosibl i unrhyw un yrru i mewn neu allan. Arhosodd y ceir yno drwy gydol y prynhawn, gyda'r myfyrwyr yn eistedd ynddynt neu'n sefyll o gwmpas, yn sgwrsio a rhannu te o fflasgiau.

Cynyddwyd y gwrthdaro ymhellach yn sgil digwyddiadau 16 Tachwedd pan drefnwyd protest ddramatig yn Llyfrgell y Celfyddydau.

I weithredu'r cynllun ar gyfer y brotest prynwyd tair fflêr achub oedd yn rhyddhau mwg oren o iard gychod Dickies ym Mangor. Prynwyd canister bach i ddechrau er mwyn ei brofi i weld sut oedd yn gweithio. Cafodd hwnnw ei brofi yn llyfrgell Coleg Bala-Bangor. Agorwyd y canister a chwyrlïodd mwg oren llachar allan ohono a llenwi'r ystafell. Cymaint oedd y mwg nes bu'n rhaid agor y ffenestri, a phlymiodd tonnau o fwg lliwgar allan o'r hostel i lawr ar hyd Ffordd Caergybi tuag Ysbyty'r C&A. (Cymaint o fwg oren, yn wir, nes gallai cerddwyr dybio bod Satan wedi ymddangos yn y Coleg Diwinyddol!)

Ond y peth pwysicaf oedd bod y fflêrs yn gweithio, felly aed ati i drefnu'r brotest ei hun.

Y drefn yn y llyfrgell oedd y byddai tri grŵp ar wahân yn mynd i mewn i'r llyfrgell. Penodwyd llefarydd ar ran bob grŵp ac ar yr adeg briodol byddai'r llefarwyr yn esbonio pam bod y gweithredu'n digwydd ac yn rhybuddio pawb oedd yno i adael yn drefnus, ac nad oedd perygl iddynt o gwbl. O ran amseru, trefnwyd ymlaen llaw i ryddhau'r mwg oren ar yr arwydd penodol, a'r arwydd hwnnw i'r protestwyr oedd gweld Iwan Edgar yn sefyll ar ben y cloc haul yng nghwad y Coleg. Roedd pedwar unigolyn i gario canisters i rannau gwahanol o'r llyfrgell a gollwng y mwg ond am fod un o'r pedwar wedi cael traed oer mi ddiweddodd Gwion Lynch yn cario dau ganister o'r mwg oren.

Roedd Iwan allan yn y cwad ac yn gallu gweld drwy ffenestri'r llyfrgell pryd oedd pawb yn eu lle. Yna unwaith y gwelodd hynny, safodd ar ben y cloc haul, gan roi'r arwydd i'r gwrthdystwyr agor y canisters a rhyddhau'r mwg.

Er i'r protestwyr ddatgan bod rhybudd clir wedi'i roi ymlaen llaw, ystyriai awdurdodau'r coleg y digwyddiad yn un hynod ddifrifol. Yn ystod y brotest gollyngwyd mwg oren cynwysyddion cychod achub gan arwain at wacáu tua chant o fyfyrwyr a staff o'r adeilad. Er i ambiwlans ac injan dân fynychu'r safle ar gais y coleg, honnai'r myfyrwyr nad oedd perygl ar unrhyw adeg.

Yn y cyfamser, yn y cwad y tu allan i'r llyfrgell, ymgasglodd tua 70 o fyfyrwyr Cymraeg i lynu posteri yn gwrthwynebu'r cynlluniau ehangu. Tynnwyd y posteri i lawr gan rai myfyrwyr di-Gymraeg, ond fe'u hailosodwyd ar unwaith.

Nid oedd Alwyn Gruffydd, llywydd UMCB yno ar

gychwyn y brotest gan ei fod mewn gwers Wyddeleg, ond mae'n cofio'r digwyddiad yn iawn.

> Er fy mod i'n gwybod bod rhywbeth ar ddigwydd, cefais ganiatâd gan fy nghyd-aelodau i fynd i'r wers Wyddeleg gan mai fi oedd yr unig fyfyriwr yn y dosbarth. A phan ro'n i yn y wers Wyddeleg, mi welais i'r mwg yn dod allan o'r llyfrgell. Ac mi ddywedodd Éimear Williams (fy nhiwtor), "Mi fyddai'n well gorffen y wers, mae'ch meddwl chi'n amlwg ar bethau eraill!"

O ganlyniad i'r digwyddiadau hyn, gwysiwyd pedwar myfyriwr gerbron Bwrdd Disgyblu'r Coleg, Iwan Edgar, Angharad Tomos, Gwion Lynch a Robin Chapman.

Erlynwyd Iwan Edgar am sefyll ar ben y cloc haul, a chafodd Angharad Tomos ac yntau eu cyhuddo o gymryd rhan yn y brotest nid ar sail unrhyw beth a wnaeth y ddau, ond ar sail cyfweliadau gyda chriw ffilmio rhaglen newyddion HTV. Cynhaliwyd y gwrandawiad o flaen y Cyngor i gyd. Synhwyrai Iwan nad oedd J. Gwynn Williams, er ei fod yn gyfrifol am weithredu cosbau disgyblu, yn argyhoeddedig mai doeth oedd disgyblu llym.

> Roeddwn wedi bod yn fyfyriwr yn ei adran (Hanes Cymru) ers blynyddoedd, a chefais fy nghyfweld ganddo a chyfaddefodd ei fod yn gweld ein safbwynt ni, ond bod ganddo yntau ei gyfrifoldebau. A threulioddd y ddau ohonom y rhan fwyaf o'r cyfarfod yn trafod hanes Cymru.

Ar 11 Rhagfyr, sef dydd Llywelyn – oedd yn eironig o arwyddocaol o gofio arwyddlun UMCB o ddeilen iorwg Llywelyn ap Gruffudd – cyhoeddodd y Coleg y cosbau.

Cafodd Gwion Lynch, oedd ar ei ail flwyddyn, arweinydd un o'r tri grŵp yn y Llyfrgell, ei atal tan Hydref 1979 a gwaharddwyd Iwan Edgar tan fis Mehefin 1979, oedd yn golygu bod y ddau wedi'u diarddel am weddill y flwyddyn academaidd. Chwech wythnos o waharddiad gafodd Robin Chapman o Gaerlŷr, myfyriwr yn Adran y Gymraeg, hyd at Chwefror 1979, oedd yn golygu y câi ddychwelyd i'r Coleg cyn diwedd y flwyddyn academaidd. Ni phrofwyd y cyhuddiad yn erbyn Angharad Tomos, un o ymgyrchwyr mwyaf dygn Cymdeithas yr Iaith oedd yn fyfyriwr yn Adran y Gymraeg.

Cofia Gwion ar ôl iddo gael ei wahardd o dir y coleg a Neuadd John Morris-Jones iddo gael croeso yn Hostel Bala-Bang. Roedd Alwyn Gruffudd a Dewi Tudur yn rhannu stafell yno ar y pryd a chynigiodd y ddau lety i Gwion, rhywbeth roedd yn ei werthfawrogi'n fawr ac yn arwydd o'r frawdoliaeth a fodolai ymysg y protestwyr. "Dwi'n dal i gofio'r croeso ges i," meddai. Yn ôl Gwion, bu R. Tudur Jones, prifathro Bala-Bangor, hefyd yn ystyriol, drwy ganiatáu iddo aros yn yr hostel er ei fod wedi'i wahardd. Ni fu pawb mor garedig, ychwanegodd.

> Be wnaeth fy mrifo oedd penderfyniad yr Adran Ddrama na chawn chwarae'r rhan yng nghynhyrchiad drama'r Adran fel y bwriadwyd, ac yn hytrach cael rhywun arall i lenwi'r rôl. Ond wedi dweud hynny, ro'n i reit falch ar ôl i mi weld y perfformiad!

Wedi hynny ceisiodd weithio'n lleol ym Mangor i gadw dau pen llinyn ynghyd.

> Mi fues i'n gweithio yn y Caffi am gyfnod ar gael fy lluchio allan. Treuliais gyfnod yn gweithio yn Ysbyty'r C&A a wedyn gyda Helen Greenwood ac yn ddiweddarach Gwenno Jones yn cael trefn ar Gaffi Deiniol, oedd wedi mynd i drafferth ariannol.

Oherwydd er ei bod yn dipyn o gamp i'r Undeb redeg Caffi Deiniol, roedd yna duedd i natur anffurfiol greu problemau ariannol, oherwydd nad oedd pawb yn talu am eu bwyd a'u paneidiau.

> Rwy'n cofio mynd i edrych ar gynnwys y til, a gweld ei fod yn llawn papurau IOUs, ac ro'n i'n teimlo bod gwir angen cael trefn ar y lle – o ran ariannol a glendid cyffredinol.

Felly treuliodd Gwion lawer o gyfnod ei waharddiad yn gwneud hynny.

Ym marn John Glyn, deilliai'r protestiadau rheolaidd o brofiad cyson y Cymry o natur y Coleg fel sefydliad Seisnig. O safbwynt y myfyrwyr Cymraeg, roedd hyn yn brofiad parhaus ac amlwg. "Roedd y Coleg yn Seisnig ac yn Seisnigo, o'n safbwynt ni," meddai, gan ychwanegu nad oedd "dim dwyieithrwydd gweledol go iawn, a dim empathi." Yn y cyd-destun hwn, felly roedd y cynlluniau i ehangu'r Coleg yn achosi pryder pellach.

Ond unwaith eto, os oedd yr awdurdodau o'r farn y byddai cosbau llym yn tawelu'r dyfroedd fe'u profwyd yn gwbl anghywir. Oherwydd arweiniodd y disgyblu at y gwrthdaro mwyaf difrifol a welwyd erioed yng Ngholeg Prifysgol Gogledd Cymru.

****

Trwy gydol Tachwedd, Tymor yr Hydref 1978, roedd yr Undeb wedi cydlynu cyfres o brotestiadau disgybledig ac effeithiol, gan gynnwys blocio'r cwad, gwrthdystiad yn Llys y Goron, glynu posteri ar hyd a lled y campws a drysu gweithrediad y Coleg. Gwnaed paratoadau manwl gan arweinyddiaeth UMCB ar gyfer unrhyw gamau disgyblu gan yr awdurdodau, ac ar yr union ddiwrnod y cyhoeddwyd y cosbau meddiannwyd y Gofrestrfa Academaidd a rhan o Adeilad Newydd y Celfyddydau gan bedwar ugain o aelodau UMCB.

Roedd Alwyn Gruffydd, Llywydd UMCB ymhlith y meddianwyr. Yn syth ar ôl cychwyn y meddiannu ar 12

Rhagfyr anfonodd neges at y Cofrestrydd Eric Hughes yn datgan:

> Annwyl Gyfaill,
> Parthed eich llythyr trosodd
> Dymunaf eich hysbysu y daw y meddiannu i ben os y ryddheir datganiad gan Awdurdodau'r Coleg i'r perwyl-
> (1) Y derbynnir Robin Chapman, Iwan Edgar a Gwion Lynch yn ôl i'r Coleg rhag blaen,
> (2) bod holl gynlluniau sy'n gysylltiedig ag ehangu'r Coleg yn cael eu dileu.
> Yn ddiffuant,
> Er mwyn Cymru,
> Alwyn Gruffydd.
> (ar ran Undeb Myfyrwyr Colegau Bangor)

I'r Llywydd, fel trwch arweinyddiaeth yr Undeb, atal Seisnigo'r Fro Gymraeg gyfagos oedd pennaf cymhelliad y gweithredu, fel nododd wedyn:

> Y gwir amdani yw mai'r rheswm roedden ni yno oedd yr ehangu, a bod y coleg yn trefedigaethu'r ardaloedd Cymraeg.

Mewn datganiad a gyhoeddwyd gan y Cofrestrydd, Eric Hughes, nodwyd bod tua 50 o aelodau'r staff academaidd wedi'u hatal rhag cael mynediad at eu hystafelloedd preifat tra'r oedd yr adeilad yn cael ei feddiannu, bod addysgu wedi'i amharu, ac nad oedd y swyddfeydd gweinyddol yn gallu gweithredu. Cadarnhawyd hefyd bod achos cyfreithiol wedi'i gychwyn yn yr Uchel Lys i adennill meddiant o'r adeilad.

Unwaith eto roedd Dewi Llewelyn ymysg y trefnwyr allweddol. Fel y dywed Alwyn Gruffydd, "Roedd Dewi yn un ymarferol a disgybledig iawn," a thrwy ei gysylltiadau sicrhaodd gadwyni a chyfarpar amrywiol a ddefnyddiwyd wedyn i rwystro awdurdodau'r Coleg rhag cael mynediad i'r rhannau o'r adeilad a feddiannwyd gan y protestwyr. Un arall a feddai ddawn trefnu ymarferol ac un o'r mwyaf unplyg ymysg aelodau UMCB, oedd Dafydd Timothy o'r Rhyl, a fu'n weithgar tu hwnt ac ynghanol trefniadau'r meddiannu. Trefnwyd rota o fynd a dod er mwyn sicrhau bod tua 60 o feddianwyr yn yr adeilad ar bob shifft, ac nad oedd pobl yn gorflino na diffygio.

Atgof Ifan Roberts yw bod "y trefniadau wedi cael eu gwneud rhwng pawb, felly roedd rhaid cael cytundeb ymlaen llaw y byddem yn gweithredu yn ddi-drais, fel Cymdeithas yr Iaith." Llwyddwyd i sicrhau mynedfa i'r myfyrwyr fel bod modd trefnu rota shifft i'r meddianwyr. Meddai Ifan eto: "Ar ôl mynd i mewn a dechrau'r meddiannu, roeddem yn gallu mynd a dod drwy ffenest fach ar do fflat ger Neuadd PJ ac i mewn i Adeilad Newydd y Celfyddydau. Honno oedd y fynedfa i'r meddianwyr."

Wrth gofio'n ôl yn *Y Faner Newydd*, rhoddodd Cris Jones, myfyriwr Cymraeg 20 oed o Gaerdydd, ddisgrifiad byw o gyffro'r meddiannu:

> Cychwyn ganol nos o hen neuadd John Morris Jones a'n sachau cysgu dan ein ceseiliau. Cysgu ar loriau caled. Y mynd a dod achlysurol i lawr yr ysgol o'r balconi. A'r cwbl yn ennyn rhyw deimlad o fod o dan warchae, yn llythrennol ac yn symbolaidd.

Dywed John Glyn fod trefniadaeth gadarn ar waith o'r cychwyn cyntaf:

> Mi lenwon ni'r grisiau gyda desgiau a chadeiriau a chau'r drysau, er mwyn blocio staff neu'r heddlu rhag dod i fyny, ac roedd rheoli mynediad i'r adeilad yn flaenoriaeth, ac roedd gwarchod y meddiannu yn rhan ganolog o'r drefn ddyddiol.

Un peth sy'n aros ym meddwl Alwyn Gruffydd oedd gwroldeb aelodau cyffredin yr Undeb.

> Roedd rhywun yn cael ei galonogi gan frwdfrydedd a phenderfyniad aelodau'r Undeb. Fedra i ond edmygu eu dewrder. Roedd rhai fel Iwan Edgar, Carys Dafydd a minnau wedi bod yn nwylo'r 'British Bobby', ond doedd trwch yr aelodau ddim. Roedd yna unfrydedd barn ymysg yr aelodau a doedd dim gorfodaeth i gymryd rhan.

Nid bod y profiad yn un annymunol i'r meddianwyr chwaith, roedd yno gymdeithasu a chyffro, a chyd-dynnu amheuthun ymysg y gwrthdystwyr. Roedd yno deimlad o gymuned, o berthyn, o fod yn rhan o rywbeth pwysicach na nhw eu hunain. Fel hyn y disgrifiwyd y profiad gan Carys Dafydd:

> Y lluniau sy'n glynu yn fy nghof yw pa mor ffeind oedd pawb. Roedd yn amser da ac mi fyddem yn cael bwyd wedi basio atom drwy'r to. Roedd bron pawb wedi cymryd rhan yn y meddiannu a chyn-fyfyrwyr a staff cegin JMJ yn darparu bwyd i ni. Mi gefais amser i'r brenin yn y meddiannu!

Cafwyd cwynion gan yr awdurdodau bod staff cegin y Neuadd Gymraeg yn darparu pecynnau bwyd i'r meddianwyr. Ond gwrthod y cwynion a wnaeth Dr John Llywelyn Williams, warden JMJ:

> Yr unig broblem gefais i adeg y meddiannu oedd cwyn gan yr awdurdodau bod merched y gegin yn y neuadd yn gwneud pecynnau bwyd i'r myfyrwyr, ac yn trefnu eu bod yn cael eu dosbarthu i'r meddianwyr. Ond fy nadl i oedd eu bod y myfyrwyr wedi talu am eu lle ac am eu prydau, ac roedd ond yn iawn iddynt gael eu bwyd.

Dywed Iwan Edgar, "Bu sawl ymdrech yn ystod y meddiannu i gael cymod â'r coleg, ond ddaeth dim o hynny." Felly yn wyneb ystyfnigrwydd yr awdurdodau penderfynwyd mynd gam ymhellach, sef dwyn miloedd o ffeiliau o Swyddfa Academaidd y Coleg. Tanlinella sawl un oedd yno nad oedd dwyn y ffeiliau ar agenda'r protestwyr cyn y meddiannu o gwbl, ond yn wyneb agwedd bengaled arweinyddiaeth y Coleg teimlid bod angen gweithredu mwy difrifol.

Er bod y copi o brif allwedd porthorion y Coleg a ddefnyddiwyd i agor drws yr Hen Goleg yn ystod meddiannu mis Chwefror yn agor y drws i Adeilad Newydd y Celfyddydau, nid oedd yn agor drws y Swyddfa Academaidd. Er hynny, roedd y bwlch o dan ffenestr y swyddfa yn ddigon llydan i alluogi rhai myfyrwyr tenau i lithro oddi tano, a dyna sut llwyddwyd i gael mynediad at y ffeiliau.

Cofia Ifan Roberts am y cam arwyddocaol a fyddai'n cael canlyniadau pellgyrhaeddol iddo ef yn bersonol a holl hanes y protestio:

> Yn ystod y meddiannu llwyddodd un o'r myfyrwyr i gael mynediad i ddrws y stafell weinyddol lle'r oedd ffeiliau'r myfyrwyr i gyd yn cael eu cadw. Fel y gallech ddisgwyl, roedd pethau sensitif ynddyn nhw. Mewn cyfarfod cyffredinol o'r Undeb yn y meddiannu penderfynwyd symud y ffeiliau. A dyna pryd y deffrodd y Coleg – roedden ni wedi'u dychryn nhw.

Felly penderfyniad corff llawn UMCB oedd dwyn y ffeiliau hyn, ac aethpwyd ati i drefnu eu symud o'r adeilad heb yn wybod i'r Coleg. Lluniwyd cynllun i wneud hynny yn llechwraidd dan drwynau'r awdurdodau. Disgrifia Iwan Edgar y cynllun fel hyn:

> Cludwyd allan bron i lond 70 bag plastig du mawr o ffeiliau. Gwnaed hynny dros ddwy noson, gan gynnal cyngerdd carolau ar do fflat ger mynedfa i'r adeilad a feddiannwyd ar un o'r nosweithiau, tra bod rhai yn gollwng y bagiau duon ochr arall yr adeilad.

Trefnwyd bod nifer o geir a faniau myfyrwyr yn dod i gefn Adeilad Newydd y Celfyddydau i gludo'r ffeiliau oddi yno. Symudwyd 40 sach o ffeiliau ar y noson gyntaf, a 29 ar yr ail noson, gyda'r gwasanaeth carolau yn cuddio'r ffaith fod y ffeiliau'n cael eu symud. Cymharwyd dwyn y ffeiliau a'u trosglwyddo i'r ceir a'r faniau oedd yn aros gerllaw, gan un o'r cynorthwywyr, i olygfa mewn ffilm *heist:* "Roedd o fatha'r *Italian Job*!"

Er mai'r meddiannu ei hun oedd y weithred fwyaf gweledol yn Rhagfyr 1978, y dwyn trefnedig yma o ffeiliau gweinyddol oedd yr hyn a gafodd y canlyniadau mwyaf cyrhaeddbell yn 1979. Cafodd miloedd o ffeiliau eu cymryd o'r Gofrestrfa Academaidd a swyddfeydd cysylltiedig. Roedd y rhain yn cynnwys cofnodion personol myfyrwyr, ffurflenni cais, a dogfennau mewnol sensitif. Roedd y ffeiliau'n cael eu gweld gan y myfyrwyr fel ffordd o orfodi'r Coleg i gymryd eu safbwyntiau o ddifri ar fater ehangu, disgyblu, a pholisi iaith.

Ar ôl sicrhau bod miloedd o ffeiliau wedi'u cludo oddi ar y safle, penderfynwyd dod â'r meddiannu i ben cyn i'r wŷs Uchel Lys a sicrhawyd gan y Coleg ddod i rym.

Y bwriad meddai Ifan Roberts oedd dychwelyd y ffeiliau yn y pen draw.

> Aethpwyd â'r ffeiliau mewn ceir i fferm anghysbell, gyda'r bwriad o'u dychwelyd nhw yn y diwedd. Ond roedd y Coleg yn y cyfamser, wedi mynd at yr Uchel Lys i'n symud ni o Adeilad y Celfyddydau. Roeddem i fod i adael cyn 12 o'r gloch ddydd Iau 14 Rhagfyr ac fe wnaethon ni adael am 11.45.

Ond cyn ymadael ag Adeilad Newydd y Celfyddydau rhybuddiwyd y meddianwyr bod posibilrwydd cryf y byddai'r heddlu yn dod ar drywydd rhai ohonynt i holi am hynt y ffeiliau dros wyliau'r Nadolig. Rhoddodd Dewi Llewelyn gyfarwyddyd clir i'r myfyrwyr ynghylch sut i ymateb i unrhyw gwestiynau gan y plismyn – "Dweud dim" oedd y siars i bawb ganddo.

Ar ôl i'r meddiannu ddod i ben ar fore Gwener 15 Rhagfyr, cadarnhawyd yn gyhoeddus fod mwy na 3,000 o ffeiliau personol hynod gyfrinachol wedi diflannu o'r coleg, gan gynnwys ffeiliau cyfrinachol yn ymwneud â thua 3,000 o fyfyrwyr, ceisiadau UCCA (fel yr oedd bryd hynny) ar gyfer mynediad i'r Coleg yn Hydref 1979, ynghyd ag amryw o ddogfennau eraill o'r swyddfeydd gweinyddol.

Datganodd Heddlu Gogledd Cymru eu bod yn ystyried y digwyddiad yn achos o'r difrifoldeb mwyaf, gan fod y ffeiliau'n ymwneud â holl weinyddiaeth y brifysgol. Cymerodd y Ditectif Brif Uwch-arolygydd Eric Evans, pennaeth CID Gogledd Cymru, ofal uniongyrchol o'r ymchwiliad, gan sefydlu ystafell ddigwyddiadau ym Mangor, a pharcio cerbyd uned troseddau difrifol symudol ym maes parcio'r Coleg, a thrin yr achos fel "ymchwiliad mawr".

Dywedwyd mewn llythyr a adawyd yn y swyddfeydd gweinyddol ar ran y protestwyr y byddai eiddo'r coleg a oedd wedi'i gymryd yn cael ei ddychwelyd pe bai'r coleg yn penderfynu peidio ag ehangu niferoedd myfyrwyr cyn cynnal bwrdd apêl cyn y Nadolig yn achos tri myfyriwr a gafodd eu hatal yn dilyn y digwyddiad rhyddhau mwg yn y llyfrgell.

Mewn ymateb cyhoeddus, datganodd yr Is-brifathro, J. Gwynn Williams, mewn cyfweliad teledu, fod y Coleg yn trin diflaniad y ffeiliau fel trosedd ac wedi trosglwyddo'r mater i'r heddlu. Pwysleisiodd na fyddai'r Coleg yn ildio i fygythiadau nac amodau, gan apelio ar i'r dogfennau gael eu dychwelyd ar fyrder.

Wrth i'r coleg gau ar gyfer gwyliau'r Nadolig, roedd Heddlu Gogledd Cymru yn dal i chwilio am nifer sylweddol o'r ffeiliau coll, ac yn parhau i holi myfyrwyr a chysylltiadau ar draws y rhanbarth. Yn ystod yr wythnosau dilynol, cynhaliwyd cyfweliadau pellach, gweithredwyd gwarantau chwilio, ac roedd y rhai a fu'n rhan o'r meddiannu yn wynebu'r posibilrwydd gwirioneddol o gyhuddiadau difrifol ac achosion llys.

7

'Y 7 yn ôl' (1979)

YN DILYN Y meddiannu a diflaniad y ffeiliau yn Rhagfyr 1978, roedd awyrgylch y Coleg wedi troi'n dipyn mwy annifyr. Roedd presenoldeb yr heddlu, bygythiadau cyfreithiol, a disgyblu llawdrwm wedi creu hinsawdd o ddrwgdybiaeth chwerw.

Ar ddechrau 1979 hawliodd UMCB gyfrifoldeb am gymryd y ffeiliau, gan nodi mai eu hamcan oedd atal Seisnigeiddio'r ardal drwy ehangu'r Coleg. Cyhoeddodd yr Undeb na fyddai'r ffeiliau'n cael eu dychwelyd oni bai bod dau amod yn cael eu bodloni: yn gyntaf, bod penderfyniad yn cael ei wneud i beidio ag ehangu nifer y myfyrwyr; ac yn ail, bod Bwrdd Apêl yn cael ei gynnal cyn y Nadolig ynghylch y tri myfyriwr a waharddwyd yn dilyn y digwyddiad blaenorol yn Llyfrgell y Celfyddydau.

Yn eu hymateb digyfaddawd pwysleisiodd awdurdodau'r coleg nad oedd gan yr Undeb Gymraeg statws swyddogol, nad oedd yn cynrychioli holl fyfyrwyr Cymraeg y Coleg, ac nad oedd yn cael ei chydnabod gan Lys na Chyngor y Coleg. O dan delerau'r Siarter, dim ond un corff cynrychioliadol o fyfyrwyr oedd yn bodoli'n ffurfiol, sef Undeb Myfyrwyr Coleg Prifysgol Gogledd Cymru, yr NUS. Nodwyd yn benodol nad oedd yr undeb honno'n gysylltiedig â'r cynyrfiadau ac iddi ymddwyn yn gyfrifol drwy'r cyfnod. Doedd dim dwywaith fod Syr Charles Evans a'i oruchwyliaeth wedi'u cynddeiriogi gan UMCB.

Yn dilyn hyn i gyd ehangodd ymchwiliadau'r heddlu ledled Cymru, gan neilltuo nifer sylweddol o blismyn i'r gwaith. Dros gyfnod y Nadolig, ymwelwyd â nifer helaeth o gartrefi myfyrwyr Cymraeg ar draws gogledd Cymru a rhannau eraill o Brydain, symudiad a ddisgrifiwyd gan Iwan Edgar fel 'cyrch egr'. Tros gyfnod o bythefnos i dair wythnos, arestiwyd naw unigolyn, nid pob un ohonynt yn fyfyrwyr, ac fe'u rhyddhawyd ar fechnïaeth heddlu heb gyhuddiad, gyda'r posibilrwydd o gael eu galw'n ôl i orsaf heddlu yn nes ymlaen.

Ar ôl i'r ffeiliau gael eu dwyn bu'r heddlu'n chwilio hwnt ac yma ar hyd gogledd Gwynedd amdanynt. Holwyd myfyrwyr Cymraeg o Ynys Môn i Bort Talbot. Cafodd Iwan Edgar ei 'wahodd' i fynd i orsaf heddlu Bangor i 'helpu'r plismyn gyda'u hymholiadau', a chafodd daith mewn car heddlu yno. Ond ni chafodd ei gyhuddo ac fe'i rhyddhawyd, ond lifft gan ei gyfreithiwr Robyn Léwis oedd ei unig ffordd i gyrraedd adref i Bwllheli. Yn dilyn hynny clywodd sŵn clic ar y llinell ffôn yng nghartref ei rieni – yr un sŵn clic a glywodd yn 1969 pan dapiwyd ffôn Richard Edgar adeg yr Arwisgo. Arwydd oedd hyn bod yr heddlu'n clustfeinio i weld beth fyddai ymateb Iwan ar ôl cael ei holi a chyda phwy o aelodau UMCB y byddai'n cysylltu.

Ychwanegwyd at y straen a'r gofid ymysg aelodau UMCB wrth i'r Coleg droi at yr heddlu, ac wrth iddynt hwythau gynnal cyrchoedd ac ymweliadau â chartrefi myfyrwyr a'u teuluoedd. Er hynny roedd llawer o'r teuluoedd hynny yn sefyll yn gadarn y tu cefn i'r protestwyr fel dengys yr atgof hwn gan Carys Dafydd o'r Parc, sy'n rhoi darlun byw o'r modd y bu'r heddlu'n chwilio am y ffeiliau trwy gydol Ionawr 1979, a'r tensiwn a grëwyd yn sgil hynny.

Yn ôl Carys, cafodd rhai o'r ffeiliau eu cymryd i gartref y teulu ar fferm Pant y Neuadd yn y Parc:

Mi gafodd rhai o'r ffeiliau eu cymryd i 'nghartref ar fferm Pant y Neuadd yn y Parc. Daeth yr heddlu acw i holi fy mrawd Gareth am rywbeth, gan ei fod o hefyd yn protestio ac ymgyrchu llawer. Wrth i'r heddlu chwilota'r tŷ, synhwyrodd mam eu bod yn agos at y lle'r oedd y ffeiliau wedi cael eu cuddio, felly holodd yn sydyn.

'Be am banad?'

Cytunodd y plismyn a llwyddwyd i gadw'r ffeiliau'n saff allan o'u golwg!

Dywed Carys nad dyna ddiwedd y stori chwaith. Er mwyn lleihau'r pwysau a'r amheuaeth, cysylltodd rhai o'r protestwyr â'r heddlu'n fwriadol i honni bod gwybodaeth am leoliad y ffeiliau ar gael, ond gyda'r bwriad o'u harwain ar drywydd ffug:

Mi wnaethon ni ffonio'r heddlu a dweud ein bod yn gwybod lle'r oedd y ffeiliau, ond be wnaethon ni oedd eu hanfon i'r llefydd anghywir a'u hanfon ar *'wild goose chase'*.

Dengys atgof Carys fod UMCB wedi llwyddo i ehangu'r frwydr y tu hwnt i ffiniau'r campws ac wedi cynnwys y gymuned. Roedd cartrefi, rhieni, a bywydau teuluol bellach yn rhan o'r frwydr, gan ddangos maint y pwysau a roddwyd ar unigolion oedd yn gysylltiedig â'r ymgyrch. Ond roedd hefyd yn gwneud Cymreigio'r Coleg a'i effaith ar gymunedau Gwynedd yn destun gwleidyddol llosg.

Dywed Gwion Lynch fod y myfyrwyr yn grediniol eu bod yn cael eu gwylio gan yr heddlu yn y cyfnod yna: "Roeddan ni'n argyhoeddedig eu bod nhw'n gwrando ar y ffôns."

Cafodd Gwion ei hun gyfarfyddiad eithaf sur gyda'r heddlu.

Rwy'n cofio dros Dolig y plismyn yn landio acw yn fy nghartref yng Ngharrog ac eisiau sgwrs. Y cyfarwyddyd a gawson ni oedd deud dim byd, ond fe gawson nhw ddod mewn i siarad a holi. Ac yna mi wnaethon nhw adael.

Roeddwn newydd gael llythyr gan dad Gwyndaf a Dafydd Roberts o'r grŵp Ar Log yn fy nghefnogi a rhodd o £10 i'r Undeb. Ychydig ar ôl i'r plismyn ddod acw roeddwn ar fy ffordd i'r swyddfa bost yn y pentref i bostio fy ateb yn diolch am y llythyr o gefnogaeth. Ond cyn i mi gyrraedd y post mi sgrialodd car heddlu o rywle a dod lawr y lôn fel Starsky and Hutch a'm taflu i gefn y car. Cefais fy arestio ac aed â mi i Fangor.

Roedd hyn i gyd yn eironig o gofio bod Dafydd Roberts wedi cael ei wahardd o'r coleg yn 1976 adeg helynt y Cymric.

Dw i'n cofio cael fy holi. Mi ddechreuon nhw gyda hen dacteg o un heddwas yn holi'n flin a chas, ond wedyn allan â fo ac yna plismon arall yn dod mewn i'r stafell ac mi oedd o yn ymddwyn yn annwyl a neis.

Bryd hynny yng ngorsaf heddlu Bangor roedd yna dair step i lawr i'r celloedd, ac wrth i mi gael fy arwain lawr at fy nghell cefais gic yn fy nghefn nes disgyn lawr y grisiau. Roedden nhw'n ddigon milain a dweud y gwir.

Doedd gan deulu Carrog ddim syniad lle'r oeddwn. Ac yn y diwedd ar ôl cael fy ryddhau mi es i fyny i JMJ a gofyn i John Llew a gawn i ffonio adra.

Ond roedd Neuadd John Morris-Jones hefyd wedi dod o dan chwyddwydr yr heddlu. Dywed John Llew fod ei ffôn wedi cael ei dapio yn y cyfnod, a thros adeg gwyliau'r Nadolig mi wnaeth tua 30-40 o blismyn chwilota drwy'r Neuadd, gan gynnwys fflat y Warden.

Trefnodd y protestwyr i fynd â rhai o'r ffeiliau i'w cuddio ar fferm cenedlaetholwr amlwg yn ardal Clynnog Fawr. Ond roedd symud y ffeiliau o amgylch y gogledd yn galw am gyfrinachedd, a dywed Alwyn Gruffydd fod geiriau cod yn cael eu defnyddio i gyfeirio atynt dros y ffôn 'rhag ofn bod rhywun yn gwrando'. Cyfeirid at y ffeiliau fel 'gwartheg duon' oherwydd iddynt gael eu cludo o'r Coleg mewn bagiau bin du. Mae'n debyg bod y ffermwr wedi cuddio'r ffeiliau o dan y bêls gwair yn y gadlas. Ond er i'r heddlu archwilio'r fferm ni wnaethant chwilio'r gadlas, ac ni ddaethpwyd o hyd i'r ffeiliau. Gadawsant y fferm yn waglaw.

Rhoddodd y Ditectif Eric Evans, pennaeth CID Gogledd Cymru, adroddiad ar gynnydd yr heddlu yn ceisio dod o hyd i'r ffeiliau ar 5 Ionawr 1979. Cadarnhaodd Evans fod 28 bag sbwriel du llawn o ffeiliau eisoes wedi'u hadfer, ond bod "nifer sylweddol" yn parhau ar goll, yn enwedig ffeiliau personol myfyrwyr. Nododd fod y rhan fwyaf o'r ffeiliau hynny wedi'u canfod ym Mhen Llŷn wedi i'r heddlu sicrhau gwarant i chwilio eiddo penodol, yn hytrach nag o ganlyniad i wybodaeth gan y cyhoedd. Datganodd yr heddlu y byddai'r chwilio'n parhau "hyd nes y bydd pob ffeil wedi'i hadfer, neu hyd nes y bernir nad oes unrhyw obaith rhesymol o wneud hynny".

Canfuwyd tua 400 o'r ffeiliau ychydig ddyddiau'n ddiweddarach mewn bagiau plastig y tu allan i doiledau cyhoeddus ar draeth Dinas Dinlle, chwe milltir o Gaernarfon, ar ôl derbyn galwad ffôn anhysbys. Dywedodd llefarydd ar ran yr heddlu fod y ffeiliau mewn cyflwr da ac wedi'u cludo i orsaf heddlu Caernarfon ar gyfer profion fforensig. Cafwyd hyd i ragor o'r dogfennau mewn siop yng Nghaernarfon. Er hynny, roedd cyfran sylweddol o'r dogfennau'n parhau ar goll. Amcangyfrifodd yr heddlu fod tua chwarter yr eiddo wedi'i adfer, tra nododd y Coleg fod oddeutu 450 o ffeiliau wedi eu dychwelyd.

Yn nes ymlaen ym misoedd cyntaf 1979 daeth rhagor o ffeiliau i'r golwg ac adroddodd y *Daily Post* fod rhai ohonynt wedi cyrraedd swyddfeydd y papur newydd. Cafwyd hyd i'r llwyth mwyaf o ffeiliau mewn ciosg ffôn rhwng Caernarfon a Bethel, ond roedd eraill wedi'u llosgi'n rhannol, a'u hanfon mewn amlenni a bostiwyd ym Mhwllheli i wahanol gyfeiriadau.

Ymhlith y dogfennau a dderbyniodd y *Daily Post* roedd allbrint cyfrifiadur, wedi'i stampio â sêl Deon Cyfadran y Celfyddydau Bangor. Roedd y ddogfen yn rhestru cais merch o Ganolbarth Lloegr i gael ei derbyn i'r coleg. Nodwyd manylion megis ei chyfeiriad cartref a'i chyfeiriad dros dro, yr awdurdod lleol a ddarparai ei grant, ei hanallu i siarad Cymraeg, a'i datganiad nad oedd hi'n dymuno i'r coleg ohebu â hi yn Gymraeg, cwestiwn a ofynnid i bob myfyriwr ym Mangor.

Dywedodd y Ditectif Eric Evans fod y swp diweddaraf o'r ffeiliau coll wedi dod i'r fei wrth iddynt gael eu postio i gyfeiriadau amrywiol ar y dydd Mawrth, y diwrnod cyn cyngerdd a fynychwyd gan Dywysog Cymru yng Nghastell Caernarfon i nodi degfed pen-blwydd ei Arwisgo yn 1969. Ymhlith y rhai a dderbyniodd rai o'r ffeiliau coll yn y post oedd gŵr a oedd wedi chwarae rhan amlwg yn y trefniadau yng Nghaernarfon ar gyfer yr Arwisgo bryd hynny.

Darganfuwyd rhai ffeiliau yng nghwch Eirug Wyn, yr awdur a'r dyn busnes, yn ei gartref yn y Groeslon, a wynebodd achos llys am ei ran yn yr helynt yn ddiweddarach. Er hynny, ni lwyddodd yr heddlu na'r awdurdodau i ddod o hyd i fwyafrif helaeth y ffeiliau, a lleiafrif o'r dogfennau ddaeth i'r fei, ac erys eu tynged yn ddirgelwch hyd heddiw. Dywed John Glyn i'r myfyrwyr gael "cymorth o fannau annisgwyl iawn" wrth symud a chuddio'r ffeiliau. Ond yr hyn sy'n arwyddocaol, ychwanegodd, yw na thorrodd ewyllys y protestwyr o gwbl:

> Er gwaethaf ymdrechion trylwyr a chas yr awdurdodau, ni chafwyd mo'r rhan helaethaf o'r ffeiliau byth yn eu holau. Ac roedd peidio â dychwelyd y ffeiliau i gyd yn elfen seicolegol bwysig – fel petai'n profi ein bod ni wedi ennill.

Ategir hyn gan Cris Jones, "Roedd 'y meddiannu' a diflaniad y ffeiliau'r coleg yn sgil hynny – yn ergyd effeithiol y bu bron iddi daro'r nod."

Yn yr un cyfnod ar ddechrau Tymor y Gwanwyn 1979, parhaodd y broses ddisgyblu o fewn y coleg. Wedi'r meddiannu, derbyniodd pum myfyriwr Cymraeg ychwanegol lythyrau gan yr Is-brifathro yn eu hysbysu na chaniateid iddynt ddychwelyd i'r Coleg hyd nes cynnal gwrandawiad disgyblu. Y pump oedd Alwyn Gruffydd, Llywydd UMCB, Dewi Llewelyn, Is-ysgrifennydd yr Undeb, Ifan Roberts, Rhian Eleri Roberts, a Cris Jones. Dynodwyd 18 Ionawr fel dyddiad y gwrandawiadau, ond cafodd y pump eu hatal o dir y Coleg yn syth heb unrhyw wrandawiad cychwynnol. Pan gafodd ei holi gan newyddiadurwyr ynghylch tegwch diarddel myfyrwyr cyn cynnal gwrandawiad ffurfiol, gwrthododd Eric Hughes y Cofrestrydd wneud sylw manwl, ac eithrio nodi y gellid ystyried camau o'r fath yn 'fesur amddiffynnol' pan fo difrod wedi'i wneud.

Yn ôl Ifan Roberts, cafodd ei wahardd oherwydd bod myfyriwr arall wedi datgelu ei ran yn y gwaith o symud y ffeiliau o Adeilad Newydd y Celfyddydau.

> Y rheswm y ces i fy erlid oedd bod fy nghar wedi'i ddefnyddio i gludo'r ffeiliau. Roedd un o'r myfyrwyr, ar ôl cael ei holi gan yr heddlu, wedi dweud: "'Nes i gario bagiau du a'u rhoi yng nghar Ifan Roberts."

Ifan gafodd y driniaeth fwyaf haearnaidd o'r holl fyfyrwyr. Ni chafodd Ifan unrhyw wrandawiad disgyblu na'r cyfle i apelio, wrth i'r awdurdodau wrthod yr hawl iddo ddychwelyd o gwbl a'i wahardd o Goleg Prifysgol Bangor am weddill ei oes.

Ysgrifennodd rhieni Ifan, y Parch. Bryn Roberts a Mrs

K.A. Roberts, lythyr agored at Is-brifathro'r Coleg a'r un oedd yn gyfrifol am y broses ddisgyblu, J. Gwynn Williams, gan fynegi eu teimladau am y modd y cafodd y myfyrwyr eu trin:

> Yr ydym yn datgan ein pryder, hyd yn oed ein braw, at y dull hwn o weithredu tuag at brotestwyr Cymraeg yn y Coleg. Ataliwyd tri o'r blaen, ond nid cyn gwrando eu hachos; yn awr dyma atal a chosbi heb wrando'r achos na phrofi unrhyw gyhuddiad... Yng ngoleuni y gweithredu hwn, a ymddengys i ni yn unbenaethol, ni allwn lai na chasglu mai ffordd o gosbi, ac yn wir o ddial ymlaen llaw, a thrwy hyn ddychryn protestwyr Cymraeg y Coleg, sydd wedi mynegi eu protest yn erbyn polisi'r awdurdodau i ehangu'r Coleg. Gwyddom iddynt wneuthur hynny am flynyddoedd yn gyfansoddiadol a bellach o dan orfod, oherwydd eich byddardod chwi, yr awdurdodau, weithredu yn anghyfansoddiadol mewn ymgais yn awr i rwystro ehangu sy'n debyg i olygu boddi'r Gymraeg mewn môr o Seisnigrwydd yn weinyddol a gweithredol.

Cafwyd gohebiaeth bellach rhwng mam Ifan a Charles Evans yn ddiweddarach yn y flwyddyn, pan ofynnodd Mrs Roberts i'r Prifathro ar ba sail y cafodd ei mab ddedfryd mor lem:

> Paham y cosbwyd Ifan yn drymach a llymach na'r myfyrwyr eraill, am yr un drosedd, gan y pwyllgor disgyblu?

Ateb swta a gafodd:

> Annwyl Mrs. Roberts,
> Diolch ichwi am eich llythyr dyddiedig 12 Mehefin.
> Nodaf eich sylwadau.
> Rydych yn holi ynghylch y gwahanol gosbau a osododd y Bwrdd Disgyblu. Nid wyf yn aelod o'r Bwrdd hwnnw ac mae ei weithgareddau'n gyfrinachol. Nid ydwyf, felly, mewn sefyllfa i'ch ateb chwi.

Atebodd Mrs Roberts trwy ddweud mai "atebiad digon di-ddim ydoedd," gan ychwanegu "ond nid oeddwn yn disgwyl amgenach a dweud y gwir." Yn naturiol roedd hi wedi gwylltio a'i dadrithio gydag agwedd anhrugarog awdurdodau'r Coleg:

> ... nid oes gennyf amser i ymdrybaeddu mewn baw, mae pethau pwysicach o lawer i'w gwneud mewn bywyd na thrin a thrafod a phoeni am awdurdodau Coleg Bangor. Yn wir peth dibwys iawn yw ennill gradd na chael swydd yn y fath le.

Ar yr adeg y cafodd ei wahardd roedd Ifan yn ei drydedd flwyddyn yn astudio am radd BD mewn diwinyddiaeth, ond oherwydd y gwaharddiad ni chafodd fynd ar dir y Coleg i sefyll ei arholiadau yn Neuaddau JP a PJ ym Mehefin.

Er hynny llwyddodd i gwblhau'r cwrs, yn rhannol diolch i gefnogaeth darlithwyr nad oeddent, yn dechnegol, yn dysgu ar dir y Coleg gan bod amryw o sesiynau a seminarau yn cael eu cynnal yng Ngholeg Bala-Bangor a'r Coleg Gwyn, Coleg y Bedyddwyr ym Mangor Uchaf. Cafodd Ifan ei annog gan O.E. Evans a Gwilym H. Jones, darlithwyr yr Adran Efrydiau Beiblaidd a Diwinyddiaeth, i fynychu darlithoedd er gwaethaf y gwaharddiad, gan sicrhau nad oedd ei addysg yn yr adran yn dod i ben. Ystyriwyd gwneud apêl i'r Derbynnydd yn San Steffan yn erbyn y penderfyniad i'w ddiarddel, ond gan fod y costau mor uchel penderfynwyd nad oedd werth y drafferth.

> Flynyddoedd wedyn, pan oeddwn yn pregethu ym Mangor, daeth Llew Chambers ataf – roedd yn ddarlithydd Mathemateg ym Mangor yng nghyfnod y meddiannu – yn dweud wrtha i y dylwn fod wedi apelio, gan y byddai hynny wedi helpu'r rhai fel yntau yn y Coleg oedd am symud Charles Evans.

Awgryma'r cyfarfyddiad yna, flynyddoedd wedi'r protestio, na lwyddwyd i gynnal cyswllt a chyfathrebu clir rhwng ymgyrchwyr UMCB a'r Cylch Darlithwyr a charfannau academaidd eraill oedd am weld diwedd ar deyrnasiad Charles Evans. A bod y methiant hwnnw i newid y drefn yn y Coleg wedi suro'r awyrgylch rhwng y protestwyr ifanc a'r to hŷn o ddarlithwyr Cymraeg.

****

Wrth i'r prosesau disgyblu fynd rhagddynt, daeth tensiwn y sefyllfa i'r wyneb mewn digwyddiad a gafodd sylw eang yn y wasg, sef herwgipio Alwyn Gruffydd, Llywydd UMCB.

Ar 18 Ionawr, yn dilyn si bod myfyrwyr yn bwriadu cynnal protest yn erbyn penderfyniad y Coleg i ddiarddel pedwar myfyriwr am gymryd rhan yn y meddiannu a dwyn y ffeiliau, penderfynodd awdurdodau Coleg y Brifysgol gloi drysau'r coleg â chadwyni am hanner dydd a galw ar yr heddlu i gadw golwg ar y safle.

Yn y pwyllgor disgyblu cadarnhawyd y cosbau ar y myfyrwyr. Trwy gydol ei wrandawiad gwrthododd Dewi Llewelyn yngan gair, gan ddilyn ei gyfarwyddyd i'w gyd-brotestwyr. "Dwi'n dweud dim," oedd ei eiriau yn ôl cofnod swyddogol y gwrandawiad. Danfonwyd Cris Jones, Rhian Eleri a Dewi adref o'r Coleg tan Hydref 1980, tra diarddelwyd Ifan Roberts am oes. Yn y cyd-destun hwn y cynhaliwyd cyfarfod Pwyllgor Disgyblu Senedd y Coleg lle'r oedd achos Alwyn Gruffydd yn cael ei ystyried.

Yn ystod y cyfarfod hwnnw, cafodd Alwyn ei gipio o'r ystafell gan ddeg o bobl nad oedd ganddynt gysylltiad ffurfiol â'r Coleg. Roedd y weithred yn fwriadol ddramatig, gan dorri ar draws y gwrandawiad. Y deg herwgipiwr nid anenwog ym mudiadau protest y cyfnod oedd – Siôn Aled, un o drefnwyr mwyaf effeithiol Cymdeithas yr Iaith; Gareth

Llwyd Dafydd, brawd Carys Dafydd a chenedlaetholwr diffuant a diwyro; Helen Greenwood, un arall o aelodau mwyaf ymroddgar Cymdeithas yr Iaith a oedd yn gweithio ar y pryd yng Nghaffi Deiniol; Eleri Ifan o Fethesda; Arwel Jones, Tregarth; Eryl Owain, aelod blaenllaw o Adfer; Dafydd Timothy, cyn-fyfyriwr ac aelod digyfaddawd o UMCB; Arthur Tomos, Cwm Penmachno; Ieuan Wyn, Bethesda, bardd, athro ac un o arweinwyr Adfer, a Gari Wyn, athro o Bentrefoelas, a fu'n weithgar yn sefydlu UMCB mewn blynyddoedd cynt.

Cafodd y deg eu harestio a'u cadw yn y ddalfa dros nos, cyn ymddangos gerbron y llys y diwrnod canlynol, wedi'u cyhuddo o dresmasu a dwyn. Fe'u rhyddhawyd ar fechnïaeth i ymddangos eto yn y llys ar 5 Chwefror. Disgrifiwyd y digwyddiad gan Gwynn Williams, yr Isbrifathro fel 'herwgipiad ffug', gan gydnabod nad oedd difrod wedi'i achosi i'r adeilad, ond bod y weithred wedi creu ofn a dryswch ymhlith staff.

Canlyniad yr achos yn Llys yr Ynadon yn erbyn yr herwgipwyr y mis Mai dilynol oedd rhwymo saith i gadw'r heddwch am 12 mis. Dywedodd Siôn Aled nad oedd yn fodlon cael ei rwymo drosodd a chafodd saith diwrnod i ailystyried neu wynebu saith diwrnod dan glo. Gwrthod cael ei rwymo wnaeth Siôn, ac felly treuliodd wythnos yng ngharchar Amwythig, yr unig un i fynd i'r carchar yn sgil ei ran ym mhrotestiadau Coleg Bangor.

Yn y gyfrol *Wyt Ti'n Cofio?* gan Gwilym Tudur, mae Siôn yn ysgrifennu am ganlyniad yr achos, a'r daith swreal i garchar:

> Cawsom ein gorchymyn i ymrwymo i gadw'r heddwch am ddeuddeng mis. Gwrthodais innau wneud hynny, a rhoddwyd wythnos i mi newid fy meddwl, neu byddai'n rhaid i mi fynd i'r carchar am wythnos,

Y pryd hwnnw, roeddwn yn gweithio fel ysgrifennydd yn swyddfa'r Gymdeithas yn Aberystwyth, ac un prynhawn, rhyw bythefnos ar ôl yr achos, derbyniais alwad ffôn oddi wrth fy hen gyfaill, y Ditectif Gwnstabl Ted Nicolas, yn gofyn i mi fynd i Swyddfa'r Heddlu i nôl rhyw ddogfennau oedd yn perthyn i mi. Gan fy mod yn adnabod Ted yn dda, roeddwn yn amau'r gwaethaf ac yn wir, y ddogfen a gyflwynwyd i mi oedd gwŷs yn fy nanfon i Garchar Amwythig am saith niwrnod.

Rhoddwyd fi mewn cell am ryw awr tra'n disgwyl i'r tacsi streipen las ac oren fod yn barod, ac yna euthum ar fy ffordd yng nghwmni dau heddwas digon clên trwy hyfrydwch hafddydd Ceredigion a Maldwyn tua'r ffin. Aeth pethau'n ddigon diffwdan nes i ni gyrraedd Amwythig, a sylweddoli o'm dau hebryngwr nad oedd ganddynt unrhyw syniad lle'r oedd y carchar yn y dref honno. Yn y diwedd, gorfu i ni aros a gofyn i warden traffig ble'r oedd, ac ar ôl derbyn ei chyfarwyddyd, a rhyw olwg 'Beth mae hwn wedi'i wneud tybed?' aethpwyd â fi i'm cartref am yr wythnos oedd i ddod.

Yn sgil y cynnwrf ym Mangor, ysgrifennodd Dafydd Wigley AS at Shirley Williams, Gweinidog Addysg y Llywodraeth Lafur yn Llundain, yn galw am ymchwiliad annibynnol i'r helbul ym Mangor. Yn y cyfamser penderfynodd Pwyllgor Addysg Cyngor Sir Gwynedd gynnal ei ymchwiliad ei hun i ddigwyddiadau yng Ngholeg Bangor, oherwydd ym marn Cadeirydd y Pwyllgor, y Cynghorydd John Roberts nid oedd modd anwybyddu trafferthion diweddar y Coleg.

Noda Alwyn Gruffydd fod y Cynghorydd Roberts wedi'i gynorthwyo ef a Dewi Llewelyn wrth hwyluso penderfyniad Adran Addysg y Cyngor Sir i ganiatáu cymorth ariannol i'r ddau wrth iddynt ddychwelyd i'r Coleg yn ddiweddarach: "Mi gefais i [a Dewi Llewelyn] grant tymor yr hydref am yr eildro oddi wrth Adran Addysg Cyngor Sir Gwynedd, dan gadeiryddiaeth y Cynghorydd John Roberts."

Cam nesaf ymgyrch UMCB oedd cynnal protest fawr ym Mangor ar ddydd Llun 22 Ionawr.

Teithiodd dau lond bws o fyfyrwyr Aberystwyth i Fangor i gefnogi UMCB, ac er i'r heddlu atal y bysiau ar y ffordd, llwyddodd aelodau UMCA i gyrraedd Bangor Uchaf mewn pryd. Yn dilyn cyfarfod ymgynnull yng Nghapel Tŵr Gwyn, gorymdeithiodd bron i 300 o fyfyrwyr tua'r Coleg Uchaf, dan oruchwyliaeth agos yr heddlu. Roedd yr orymdaith hon yn ddi-ddigwydd a thawel i ddechrau, ond wrth gyrraedd y cwad newidiodd y sefyllfa'n sydyn.

Ymwahanodd rhai protestwyr oddi wrth brif gorff yr orymdaith a pheintio sloganau ar waliau'r Coleg. Symudodd yr heddlu i mewn yn syth, ac yn fuan trodd y sgarmesau'n frwydr agored. Cafwyd arestiadau ar unwaith, ac erbyn hynny roedd myfyrwyr a heddweision wedi'u gorchuddio gan baent.

Ar ôl y sgarmesau cychwynnol, aeth yr orymdaith ymlaen ar hyd Ffordd y Coleg tuag at Neuadd John Morris-Jones. Yma cafwyd gwrthdaro pellach rhwng cerbydau'r heddlu a'r gorymdeithwyr. Gyrrwyd bysiau heddlu drwy griw o fyfyrwyr oedd yn cario baner, gan rwygo'r rhaffau o'u dwylo. Bu ymladd pellach, gan gynnwys digwyddiad lle bu sgarmes rhwng heddwas a myfyriwr ar ben cerbyd Land Rover yr heddlu. Yn ystod yr holl gythrwfl mae'n debyg bod un myfyriwr wedi cael ei daro gan gar heddlu a thorri ei goes. Wedi i ragor gael eu harestio, penderfynodd y myfyrwyr newid tacteg, ac eistedd i lawr ar draws Ffordd y Coleg, gan rwystro traffig.

Yn dilyn rhagor o arestiadau ymgynullodd y gwrthdystwyr ym Mala-Bangor i gyfrif pwy oedd wedi cael eu cymryd i'r ddalfa. Penderfynwyd o fwyafrif helaeth y byddai'r brotest yn symud o Fangor Uchaf i orsaf yr heddlu yng ngwaelod y ddinas. Wrth gerdded i lawr Allt

1 | Aelodau'r Cymric 1976

2 | Y Pedwar a gafodd eu diarddel yn 1976 – Emrys Wyn, Glyn Tomos, Dafydd Roberts, a Rheon Tomos yn y pen draw ar y dde

3 | Syr Charles Evans, y Prifathro; yr Arglwydd Kenyon Cadeirydd y Cyngor a Llywydd Llys y Coleg ac Eric Hughes, y Cofrestrydd

4 | Gorymdaith y Cymric, Rhagfyr 1976 ar Stryd Fawr Bangor, gyda'r 4 ar y blaen

5 | Gorymdaith y Cymric ar Ffordd Caergybi

6 | Gorymdaith y Cymric ger wal yr Hen Goleg

7 | Rali'r Cymric, Rhagfyr 1976 yn y Cwad

8 | 'Ni Piau'r Coleg' – (o'r chwith) Pauline Williams, Elysteg Edwards, Sioned Mair, Menai Lloyd Jones, Enid Williams, Nerys Roberts, Meinir Evans, Iola Jones

9 | John Glyn a Russell Isaac

10 | Ifan Roberts, Rali'r Cymric, Rhagfyr 1976

11 | Dafydd Iwan, Rali'r Cymric, Rhagfyr 1976

12 | R.S. Thomas, Rali'r Cymric, Rhagfyr 1976

13 | John Gwilym Jones, Rali'r Cymric, Rhagfyr 1976

14 | Y ddeilen iorwg - arwyddlun UMCB

15 | Edryd Gwyndaf, Llywydd cyntaf UMCB

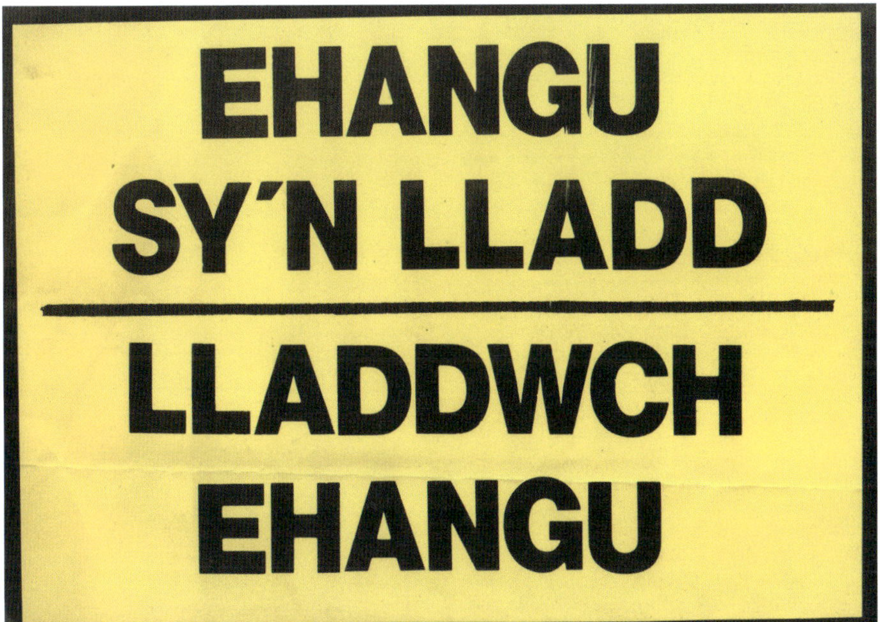

16 | 'Ehangu sy'n Lladd'

17 | Aelodau UMCB 1977

18 | Caffi Deiniol

19 | Cartŵn dychanol o'r *Llef*

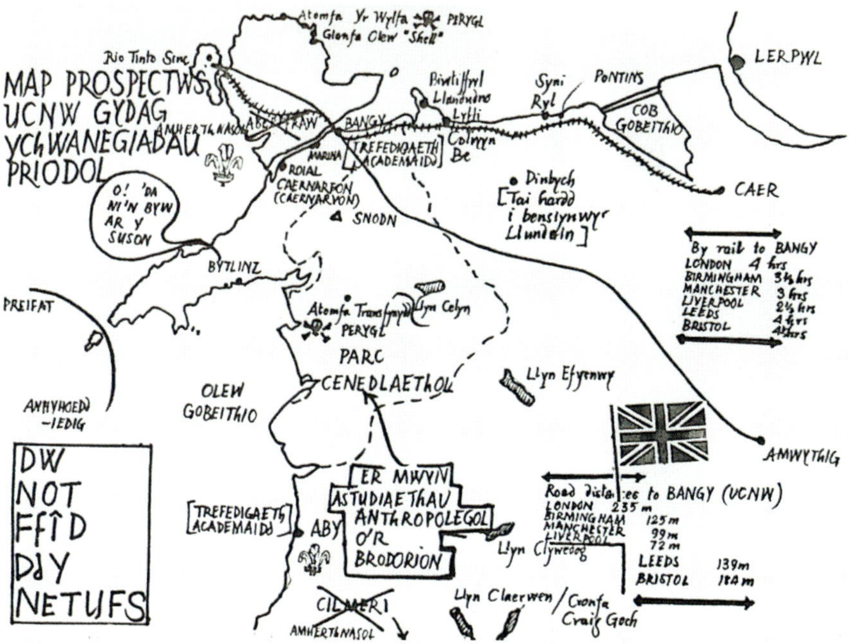

20 | Meddiannu'r Hen Goleg, Chwefror 1978

21 | Gwion Lynch, Iwan Edgar a Dewi Llewelyn yn trefnu'r baricêds, Chwefror 1978

22 | Dewi Llewelyn, (ar y chwith), a Geraint Evans (ar y dde), ac eraill ar ben to'r Hen Goleg, Rhagfyr 1978

23 | Rali'r 'Saith yn Ôl', Ionawr 1979

24 | Iwan Edgar

25 | Dewi Llewelyn

26 | Robin Chapman

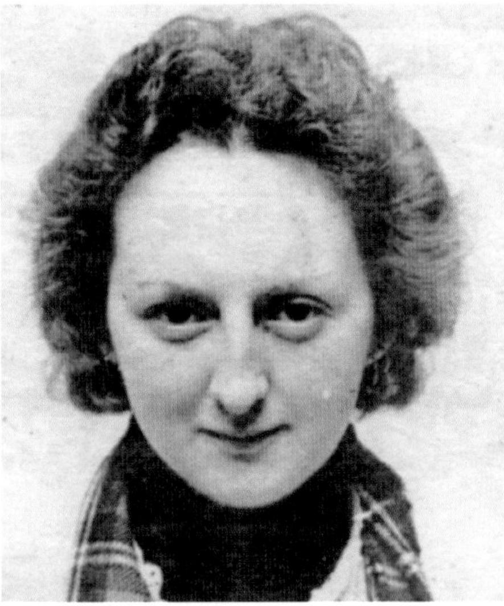

27 | Rhian Eleri Roberts

28 | Alwyn Gruffydd

29 | Cris Jones

30 | Gwion Lynch

31 | Logo yr UMCB cyfoes

32 | Bethan Williams, Medi Wilkinson, Gwenan Jones, Elin Humphries a Manon Wilkinson mewn protest UMCB dros Goleg Cymraeg, 2006

33 | Gwrthdystiad Cymdeithas yr Iaith ym Morrisons Bangor Uchaf o blaid Deddf Iaith gydag aelodau UMCB yn flaenllaw yn y brotest – Bethan Wiliams yn y canol, Glesni Williams a Stuart Edwards i'r chwith, a Glyn Jones yn y tu blaen

34 | Pwyllgor Gwaith UMCB 2025-26: Dafydd Osian Griffiths, Gruff Llwyd, Ross Griffiths, Cadi Fflur Jones, Huw Williams, Ifan Davies, Cadi Sian Thomas, Hannah Mai Owen. (Gyda Tom Smith, Begw Fussell a Beca Roberts yn absennol)

Glanrafon cafwyd trafodaeth ymysg arweinwyr y brotest a ddylid cynnal gwrthdystiad arall a blocio'r briffordd. Ni chafwyd penderfyniad pendant y naill ffordd na'r llall, felly cymerodd Iwan Edgar y mater i'w ddwylo ei hun ac, ar ôl trefnu gyda rhai o fyfyrwyr Aberystwyth a Bangor, pwysodd y botwm ar y groesfan belican ar waelod yr allt ger adeilad Undeb y Myfyrwyr, ac arwain y fintai i ganol y ffordd. Cyn cyrraedd ochr draw'r lôn eisteddodd degau o fyfyrwyr ar ganol yr A5, gan atal trafnidiaeth canol dinas Bangor ar awr brysuraf y dydd.

Unwaith eto, symudodd yr heddlu i mewn i geisio chwalu'r brotest, a chafwyd mwy o ymladd. Roedd y gwrthdaro bellach wedi ymledu o'r campws i ganol Bangor.

Y canlyniad uniongyrchol oedd bod 23 o bobl wedi'u harestio. Cyhuddwyd 22 ohonynt, ac yn hwyr y noson honno ymddangosodd y protestwyr mewn eisteddiad arbennig o Lys Ynadon Bangor. Nodwyd y byddai'r achosion ffurfiol yn cael eu cynnal ar 7 Mawrth. Yn nes ymlaen ar yr un noson, cynhaliwyd protest fawr arall yn y cwad. Er bod presenoldeb sylweddol gan yr heddlu unwaith eto, ni chafwyd unrhyw helynt.

Ar yr un noson, gwnaed difrod i beipen ddŵr oedd yn mynd i Adran Bioleg y Môr. Er i swyddogion y Coleg roi'r bai i ddechrau ar y tywydd gwael, hawliwyd cyfrifoldeb yn ddiweddarach gan UMCB am y weithred, gan ychwanegu elfen newydd o wrthdaro rhwng y myfyrwyr a'r awdurdodau.

Mewn apêl gyhoeddus ar ran yr Undeb, nododd Elin Wyn Roberts, Is-ysgrifennydd UMCB, myfyrwraig Rwseg yn ei blwyddyn gyntaf, fod arestiadau torfol wedi digwydd yn dilyn protest ar y campws. Fel y dywedodd yn y llythyr:

> Ar ddydd Llun, 22ain o Ionawr arestiwyd 23 o gefnogwyr ac aelodau UMCB pan fu protestio gerllaw Prif Adeilad y Celfyddydau, CPGC. Cyhuddir hwy o amrywiol droseddau megis difrodi ac ymddwyn yn fygythiol.

Yn ôl y llythyr, roedd ymddygiad yr heddlu yn y digwyddiadau hynny yn destun pryder difrifol:

> Fel y gall sawl un dystio, roedd ymddygiad yr heddlu y diwrnod hwnnw yn hollol warthus ac anifeilaidd.

Yna gwneir apêl uniongyrchol am gymorth ariannol er mwyn talu costau cyfreithiol:

> Er mwyn sicrhau cyfiawnder i'r 23 hyn bydd yn rhaid wrth arian i dalu costau cyfreithwyr ac ati. Apeliwn yn daer arnoch unwaith eto am gefnogaeth ariannol i ddangos eich cyd-ymdeimlad a'ch cefnogaeth i'r bobl hyn a wnaeth safiad dewr a chadarn dros eu hegwyddorion ac a arestiwyd gan gyfraith y wlad am hynny.

Wrth gloi mae Elin Wyn yn cysylltu'r ymgyrch â thraddodiad hanesyddol ehangach ac yn galw ar Gymru i weithredu:

> Ceiniogau prin ein cyndeidiau a sefydlodd Brifysgol y Werin a'ch ceiniogau chi a all sicrhau cyfiawnder a thegwch i'r Cymry hynny sy'n brwydro dros werthoedd ac egwyddorion Gwerin Cymru.

Daw'r apêl i ben gan adleisio geiriau enwog y ddrama *Buchedd Garmon* gan Saunders Lewis:

> Sefwch gyda ni yn y bwlch,
> Fel y cadwer i'r oesoedd a ddêl y glendid a fu.

8

Llysoedd cangarŵ (1979)

AR 27 IONAWR, sef y dydd Sadwrn ar ôl y terfysg ddechrau'r wythnos, cynhaliwyd rali fawr gan UMCB, gyda chefnogwyr yn dod o golegau eraill ledled Cymru. Mynychwyd y rali gan tua 650 o bobl, a threfnwyd gorymdaith drwy ganol y ddinas ar ôl clywed areithiau yng nghwadrangl y Coleg. Ymysg y siaradwyr yr oedd Dafydd Iwan, y Parch. Ifan Lynch (tad Gwion Lynch), Alwyn Gruffydd, Llywydd UMCB ac Aled Eirug, aelod amlwg o Gymdeithas yr Iaith a Llywydd UMCA.

Cyhuddwyd awdurdodau Coleg Prifysgol Bangor o gynnal "llysoedd cangarŵ" i gosbi myfyrwyr gan y Parch. Ifan Lynch. Dadleuodd nad anghydfod rhwng y Coleg a'r myfyrwyr oedd y sefyllfa bellach, ond brwydr rhwng y Coleg a phawb sy'n rhoi'r Gymraeg a diwylliant Cymru yn flaenoriaeth, a heriodd y Prifathro i wadu bod anghyfiawnder wrth wraidd y gwrthdaro. Galwodd am leihau nifer y myfyrwyr yn y Coleg, gan ddweud bod niferoedd o tua 3,000 yn tanseilio'r posibilrwydd o fywyd Cymraeg naturiol ym Mangor.

Yn ei araith yntau beirniadwyd yr awdurdodau'n hallt gan Dafydd Iwan, gan ddatgan bod y Coleg yn dangos "holl nodweddion cyfundrefn anghyfiawn" drwy ganoli grym yn nwylo'r ychydig ac eithrio llais ehangach y gymuned. Ychwanegodd: "Maen nhw'n cynnal ffurfiau allanol democratiaeth ond yn eu hanwybyddu mewn gwirionedd."

Yn ystod y cyfarfod pasiwyd deiseb o gwmpas y dorf yn galw am ymddiswyddiad Syr Charles Evans, Prifathro'r Coleg, oherwydd y modd roedd wedi trin yr holl sefyllfa. Er bod niferoedd mawr o heddlu yn bresennol, aros yn y cefndir wnaeth y plismyn drwy gydol y rali, a gorymdeithiwyd drwy strydoedd Bangor heb unrhyw helynt.

Parhaodd y protestiadau yn yr wythnos ganlynol. Cafwyd gwarchae arall ar faes parcio newydd y Celfyddydau ar y dydd Iau, a rhwystrwyd staff rhag mynd adref unwaith eto. Yn y gwarchae hwn gosodwyd nifer fawr o sticeri 'Dim Ehangu' ar ffenestri'r adeilad ac ar geir y staff.

Cofia Gwion Lynch am un gwrthdystiad anarferol yn y cyfnod hwn:

> Rwy'n cofio un brotest ar dir glas y cwad. Rhoddwyd chwynladdwr ar y glaswellt i sillafu'r geiriau '7 Yn Ôl'. Yna dros y dyddiau nesa wrth i'r chwynladdwr wneud ei waith mi ddaeth y slogan i'r golwg yn amlwg ar y gwair.

Cafodd gwrthdystiadau 'Y 7 Yn Ôl' a 'Dim Ehangu' UMCB sylw ledled Cymru, gydag adroddiadau cyson yn y wasg ac ar y radio a'r teledu. Dywed John Glyn fod y protestiadau wedi denu sylw sefydliadau rhyngwladol a llywodraethol fel y Royal United Services Institute:

> Daeth criw o'r United Services a Chatham House, draw i weld beth oedd yn digwydd. Criw digon dymunol oeddent ac yno i arsylwi.

Ond yr hyn sy'n aros yn ei gof yw agwedd rhai o'r staff academaidd Cymraeg a di-Gymraeg.

> Roedd rhai o'r staff Cymraeg yn gandryll – yn annisgwyl felly. Lleiafrif bach iawn oedd yn gefnogol, a dweud y gwir. Ond roedd agweddau rhai darlithwyr di-Gymraeg yn gwbl ffiaidd.

Mewn gwrthgyferbyniad, er bod safbwynt swyddogol arweinyddiaeth y Coleg a rhai o'r staff academaidd yn un galed a digymrodedd, mae atgofion unigolion ar lawr gwlad yn dangos bod cefnogaeth ddistaw ymhlith rhai aelodau o'r staff ategol. Un o'r rhain yw Elwyn Jones, a oedd yn ddyn ifanc 28 oed ar y pryd yn gweithio yn Adran Argraffu'r Coleg. Mae ganddo gof da o'r digwyddiad yn Ionawr 1979 pan flociwyd y cwad gan geir myfyrwyr.

> Yn ystod misoedd cynnar 1979 roeddwn yn gweithio yn Adran Argraffu Coleg Prifysgol Gogledd Cymru, Bangor. Roedd yr adran ar lawr uchaf y tŵr ym mhrif adeilad yr Hen Goleg, gyda ffenestri ar bob ochr oedd yn cynnig golygfeydd i bob cyfeiriad. Ryw ddiwrnod, rydw i'n cofio clywed sŵn nifer o gyrn ceir yn canu am amser hir. Roedd hi'n ddiwedd bore, bron iawn yn amser cinio os dwi'n cofio'n iawn. Gan fod ffenestri'r tŵr yn wynebu i bob cyfeiriad, dyma fynd at y ffenestr oedd yn edrych i lawr dros y cwad a sylwi bod tua dwsin neu fwy o geir wedi blocio'r mynediad.
>
> Er 'mod i'n gweithio yn y brifysgol ac yn ymwybodol i raddau o'r anghydfod rhwng y myfyrwyr Cymraeg a'r sefydliad, rhaid cyfaddef nad oeddwn wedi dangos fawr o ddiddordeb, gan deimlo nad oedd o'n ddim byd i'w wneud hefo fi yn uniongyrchol nac yn amharu arnaf gan mai gwas cyflog yn unig oeddwn i yn y lle. Wedi deud hynny, mi wyddwn pa ochor yr oeddwn yn ei ffafrio'n dawel, ac nid y sefydliad oedd hwnnw!

Fodd bynnag, y diwrnod hwnnw mi wnaeth y weithred o flocio'r cwad effeithio'n uniongyrchol arno gan fod perygl y byddai'n tarfu ar gynlluniau personol angenrheidiol Elwyn. Roedd ei chwaer hynaf a'i gŵr wedi bod mewn damwain car ddifrifol ddeufis ynghynt. Bu farw'r gŵr yn syth, a bu ei chwaer mewn coma ers hynny gydag anafiadau difrifol i'w phen. Roedd hi yn yr ysbyty yn Wrecsam yn aros am lawdriniaeth y prynhawn hwnnw, a chan na allai fod yno, roedd Elwyn yn aros wrth y ffôn i glywed a oedd hi wedi goroesi, yn barod i yrru i Wrecsam ar unwaith pe bai angen.

> Wrth sylwi na allwn gael y car allan o'r cwad, daeth elfen o banic drostaf. Roeddwn i'n casáu gorfod ei wneud o, ond bu rhaid i mi fynd i lawr at y myfyrwyr i egluro'r sefyllfa. Roeddwn i'n adnabod un ohonyn nhw o ran ei weld – John Trefor – ac felly ato fo yr es i. Mi wnes i ymddiheuro am orfod gofyn, ond heb oedi dim mi gymerodd fi ar fy ngair a threfnu i symud y ceir ar unwaith i wneud lle i mi fedru mynd allan. Mi fuo fo a'r myfyrwyr eraill yn hynod gefnogol, a heb air o gwyno na thynnu'n groes fe ddallton y sefyllfa ac mi ges i ddreifio o'r cwad hefo'u dymuniadau gorau nhw.
>
> Yr ochr i'r stori sy'n gadael blas drwg yn y geg ydi bod un o staff y brifysgol, Sais o ddarlithydd yn yr adran Archeoleg, wedi trio cymryd mantais o'r ffaith fy mod i'n cael gadael y cwad ac wedi trio hyrddio ei ffordd allan yn fy sgil i. Roedd ganddo gar pwerus fel Morris Oxford neu rywbeth tebyg o be gofia i ac roedd o'n bwriadu gwthio ceir y myfyrwyr o'r ffordd er mwyn cyrraedd allan. Roedd y ffaith ei fod wedi cael ei gau i mewn gan fyfyrwyr Cymraeg o bawb wedi ei gynddeiriogi. Yn ffodus, mi welodd y myfyrwyr beth oedd ei fwriad a symud eu ceir yn ôl ar unwaith a chau'r adwy'n glep arno ar ôl i mi gael pasio!

Mae'n debyg bod y darlithydd wedi achosi damwain wrth geisio mynd drwy'r adwy, oherwydd tarodd y car crand yn erbyn un o geir y myfyrwyr gan anafu coes un o'r protestwyr, a chyfeiriwyd y mater i sylw'r heddlu.

Mae atgof Elwyn yn tanlinellu nad oedd y gwrthdaro yn y Coleg yn rhaniad syml rhwng myfyrwyr a staff, ond yn sefyllfa gymhleth lle roedd llawer o gydymdeimlad tawel â'r myfyrwyr o fewn y Coleg ei hun, yn sicr ymysg y staff ategol.

Enghraifft o ddiffyg crebwyll Charles Evans oedd ei agwedd at y staff ategol lleol. Yn y cyfnod yma ar ddechrau'r wythdegau trefnodd staff anacademaidd y coleg gyngerdd Gŵyl Ddewi, gydag artistiaid Cymraeg lleol fel Hogia Llandegai yn cymryd rhan. Roedd hyn yn adlewyrchu'r twf newydd mewn ymwybyddiaeth Gymreig yn y cyfnod, ond ni wnaeth Syr Charles dderbyn gwahoddiad y staff ac ni fynychodd y cyngerdd Gŵyl Ddewi erioed. (Gwahanol oedd agwedd Eric Sunderland y prifathro a ddaeth yn lle Charles Evans ymhen rhai blynyddoedd, a aeth allan o'i ffordd i fynychu'r cyngerdd ond hefyd i ddiolch i aelodau staff, fel glanhawyr a phorthorion am eu gwasanaeth ymroddedig i'r coleg dros y degawdau.)

Fel y nodwyd eisoes, yn dilyn y digwyddiadau cythryblus ym Mangor, galwodd yr Aelod Seneddol lleol, Dafydd Wigley, am ymchwiliad gan y llywodraeth i'r sefyllfa yn y Coleg. Mewn ymateb ar y teledu, serch hynny, dywedodd Syr Charles Evans nad oedd angen ymchwiliad ac nad oedd gan y Coleg "ddim i'w ofni". Er hynny, mewn cyfarfod cyffredinol Undeb Myfyrwyr yr NUS ar Ionawr 30, pasiwyd cynnig yn cefnogi galwad Dafydd Wigley am ymchwiliad, gan ddangos bod cefnogaeth ffurfiol i'r alwad honno o fewn y corff myfyrwyr di-Gymraeg hefyd.

****

Yn Chwefror 1979, clywodd Bwrdd Apêl y Coleg apeliadau gan y myfyrwyr oedd wedi'u cosbi gan y Bwrdd Disgyblu am brotestiadau Tymor yr Hydref 1978. Canlyniad y gwrandawiadau hyn oedd gwrthod yr apeliadau, a chadarnhau'r cosbau, unwaith eto gyda chymal atodol yn ei gwneud yn ofynnol iddynt ddarparu sicrwydd ysgrifenedig o ufudd-dod i Reolau Cyffredinol y Coleg yn y dyfodol.

Pan oedd Iwan Edgar yn cerdded ar hyd coridorau'r Hen Goleg, ar ei ffordd i'r swyddfa weinyddol i gyflwyno ei bapurau yn apelio yn erbyn ei ddedfryd, digwyddodd ddod wyneb yn wyneb â Charles Evans, y Prifathro.

Nid oedd am adael yr eiliad i fynd heibio heb ddweud rhywbeth, felly gofynnodd i'r Prifathro:

"I bwy ddylwn i roi hwn?" meddai gan chwifio'r papurau swyddogol yn ei law.

"Y Cof-rest-rydd," atebodd Evans mewn llais cras.

Llais, a oedd, yn ôl Iwan, "yn swnio'n union fel Dalek".

Wrth i'r achosion llys a'r cosbau disgyblu ddwysáu, ceisiodd rhai aelodau o staff academaidd y Coleg leddfu'r tensiwn rhwng y myfyrwyr a'r awdurdodau. Ymhlith y rhain roedd Bedwyr Lewis Jones, Athro'r Gymraeg a Phennaeth yr Adran lle'r oedd nifer o'r protestwyr yn astudio. Roedd perthynas pennaeth Adran y Gymraeg ag arweinwyr UMCB wedi bod yn anodd ers tro, a gwaethygwyd hynny pan gytunodd yr Athro i fynd ar y teledu i gael ei holi gan y newyddiadurwr Gwilym Owen a lle bu'n feirniadol o'r myfyrwyr.

Mewn llythyrau preifat at y Prifathro, Syr Charles Evans, fodd bynnag, ceisiodd Bedwyr Lewis Jones ddarbwyllo arweinyddiaeth y Coleg i dymheru ei hagwedd ddigyfaddawd ac ymdrin o ddifri â dadleuon y myfyrwyr. Mewn cyfarfodydd o Lys y Coleg, mynegodd pennaeth yr Adran Gymraeg ei feirniadaeth yn blaen, gan nodi bod "diffyg cytgord rhwng y llwyfan a'r llawr" a bod gormod o faterion yn cael eu troi'n wrthdrawiadau diangen. Er nad oedd yn cefnogi gweithredu'r myfyrwyr, pwysleisiodd yr angen i gydnabod UMCB fel corff myfyrwyr dilys ac i wella cyfathrebu rhwng y Coleg a'r Undeb. Ond roedd y bwlch rhwng y myfyrwyr Cymraeg a'r sefydliad yn rhy fawr ar gyfer unrhyw gyfaddawdu o'r fath. Teimlai llawer o arweinwyr UMCB mai llipa oedd datganiadau cymodlon llawer o'r darlithwyr Cymraeg a oedd yn llawer rhy barod i gondemnio'r protestwyr, tra bod Charles Evans yn gwrthod ildio dim.

Felly o safbwynt swyddogol y Coleg, ni chafwyd unrhyw newid. I'r Prifathro, *'fanatical militants'* oedd UMCB, a'i ateb oedd defnyddio'r heddlu i ddod â hwy 'gerbron eu gwell'. Parhaodd arweinyddiaeth y Coleg – yr Arglwydd Kenyon, a Syr Charles Evans ac Eric Hughes y Cofrestrydd – i ddal at yr un trywydd.

Ynghanol yr helynt cafodd Dr John Llywelyn Williams, warden JMJ, ei alw i gyfarfod â'r Prifathro.

> Yr unig dro i mi gael fy ngalw gerbron Charles, oedd adeg helynt y ffeiliau. Pwy ddaeth i 'nghyfarfod wrth i mi gerdded ar hyd y coridor i gyfeiriad ystafell y prifathro ond J. Gwynn Williams, yr Is-brifathro. Rwy'n siwr ei fod newydd fod i weld Charles o 'mlaen i. Dywedais wrtho fy mod wedi cael fy ngalw i weld Charles, a 'mod i'n amheus iawn o'r hyn oedd yn digwydd ac mai'r drwg yn y caws oedd Charles ei hun.
>
> Ateb Gwynn Williams oedd:
>
> "Wel dywedwch hynny wrtho."
>
> A dyna a wnes. Euthum i mewn i'r ystafell, ac fe'm cyfarchwyd gan Charles:
>
> "Sit down."
>
> Cyn i mi eistedd atebais, gan fynd ymlaen i ddweud fy mod yn credu mai ef ei hun oedd gwreiddyn yr holl broblem.
>
> "End of conversation," meddai'n swta.
>
> A dyna ddiwedd y sgwrs.

Yn ôl David Roberts, hanesydd y Coleg, roedd J. Gwynn Williams, yr Is-brifathro, mewn lle anodd. Er ei fod yn cefnogi polisïau dwyieithog ac astudio drwy gyfrwng y Gymraeg, ef hefyd oedd swyddog disgyblu'r Brifysgol. Cyflawnodd ei ddyletswyddau'n ffurfiol, gan gyflwyno achosion yn erbyn y myfyrwyr a gyhuddwyd, ond mynegodd yn breifat ei fod yn anghysurus gyda llymder y cosbau a phenderfyniadau'r Bwrdd Apêl yn Chwefror.

Ond anwybyddwyd ei farn, ac yn wyneb y ffaith nad oedd unrhyw barodrwydd gan Charles Evans i gyfaddawdu, ym Mawrth 1979 gofynnodd i gael ei esgusodi o'i ddyletswyddau disgyblu. Atebodd y Prifathro nad oedd hynny'n dderbyniol, ac mewn sgwrs gwta yng nghar Syr Charles Evans yn y maes parcio, dywedodd os na allai Gwynn Williams gyflawni ei ddyletswyddau disgyblu na allai barhau mwyach fel Is-brifathro. Felly, ymddiswyddodd J. Gwynn Williams fel Is-brifathro, gan egluro mewn llythyr at Gyngor y Coleg ei obaith y byddai eraill yn gallu 'adeiladu pontydd yn y Coleg' yn haws nag ef.

Derbyniodd y Cyngor ei ymddiswyddiad 'gyda gofid', gan fynegi hyder llwyr yn y modd yr oedd wedi cyflawni ei ddyletswyddau. Roedd y datblygiad hwn yn nodi'r rhwygiad dyfnaf ac amlycaf hyd yma o fewn arweinyddiaeth y Coleg ei hun, ac yn tanlinellu pa mor bell yr oedd y gwrthdaro wedi symud y tu hwnt i faterion myfyrwyr yn unig.

****

Yn ogystal â'r achosion niferus yn sgil y gwrthdystiad torfol yn Ionawr, cynhaliwyd achosion penodol ar fater trin y ffeiliau a gafodd eu dwyn o swyddfeydd gweinyddol y Coleg adeg meddiannu Rhagfyr 1978.

Yn Llys y Goron yr Wyddgrug, ymddangosodd Carwyn Ellis, myfyriwr o Fryncrug, Meirionnydd a fu'n rhan o'r meddiannu. Mae'n debyg bod nifer fawr o heddlu ychwanegol yn y llys rhag ofn y codai helynt, gyda thua 30 o fyfyrwyr o Fangor yn bresennol, a gynhaliodd brotest dawel pan wrthododd rhai sefyll pan ddaeth y Barnwr i mewn.

Plediodd Carwyn yn euog i ddau gyhuddiad o drin ffeiliau a oedd wedi'u dwyn yn ystod y brotest, ond derbyniodd yr erlyniad ei fod yn ddieuog o'r cyhuddiad iddo ladrata'r ffeiliau. Clywodd y llys sut y bu iddo, er nad oedd yn swyddog UMCB, chwarae rhan amlwg yn symud y ffeiliau, gan ddefnyddio ei gar ei hun i gludo bagiau plastig du yn llawn ffeiliau i wahanol leoliadau yn Arfon a thu hwnt, gan gynnwys sied ger capel a garej breifat. Cafodd ddedfryd o garchar gohiriedig, a gorchmynnwyd iddo dalu hyd at £350 mewn costau.

Yn yr un cyfnod, ymddangosodd Dr John Llywelyn Williams, warden Neuadd John Morris-Jones, yn Llys Ynadon Bangor i siarad ar ran tri myfyriwr a oedd wedi cyfaddef eu rhan yn cymryd ffeiliau.

Ar ddiwedd yr achosion cafodd Dafydd Chilton, Tregeiriog, ei ryddhau'n amodol am flwyddyn. Rhoddwyd dirwy o £100 i Ifan Roberts, a oedd wedi'i atal o'r coleg am oes ond a oedd bellach yn parhau â'i astudiaethau ar gyfer y Weinidogaeth yn Aberystwyth; tra cafodd Eifion Lloyd Jones, myfyriwr Amaethyddiaeth o Langybi, ddirwy o £50. Gorchmynnwyd i'r tri dalu £50 yr un tuag at gostau'r erlyniad. Yn ddiweddarach, cafodd dau fyfyriwr arall o Ynys Môn, Huw Dylan, Llanfairpwll, ac Eurwyn Williams, Llandegfan, eu rhwymo i gadw'r heddwch ar ôl iddynt gael eu cyhuddo o ymddwyn mewn modd a allai dorri'r heddwch ym mhrotest Rhagfyr 1978.

Beirniadwyd agwedd awdurdodau'r Coleg yn hallt gan warden y Neuadd Gymraeg gan ddweud iddynt fod yn "araf ac yn ystyfnig" a'u bod wedi dangos diffyg menter a dychymyg wrth ymateb i deimladau'r myfyrwyr.

Yn sgil y digwyddiadau ar 22 Ionawr 1979, daeth maint yr ymateb cyfreithiol yn glir pan ymddangosodd tri ar hugain o bobl gerbron Llys Ynadon Bangor ym mis Mawrth ar 31 o gyhuddiadau, gan gynnwys ymosod ar yr heddlu, rhwystro'r heddlu, a rhwystro'r briffordd.

Roedd y diffynyddion yn cynnwys deg myfyriwr o Aberystwyth, yn ogystal â myfyrwyr Bangor a thrigolion lleol. Unwaith eto roedd presenoldeb yr heddlu yn y llys yn amlwg iawn gyda heddlu ychwanegol ar ddyletswydd y tu mewn a'r tu allan i'r adeilad. Roedd mesurau diogelwch ychwanegol ar waith wrth i aelodau'r cyhoedd gael eu chwilio cyn cael mynediad, a bu'n rhaid i newyddiadurwyr ddangos dogfennaeth adnabod cyn cael mynediad i'r llys.

O'r rhai a ymddangosodd gerbron y llys, plediodd un ar bymtheg yn euog, a chanfuwyd dau arall yn euog ar ôl gwrandawiad. Cafodd pedwar achos eu gwrthod, a gohiriwyd un achos tan 30 Mawrth oherwydd salwch tyst heddlu.

Dedfrydwyd deunaw i dalu dirwyon gwerth £555, a gorchmynnwyd iddynt dalu £207 tuag at gostau'r erlyniad. Fodd bynnag, gwrthododd yr ynadon orchymyn taliadau iawndal am ddifrod i lifrai'r heddlu neu ddillad personol ditectifs.

Ymhlith y rhai a gafodd eu dirwyo roedd y canlynol:

Carys Ellis, Dyserth, a Dominic Griffiths, o Ampleforth, Efrog, ill dau wedi'u cyhuddo o rwystro traffig. Cafodd Angharad Tomos, Llanwnda, Iwan Jones, Llandeilo, a Iolo Llywelyn, Neuadd Pantycelyn, Aberystwyth, eu cyhuddo o rwystro'r heddlu. Cyhuddwyd Marged Bethan Jones, o'r Rhewl ger Rhuthun, o ymosod ar yr heddlu, tra cafodd Wyn Meredydd, Llanuwchllyn, ei gyhuddo o rwystro'r heddlu. Dirwywyd David Owen, Aberystwyth hefyd. Collfarnwyd Carys Llwyd Dafydd, Y Parc, Bala; Gwyn Williams, Neuadd Pantycelyn, Aberystwyth; a Geraint Løvgreen, Glanadda, Bangor, am dorri'r heddwch. Cafwyd Myrddin ap Dafydd, Neuadd Pantycelyn, Aberystwyth; Gwyn Bere,

Y Barri; Tim Webb, Aberystwyth; Eryl Vaughan, Saron, Dinbych; Denver Morgan, Gwauncaegurwen; Iwan Evans, Port Talbot, a David Burns, Allt y Clogwen, Aberystwyth, yn euog o ddifrod troseddol a thorri'r heddwch. Ymhlith y rhai a gafwyd yn ddieuog o dorri'r heddwch oedd Howard Huws, Bangor; Huw Eirug, Aberystwyth; Sali Wyn Harris, Clydach a John Glyn, Bangor.

Wrth i'r achosion llys fynd rhagddynt ac wrth i'r apeliadau i gael y saith yn ôl fethu, er gwaethaf y berw gwleidyddol a'r llwyddiant i ddenu sylw cenedlaethol i'r achos, aeth hi'n anoddach i UMCB gynnal momentwm y protestiadau.

Yn un peth roedd yna flinder naturiol yn taro'r myfyrwyr wedi cynnwrf y misoedd blaenorol, ond amlygwyd anhawster arall gan y ffrae a gododd ymhlith aelodau UMCB ar gyfrif yr Eisteddfod Ryng-Golegol a oedd i'w chynnal ym Mangor yng ngwanwyn 1979.

Cynhaliwyd cyfarfod cyffredinol arbennig ar 6 Mawrth i drafod cynnig a gyflwynwyd i'r perwyl "bod yr Undeb yn peidio â gweithredu yn ystod yr Eisteddfod Ryng-Golegol, sef o'r nos Iau tan y dydd Sul." Dywedwyd gan y cynigwyr bod llawer iawn o waith wedi mynd i mewn i baratoi ar gyfer yr Eisteddfod, ac "na fyddai'n beth da petai'r Undeb yn defnyddio'r Eisteddfod i'w phwrpas ei hun."

Heriodd Gwion Lynch hyn drwy ddadlau bod pobl yn cymryd yn ganiataol y byddai yna brotestio pob dydd yn ystod yr Eisteddfod, gan ychwanegu y dylid manteisio ar y ffaith y byddai 800 o bobl yno, a'i fod o'r farn mai esgus yn unig dros beidio â gweithredu o gwbl oedd y cynnig. Atebwyd ef drwy godi ofnau y byddai'r Coleg yn atal yr Eisteddfod rhag defnyddio ei adeiladau pe bai unrhyw brotestio yn digwydd, ac y byddai'n "annoeth, hunanol ac anghyfiawn i weithredu".

Siaradodd Dafydd Timothy o blaid gweithredu trwy ddatgan ei fod wedi'i siomi wrth weld bod yn yr Undeb aelodau a oedd yn credu mai dim ond diwylliant oedd yn bwysig. Teimlai mai hwn fyddai unig gyfle'r Undeb gyda llawer o golegau yno a oedd eisoes wedi mynegi parodrwydd i gynorthwyo yn yr ymgyrch.

Aeth y ddadl yn emosiynol pan gyfeiriwyd at ddyletswydd yr Undeb i bledio achos y saith gafodd eu diarddel, gan ennyn ymateb chwyrn gan un o'r rhai nad oedd am weld gweithredu:

> Mae'n bryd i ni anghofio am y blydi saith!

Ceisiwyd cyfaddawd gan Dewi Tudur, drwy gynnig bod gan swyddogion yr Undeb hawl i alw Cyfarfod Cyffredinol arbennig yn ystod yr Eisteddfod i drafod gweithred benodol. Ond gwrthwynebwyd y cyfaddawd yma gan selogion yr Eisteddfod a ddadleuodd nad oedd hynny'n ymarferol ynghanol y digwyddiad. Ychwanegodd Gwyn Bere fod y sefyllfa mor gyfnewidiol fel na ellid ymrwymo'r Undeb i beidio â gweithredu. Ond nid oedd hyd yn oed hynny yn ddigon i dawelu ofnau, a mynegwyd pryder y gallai hyd yn oed weithred heddychol dyfu'n rhywbeth mwy.

Symudodd y Cyfarfod i bleidlais a phenderfynwyd ymwrthod â gweithredu yn ystod yr Eisteddfod Ryng-Golegol.

Ufuddhaodd yr holl aelodau i benderfyniad y Cyfarfod Cyffredinol ac ni fu gweithredu dros benwythnos yr Eisteddfod. Bu peth anghydfod pellach yn ystod un o brif seremonïau'r achlysur. Gan nad oedd teilyngdod yn un o'r prif gystadlaethau, achubodd yr 'Archdderwydd' ac arweinydd y seremoni Robat Trefor ar y cyfle i roi araith yn condemnio awdurdodau'r Coleg a galw arnynt i godi'r gwaharddiad ar y rhai a ddiarddelwyd. Cynhyrfwyd rhai o'r garfan ddiwylliannol gan ei eiriau – yn wir daeth rhai myfyrwyr dig ato yn hwyrach yn y dydd a'i gyhuddo o "ddifetha'r Eisteddfod yn llwyr".

Wrth gofio'n ôl dywed Gwion Lynch:

> Roedd yr holl gyfnod yn hwyl, ac roedden ni'n mwynhau ein hunain, ond cafwyd dadleuon a drwgdeimlad rhwng y garfan oedd am weld gweithredu gwleidyddol yn parhau a'r garfan arall oedd am ganolbwyntio ar ddiwylliant a chystadlu mewn eisteddfodau ac ati.

Roedd y ffrae hon wedi amlygu hollt syniadol yn yr Undeb, hollt a nodweddai gymdeithas ehangach y Gymru Gymraeg ar y pryd a hyd heddiw mewn gwirionedd. Hollt ydoedd rhwng y rhai a gredai mai diwylliant oedd achubiaeth y Gymraeg, a symudiad croes a gredai, a dyfynnu Saunders Lewis, mai mater politicaidd oedd amddiffyn y Gymraeg, ac mai trwy weithredu gwleidyddol pwrpasol yr oedd gwneud hynny orau.

Ychydig wythnosau ynghynt, ar Ddydd Gŵyl Dewi 1979 roedd y Refferendwm ar Ddatganoli wedi ei cholli'n drwm, ac mi wnaeth y realiti gwleidyddol hwnnw, ynghyd â'r tensiwn ar gampws Bangor fwrw cysgod dros unrhyw fwrlwm diwylliannol. Mae Iwan Edgar yn cofio awyrgylch wahanol iawn i Eisteddfodau Rhyng-Golegol eraill y flwyddyn honno:

> Rwy'n cofio rhyw dawelwch mawr adeg yr Eisteddfod Ryng-Golegol yna, a llai o rialtwch nag arfer, a hynny oherwydd y cynnwrf a fu. Yn syth ar ddiwedd yr Eisteddfod, gyda'r cadoediad ar brotestio hefyd wedi dod i ben, mi wnes i araith fyrfyfyr ac arwain pawb o gwmpas y coleg mewn gorymdaith dawel yng ngolau cannwyll.

*****

Rhoddwyd y deyrnged fwyaf trawiadol i UMCB ar ddechrau'r wythdegau gan dad y mudiad cenedlaethol modern ac awdur darlith enwog *Tynged yr Iaith*, Saunders Lewis. Mewn cyfweliad yn *Llais Llyfrau* wrth feddwl yn ôl am arwyddocâd gweithred Lewis Valentine, D.J. Williams ac yntau yn llosgi'r Ysgol Fomio ym Mhenyberth yn 1936, dywedodd fod protestiadau myfyrwyr Bangor wedi gwneud cyfraniad hanfodol i gadw cenedlaetholdeb Cymreig yn fyw mewn cyfnod anodd. Ystyriai fod brwydrau myfyrwyr y Coleg ar y Bryn yn rhan o'r traddodiad modern o wrthdystio anghyfansoddiadol a ymestynnai yn ôl i'r Tân yn Llŷn, a chan annog y mudiad cenedlaethol i barhau â'r traddodiad, dyma ei eiriau:

> Ni bu dim tebyg er 1936, ond, yn y cyfamser, cadwodd Mr John Jenkins a Chymdeithas yr Iaith ac efrydwyr Cymraeg Bangor fflam eiddil cenedlaetholdeb rhag diffodd. Ac yn awr, deled y goelcerth!

9

Criced, drewdod brenhinol a nythfa'r Sais (1980-83)

YN AMLWG, YN sgil y diarddel a'r gwrthdystiadau ffyrnig a'r achosion, roedd rhwystredigaeth y protestwyr yn cynyddu. Arweiniodd hynny at weithredu uniongyrchol dirgel gan amryw o fudiadau. Defnyddiodd y mudiadau weithredu tebyg i Gymdeithas yr Iaith ac Adfer ond ni chymerwyd cyfrifoldeb am y gweithredoedd gan unigolion, yn hytrach hawliwyd cyfrifoldeb gan fudiadau gwahanol oedd yn bleidiol i Gymreigio Prifysgol Cymru ym Mangor a cholegau eraill y Brifysgol.

Y weithred gyntaf a arwyddodd newid yn natur y gwrthdaro rhwng ymgyrchwyr dros y Gymraeg a Cholegau Prifysgol Cymru, ac anesmwythyd ehangach gyda Chymreictod holl golegau Prifysgol Cymru, oedd gweithred yn Aberystwyth gan fudiad newydd o'r enw Mudiad Coleg i'r Cymry (MCC). Difrodwyd tri cherbyd ar gampws y Coleg ger y Lli ystod oriau mân y bore 24 Ionawr, 1979. Torrwyd sgriniau blaen, rhwygwyd weipars a drychau, a gollyngwyd aer o deiars dau gar ac un lorri fechan, gan achosi gwerth cannoedd o bunnoedd o ddifrod.

Yn ddiweddarach ffoniwyd ystafell newyddion HTV Bangor gan unigolyn a honnodd ei fod yn llefarydd ar ran MCC. Dywedodd fod y weithred yn rhan o ymgyrch i sicrhau Prifysgol Gymreig oedd yn atebol i bobl Cymru, ac yn adlewyrchu iaith a diwylliant y genedl. Rhybuddiodd y byddai gweithredu pellach oni bai bod newid sylfaenol yn digwydd. Nododd yr heddlu wrth apelio am dystion fod y rhai gyflawnodd y weithred wedi dringo ffens 10 troedfedd i gyrraedd y cerbydau, er i ddau swyddog diogelwch honni nad oeddent wedi gweld na chlywed dim anarferol.

Dangosodd y weithred hon fod elfen o gydlynu gweithredoedd yn digwydd rhwng myfyrwyr Cymraeg Bangor ac Aberystwyth. Roedd yn arwydd hefyd fod carfan weithredol o aelodau UMCA yn awyddus i'w hundeb dorri'n rhydd o Urdd y Myfyrwyr yn Aberystwyth a dilyn ôl troed UMCB a dod yn Undeb Gymraeg annibynnol.

Dros y blynyddoedd dilynol byddai ffraeo gwleidyddol sylweddol yn digwydd yn rhengoedd UMCA, gan gyrraedd penllanw yn y flwyddyn academaidd 1980-81 pan ymddiswyddodd pum aelod o'r Undeb – Meurig Llwyd, Euros Owen, Mari Meredydd, Angharad Parry ac Angela Jones. Roedd y pump ymysg saith aelod a gafodd eu harestio a'u cyhuddo o weithredu yn erbyn eiddo'r Coleg yn Aberystwyth. Roedd cyfarfod cyffredinol UMCA wedi pleidleisio o blaid gweithredu yn erbyn adran Ddaearyddiaeth y Coleg, a dyna a wnaeth y saith yn enw'r Undeb. Ond er iddynt ddisgwyl cefnogaeth lawn a digwyddiadau rheolaidd yn tynnu sylw at eu hachos, nid felly y bu. Yn wyneb y diffyg ymateb yma cyhoeddodd y pump eu bod o'r farn nad oedd UMCA yn "Undeb gredadwy yn gweithredu ei pholisïau'n effeithiol, ond Undeb sydd yn hoff o alw cyfarfodydd cyffredinol i basio cynigion ac yna eu hanghofio." Aeth y pump ymlaen i haeru mai hoff eiriau gweithredol UMCA oedd "gohirio, gadael ar y bwrdd, osgoi a gwrthod". Cyhuddwyd y corff o fod yn ddifater a swrth a bod pob gweithgarwch a gweithredu yn cael eu gohirio bob gafael.

Dilynwyd gweithred MCC yn Aberystwyth yn Ionawr 1979 fis yn ddiweddarach gan weithred tor-cyfraith debyg ym Mangor, pryd ymosodwyd ar Lyfrgell y Celfyddydau yng Ngholeg y Brifysgol Bangor. Rywbryd rhwng nos Sadwrn a bore Sul, 3–4 Mawrth, llwyddodd gweithredwyr i gael mynediad i'r Llyfrgell a thynnu degau o filoedd o gardiau catalog indecs o'u cypyrddau. Cafodd tua 150,000 o'r 250,000 o gardiau yn y prif gatalog awduron a dosbarthiad eu difrodi'n ddifrifol. Yn ogystal, diflannodd ffurflenni benthyca ar gyfer tua 5,000 o lyfrau, gan godi posibilrwydd y byddai cyfran o'r llyfrau hynny'n cael eu colli'n barhaol. Gwasgarwyd y cardiau ar hyd lloriau'r llyfrgell; rhwygwyd rhai, a chanfuwyd cannoedd eraill y tu allan i'r adeilad, hyd at Heol Penrallt. Bu'n rhaid cau'r Llyfrgell am rannau o'r dydd am ddiwrnodau.

Galwyd yr heddlu i'r digwyddiad a dywedodd y Prif Uwch-arolygydd Maurice Jones fod tua 6,000 o gardiau benthyca myfyrwyr ar goll.

Yn ddiweddarach ar y bore Llun derbyniodd BBC Bangor alwad ffôn yn hawlio cyfrifoldeb yn enw Mudiad Coleg i'r Cymry. Ymhen wythnosau darganfuwyd y rhan fwyaf o'r cardiau indecs yn nhwll chwarel Dinorwig.

Daeth datblygiad arall yn y gweithredu cudd dridiau wedyn ar 7 Mawrth pan gafodd caeau chwarae Ffriddoedd Coleg Bangor eu difrodi'n ddrwg. Cloddiwyd sgwâr criced tîm y Coleg – a ystyrid fel un o'r lleiniau criced gorau yng ngogledd Cymru – i'r fath raddau fel y rhagwelwyd na ellid ei adfer i'w gyflwr blaenorol am hyd at ddeng mlynedd.

Llifiwyd pyst goliau pêl-droed a hoci yn llwyr, a daethpwyd o hyd i beiriant sgrymio y tîm rygbi wedi'i ddifrodi'n ddrwg yng Nghoed Menai. Amcangyfrifwyd bod y gost ariannol dros £1,200.

Cerfiwyd y geiriau 'Y 7 yn ôl' ar y llain criced – datganiad gwleidyddol pendant o undod â'r saith myfyriwr Cymraeg a ddisgyblwyd yn dilyn protestiadau yn erbyn ehangu'r coleg. Derbyniodd Mudiad Coleg i'r Cymry gyfrifoldeb am y weithred unwaith eto. Yn eironig ddigon, roedd ei fyrfodd, MCC, yn gweddu'n berffaith o gofio mai difrodi llain griced a wnaed!

Gwadodd UMCB unrhyw gysylltiad â'r digwyddiadau hyn, ond mewn datganiad dywedwyd bod yr Undeb yn cydymdeimlo gyda chymhellion y gweithredwyr "ac yn gwerthfawrogi safiad y mudiad dros ein haelodau".

Yn y cyfnod yma hefyd bu peth cythrwfl yng Ngholeg Prifysgol Llanbedr Pont Steffan pan gafodd myfyrwyr eu gwahardd oddi yno am brotestio ynglŷn â statws y Gymraeg yn y Coleg. Aeth myfyrwyr UMCB o Fangor i gydsefyll gyda myfyrwyr Llambed mewn protest a gynhaliwyd yno. Cafwyd ymgais gan MCC i weithredu ar gampws Llambed pryd ceisiwyd ymyrryd â gweithrediad cyfarpar trosglwyddydd trydan y Coleg, ond aflwyddiannus fu'r ymgais honno.

Graddol ddistewi wnaeth y protestiadau weddill 1979, gyda'r rhan fwyaf o egni UMCB yn mynd i ddelio gydag achosion llys yn sgil cynyrfiadau'r gaeaf. Yn Nhymor yr Haf 1979 etholwyd Esyllt Maelor yn Llywydd UMCB, y ferch gyntaf i ddal y swydd. Felly gellid dweud mai blwyddyn o sefydlogi oedd tymor llywyddiaeth Esyllt yn 1980-81, gyda'r berthynas â'r Coleg yn datblygu yn rhyw fath o ryfel oer yn troi o gwmpas ceisio ennill cydnabyddiaeth swyddogol i'r Undeb. Datblygodd y sefyllfa yn rhyw fath o *stalemate* gyda'r Coleg yn gyndyn iawn i roi unrhyw fath o gydnabyddiaeth swyddogol i UMCB y tu allan i Undeb y Myfrwyr swyddogol, gydag arweinyddiaeth UMCB yn amheus dros ben o unrhyw gynnig gan yr awdurdodau.

Er gwaethaf y tensiynau a'r teimladau chwerw, nid blwyddyn o anobaith llwyr oedd 1980. Ym Mehefin 1980, adroddodd papur newydd *Y Cymro* dan y pennawd 'Gobaith 1980?!' fod cefnogwyr y Gymraeg wedi ennill buddugoliaeth rannol bwysig yn y Coleg.

Yn sgil deiseb a lofnodwyd gan ugain aelod o Lys y Coleg, galwyd cyfarfod brys a phenderfynwyd sefydlu pwyllgor ymchwilio i benderfynu pwy ddylai reoli llunio polisïau'r coleg. Disgwylid i'r pwyllgor argymell symud grym oddi wrth Gyngor y Coleg, a oedd dan reolaeth academyddion, i Lys y Llywodraethwyr, corff â mwyafrif o gynghorwyr lleol, myfyrwyr a chynrychiolwyr cyrff allanol. I'r ymgyrchwyr, roedd hyn yn cynnig cyfle i roi dyfodol y Gymraeg mewn dwylo mwy cydymdeimladol. Ond o fewn wythnosau, daeth yn amlwg nad oedd awdurdodau'r coleg yn barod i ildio grym mor hawdd. Mewn cyfarfod arall o Lys y Coleg, methodd ymgais i feirniadu anghysondeb dybryd y Bwrdd Disgyblu. Gwrthododd y Cofrestrydd Eric Hughes ddarparu manylion y cosbau, er gwaethaf galwadau gan y Cynghorydd Ieuan Llewelyn Jones o Arfon.

Tynnodd y Cynghorydd Jones sylw at dri achos penodol – Ionawr 1979, Hydref 1979 a Mawrth 1980 – gan ddangos sut y cafodd cosbau am feddiannu adeiladau'r coleg eu llacio dros amser. Yn ei farn ef, roedd y pum myfyriwr gwreiddiol wedi'u dewis yn fympwyol oherwydd eu bod eisoes yn adnabyddus i'r awdurdodau. Er i'r Prifathro, Syr Charles Evans, gyfaddef fod anghysondeb ymddangosiadol, gwrthododd y Llys gydnabod hynny'n ffurfiol, gan bleidleisio 35–26 yn erbyn cynnig y Cynghorydd.

Ategodd y Cynghorydd Pat Larsen o Blaid Cymru, nad mater 'dibwys' oedd diarddel myfyriwr am ddwy flynedd, gan olygu colli hyd at £5,000 y flwyddyn mewn enillion posibl yn y dyfodol. Galwodd y Parch. Huw Jones, Y Bala, am hyblygrwydd gan gynghorau sir wrth adnewyddu grantiau'r myfyrwyr a ddisgyblwyd, ond dywedodd

Cadeirydd y cyfarfod, yr Arglwydd Kenyon, nad oedd hynny o fewn awdurdod y Llys. Wrth gloi, disgrifiodd Ieuan Llewelyn Jones y sefyllfa fel un "ffrwydrol", gan gyhuddo awdurdodau'r coleg o adael i bethau lithro o'u dwylo mewn ymgais i osgoi gwrthdaro, ac wrth wneud hynny, ei wneud yn anochel.

Erbyn diwedd 1980, roedd fel pe bai patrwm wedi'i osod yng Ngholeg Bangor: gweithredu uniongyrchol, ymateb disgyblu llawdrwm, ac yna addewidion o ddiwygio oedd yn gyson yn methu â dwyn ffrwyth.

****

Yn wyneb y rhyfel oer gyda Choleg y Brifysgol trodd UMCB ei sylw at brotest fwy cenedlaethol ei harwyddocâd. Oherwydd yn Hydref 1981, cyhoeddwyd bwriad gan Charles, Tywysog Cymru i ymweld â dinas Bangor gyda'i wraig Diana. Fel oedd wedi digwydd o dro i dro dros y blynyddoedd ailffurfiodd UMCB y Gweithgor i drefnu protest effeithiol yn erbyn ymweliad y pâr brenhinol, a oedd yng ngolwg aelodau'r Undeb yn symbol o Brydeindod a gorthrwm y canrifoedd ar Gymru.

Cynlluniwyd protest gyhoeddus yn erbyn yr ymweliad brenhinol ar 27 Hydref.

Ar y dydd Mawrth hwnnw yng nghanol Bangor, daeth ymweliad Tywysog a Thywysoges Cymru wyneb yn wyneb â phrotest effeithiol gan dros 250 o fyfyrwyr UMCB. Rhannwyd y fintai o fyfyrwyr a gwrthdystwyr yn dri grŵp ymysg y dorf. Wrth i'r pâr brenhinol gyrraedd canol Bangor, cododd lleisiau o'r dorf a llenwyd y stryd â sloganau fel 'Brits Out' ac 'English Prince Go Home'. Er bod criwiau UMCB yn y lleiafrif, boddodd sloganau'r protestwyr sŵn y dorf gyffredinol. Fel sylwodd Iwan

Edgar wedyn: "Mae'n profi, os oes gen ti grŵp caled argyhoeddedig yn gweiddi'r un peth, bod hynny'n boddi cannoedd o bobl eraill."

Yna cerddodd Charles a Diana y 150 llath o Neuadd y Dref i Heol Waterloo gan sgwrsio â phobl yn y dorf ar eu ffordd. Ynghanol y sŵn a gwasgfa'r dorf clywid '1282' yn cael ei floeddio dro ar ôl tro, atgof bwriadol o'r flwyddyn y bu farw Llywelyn ap Gruffudd, tywysog brodorol olaf Cymru. Ond roedd arwyddocâd pellach i weiddi 1282. Oherwydd dyna oedd yr arwydd a drefnwyd ymlaen llaw i bob grŵp ollwng eu bomiau drewi. A dyna a ddigwyddodd. Rhyddhawyd y bomiau drewllyd ynghanol y dorf, gan greu anhrefn llwyr.

Parhaodd y brotest wrth i'r ymweliad fynd rhagddo, ac ymatebodd yr heddlu'n ffyrnig. Tynnwyd un fyfyrwraig gerfydd ei gwallt o'r dorf dros y ffens fetel. Yn sgil y digwyddiadau ger Neuadd y Dref, arestiwyd pedwar o aelodau UMCB, sef Meirion Richards, Penmachno, Llio Rowlands, Rhydaman, Dewi Llewelyn, Llanbedrog ac Iwan Edgar, Pwllheli. Cyhuddwyd y myfyrwyr o droseddau'n amrywio o darfu ar yr heddwch i ymddwyn yn fygythiol ac, mewn rhai achosion, gwnaed honiadau o ymosod ar swyddogion heddlu. Roedd disgwyl i'r pedwar ymddangos gerbron llys arbennig y bore wedyn.

Yn ddiweddarach y diwrnod hwnnw, wrth i gerbydau Charles a Diana symud ymlaen tuag at Ynys Môn, cafodd y trefniadau brenhinol eu tarfu eto pan rwystrodd mwy na chant o fyfyrwyr y ffordd fawr ar hyd yr A5 drwy Fangor Uchaf. O ganlyniad bu'n rhaid i'r Tywysog a Diana fynd i Ynys Môn ar hyd ffordd arall.

Ymhen rhai misoedd daeth yr achosion hyn i'w terfyn mewn modd a danseiliodd gyhuddiadau'r awdurdodau.

Yn cyntaf o'r pedwar i wynebu achos yn Llys Ynadon

Bangor oedd Iwan Edgar, ar gyhuddiad o daflu bom drewi i lwybr Tywysog a Thywysoges Cymru, a hefyd o dorri'r heddwch. Gwadodd y cyhuddiadau o'r cychwyn cyntaf.

Yn ystod gwrandawiad pum awr, a gynhaliwyd yn bennaf yn y Gymraeg, clywodd y llys dystiolaeth gan yr erlyniad yn disgrifio'r brotest fel un lle'r oedd sloganau'n cael eu gweiddi, dyrnau'n cael eu hysgwyd, a baneri'n cael eu cario. Dywedodd un tyst fod mamau a phlant wedi cael eu gwasgu yn erbyn y rhwystrau metel wrth i'r dorf geisio gwthio ymlaen.

Yn ei dystiolaeth haerodd y Cwnstabl Alan Owen, a oedd mewn dillad plaen y tu ôl i'r myfyriwr, iddo weld dyn yn taflu gwrthrych tuag at y parti brenhinol, a'i fod wedi tybio mai bom ddrewllyd oedd y gwrthrych. Ar y sail honno, meddai, y gafaelodd yn Iwan Edgar a'i arestio, gan gredu ei fod yn debygol o achosi torri'r heddwch.

Fodd bynnag, dywedodd pedwar myfyriwr a oedd yn sefyll yn union y tu ôl i Iwan Edgar nad oedd wedi taflu dim byd. Dywedodd Iwan ei hun iddo weld merch yn taflu bom ddrewllyd, a bod yr heddlu wedi symud i'w chipio cyn troi eu sylw ato ef. Honnodd fod yr heddwas a wnaeth ei arestio wedi gwneud sylw wrth gydweithiwr yn yr orsaf heddlu: "Rwy'n falch 'mod i wedi arestio rhywun. Roedd hi mor oer yno!"

Wrth amddiffyn, dywedodd y cyfreithiwr Robyn Léwis mai dau bosibilrwydd oedd: naill ai fod y myfyrwyr a roddodd dystiolaeth wedi dweud celwydd dan lw, neu fod yr heddlu wedi gwneud camgymeriad ynghanol y dryswch.

Yn y pen draw, taflodd yr ynadon y cyhuddiad o dorri'r heddwch allan. Cafwyd bloeddio a chymeradwyo gan rai o'r myfyrwyr oedd yn bresennol yn y llys wrth i'r dyfarniad gael ei gyhoeddi.

Yn ddiweddarach yr hydref hwnnw, cafwyd Llio

Rowlands o Rydaman, oedd yn ei blwyddyn gyntaf, hefyd yn ddi-euog o gyhuddiadau cyffelyb. A'r un oedd y canlyniad pan ddaeth achos Meirion Richards o Benmachno a Dewi Llewelyn o Lanbedrog gerbron yr Ynadon ddechrau Rhagfyr. Cafwyd y ddau yn ddi-euog ar ôl achosion a barhaodd bron i dair awr yr un. Honnwyd yn y llys eu bod wedi taro arolygydd heddlu a gwthio plismyn yn ystod yr ymweliad brenhinol, ond methodd yr heddlu â chyflwyno digon o dystiolaeth i ategu'r cyhuddiadau. Yr arolygwr heddlu ei hun oedd unig dyst yr erlyniad, tra llwyddodd y ddau fyfyriwr i alw nifer o dystion annibynnol o'u plaid. Yn y pedwar achos, Robyn Léwis, yr awdur a'r cyfreithiwr adnabyddus oedd yn cynrychioli'r myfyrwyr.

Ymysg y myfyrwyr Cymraeg, ystyriwyd y dyfarniadau hyn yn gadarnhad fod yr arestiadau wedi bod yn or-ymateb a gwleidyddol eu naws. O gofio awyrgylch danllyd dechrau'r wythdegau, gydag ymgyrch sianel Gymraeg Cymdeithas yr Iaith ar ei hanterth ac arestiadau llawdrwm yr heddlu wrth ymchwilio i'r ymgyrch losgi tai haf, cryfhawyd yr argraff fod myfyrwyr Cymraeg ym Mangor yn cael eu targedu mewn hinsawdd o amheuaeth a gelyniaeth am eu bod yn genedlaetholwyr Cymraeg.

****

Un o sgileffeithiau annisgwyl y brotest yn erbyn Charles a Diana oedd ysgogi ffurfio undeb Gymraeg annibynnol yn y Coleg Normal. Yn ôl Dani Tomos un o fyfyrwyr Cymraeg y Normal oedd ymysg y mwyaf gweithgar wrth sefydlu UMCB yno, y sbardun i fynd yn annibynnol oedd agwedd arweinwyr yr NUS yn y Normal:

> Rwy'n cofio cyfarfod yn cael ei alw gan NUS y Normal lle roedd rhywun wedi cynnig ein bod ni'n protestio yn erbyn ymweliad Tywysog Siarl a Diana. Ond pan gyrhaeddodd pawb yna dywedon nhw bod dim cworwm er bod y neuadd yn reit llawn ac felly daeth y cyfarfod i ben... ond fe ddaeth yn rheswm nes ymlaen pam y dylem ffurfio yr Undeb.

Er bod y Coleg Normal a'r Coleg Technegol ym Mangor yn cael eu cydnabod yn enw swyddogol UMCB ar y pryd, Undeb Myfyrwyr Colegau Bangor, ni chymerwyd camau gwirioneddol i sefydlu undebau annibynnol yn y colegau hynny tan 1982. Yn ôl Dani Tomos:

> Daeth UMCB y Normal allan o sgwrs ges i gyda Gareth Ioan oedd yn llywydd UMCB Coleg y Brifysgol ar y pryd. Ro'n i'n hoffi'r syniad o UMCB fel corff gwrth-sefydliadol oedd yn ariannu ei hun yn wirfoddol. Roeddwn i yn pontio y brifysgol a'r normal o ran ffrindiau ac roeddwn i yn casáu y Normal a'r cwrs cyfathrebu eithaf lot. Mi wnes i siarad â nifer o bobl gan gynnwys Hywel Hughes, cadeirydd y Gym-Gym, sef Cymdeithas Gymraeg y Normal, oedd yn frwdfrydig i ni symud ymlaen ac fe drefnon ni gyfarfod lle gwnaeth Emyr Llewelyn Gruffudd, is-lywydd UMCB y Brifysgol ac eraill siarad. Y canlyniad oedd i'r rhan fwyaf bleidleisio o blaid sefydlu yr undeb annibynnol.
>
> Gwnaeth dau o fy ffrindiau bleidleisio yn erbyn ond doedd hynny ddim yn broblem ac ni wnaeth pawb ymuno gyda'r undeb. Yr unig ddrwgdeimlad a gawson ni oedd gan swyddogion yr NUS oedd yn Gymry Cymraeg wnaeth gymryd y peth yn bersonol iawn a gwnaeth un arall ymddiswyddo. I fod yn onest o'n i ddim yn gwybod llawer am yr NUS na phwy oedd arno fe cyn hyn. Hefyd fe wnaeth rhywun di-Gymraeg ddweud rhywbeth negyddol dros feicroffon y disgo ond fe wnaeth ymddiheuro yn fuan.

Etholwyd Gwyn Tudur o Eithinog, Bangor fel Llywydd a Dani Tomos o Aberystwyth yn Is-lywydd UMCB y Normal ac aethpwyd ati i agor cyfrif banc ac argraffu cerdyn aelodaeth. Ychwanegodd Dani fod awdurdodau'r Normal wedi cysylltu â nhw a galw'r arweinwyr i mewn am gyfarfod. Ond yn wahanol i Goleg y Brifysgol roedd swyddogion y Normal yn ddigon cyfeillgar ac yn derbyn beth oedd wedi digwydd.

Nid bod popeth wedi mynd yn hwylus chwaith. Un o'r pethau cyntaf wnaeth UMCB y Normal oedd trefnu gig fawr, gyda'r gobaith y byddai nifer sylweddol o fyfyrwyr y brifysgol yn mynychu, ond nid dyna fel y bu. Y canlyniad oedd bod y rhan fwyaf o'r arian aelodaeth wedi cael ei ddefnyddio i dalu costau'r gig. Yn ôl Dani daeth UMCB y Brifysgol i'r adwy:

> Trwy lwc roedd Gareth Ioan wedi crybwyll y byddai cymorth ariannol ar gael i sefydlu'r undeb ac felly aethon ni ato i ofyn iddo ein helpu ni allan. Fe wnaethon ni hefyd drefnu bod aelodau o'r Normal yn helpu yn Nghaffi Deiniol unwaith bob pythefnos. O hyn ymlaen drefnon ni gigs llai uchelgeisiol fel Meic Stevens a Dani Dryslyd a'r Titeds.

Cymysglyd yw teimladau Dani wrth gofio am yr ymdrechion i sefydlu UMCB yn y Normal.

> O edrych nôl, dw i ddim yn siwr oedd e wedi bod yn syniad da. Roedd e'n angenrheidiol yn y Brifysgol lle roedd tyndra gwleidyddol enfawr rhwng y sefydliad a'r myfyrwyr Cymraeg. Ond yn y Normal doedd hwnna ddim yn bodoli. Fel rhywbeth symbolaidd roedd rhywfaint o werth, ond fel rhywbeth gwleidyddol doedd e ddim wedi bod yn llwyddiannus iawn o gwbl. Falle yn ddiweddarach dan arweinyddiaeth eraill gwnaeth hyn newid.

Ar y llaw arall fe gynhaliodd UMCB Coleg Technegol Bangor brotest lwyddiannus ar cyd gyda Chymdeithas yr Iaith yn cwyno am ddiffyg cyrsiau galwedigaethol yn y Gymraeg.

*****

Erbyn dechrau'r wythdegau, roedd y ffigyrau'n dangos yn glir pa mor bell yr oedd Coleg Prifysgol Bangor wedi pellhau oddi wrth ei gwreiddiau Cymreig. Fel yr eglurodd pamffled a gyhoeddwyd gan UMCB yn 1981:

> Sefydlwyd y coleg yn 1884 i'r diben o wasanaethu Chwe Sir Gogledd Cymru – Sir Fôn, Sir Gaernarfon, Sir Feirionnydd, Sir Ddinbych, Sir Fflint a Sir Drefaldwyn. Ond ar gyfer siarter newydd y coleg (1977) gwelwyd yn ddoeth i hepgor unrhyw gyfeiriad at gyfrifoldeb y coleg i'w ardal ei hun.

Amlinellodd yr Undeb y newid demograffig syfrdanol:

Myfyrwyr o Gymru:

- 1940: 644 (69.4%)
- 1969-70: 574 (24.3%)
- 1981-82: 730 (24.9%)

Myfyrwyr o Loegr:

- 1940: 264 (28.4%)
- 1969-70: 1,654 (70.2%)
- 1981-82: 2,122 (72.6%)

Rhwng 1940 a 1970 caed cynnydd o 809% yn nifer y myfyrwyr o Loegr. Ffaith a oedd, haerai'r Undeb, yn chwyldro llwyr mewn cwta ddeng mlynedd ar hugain. Ond roedd y sefyllfa ieithyddol yn y Coleg hyd yn oed yn waeth:

> Lleiafrif truenus yw'r Cymry Cymraeg ym Mangor. Eleni 391 yw cyfrif swyddogol y coleg. Y ffaith drist amdani yw bod y ffigwr hwn yn un amheus o uchel. 264 o fyfyrwyr sy'n dymuno i'r coleg ohebu â hwy yn Gymraeg.

Roedd y coleg, meddid, wedi colli ei gysylltiad â'i gymuned leol ac wedi troi'n 'Nythfa'r Sais'.

Yn Nhymor yr Hydref 1981 cafwyd achos o weithredu dirgel eto gan Fudiad Coleg i'r Cymry, gan weithredu yn erbyn Llyfrgell y Celfyddydau ym Mangor am yr eildro. Y tro hwn dygwyd cannoedd o gardiau indecs ynghyd â pheiriannau magnetig derbyn a dychwelyd llyfrau. Yn dilyn galwad ffôn ddienw daethpwyd o hyd i'r peiriannau a rhai o'r cardiau ar Fynydd Bangor ddeuddydd wedi'r lladrad.

Ddechrau Tymor yr Hydref 1981 cafwyd mwy o brotestiadau gan yr Undeb mewn ymgais i bwyso ar y coleg i ehangu ei ddarpariaeth dysgu trwy gyfrwng y Gymraeg ac i atal yr ehangu dilyffethair. Yn y gwrthdystio bryd hynny rhwystrwyd mynedfeydd a meysydd parcio a threfnwyd myrdd o alwadau i dagu cyfnewidfa ffôn y Coleg unwaith yn rhagor. Ar ddiwedd y tymor, cyhoeddodd Gwion Lynch, un o'r rhai a ddiarddelwyd yn 1978 am ei ran ym mhrotest mwg oren Llyfrgell y Celfyddydau ond a oedd bellach yn Llywydd UMCB, y byddai'r Undeb yn gohirio unrhyw weithredu pellach ar yr amod bod cyfarfod yn cael ei drefnu o Gyngor y Coleg i ehangu'r ddarpariaeth Gymraeg. Cafwyd addewid i'r perwyl hwnnw gan O.V. Jones, yr obstetregydd o Borthaethwy, a Chadeirydd newydd Cyngor y Coleg.

O.V. Jones oedd un o feirniaid llymaf agwedd y Coleg tuag at y Gymraeg a myfyrwyr UMCB, ac fe'i hetholwyd yn Gadeirydd yn dilyn llwyddiant gwrthwynebwyr Syr Charles i ddisodli'r Arglwydd Kenyon wedi blynyddoedd maith yn y swydd. Roedd hon yn ergyd wleidyddol drom i Charles Evans, ac yn arwydd bod ei afael ar y Coleg yn gwegian. Er bod Kenyon yn parhau fel Llywydd y Llys, nid oedd y swydd honno hanner mor ddylanwadol.

Erbyn Tymor y Gwanwyn 1982 roedd y tensiwn yn cynyddu eto yn dilyn methiant yr awdurdodau i drefnu'r cyfarfod arbennig o Gyngor y Coleg. Eglurwyd wrth y myfyrwyr yn Nhachwedd nad oedd hi'n bosibl galw cyfarfod tan yr Ionawr dilynol. Derbyniwyd hynny ar y pryd, ond methodd y coleg â threfnu cyfarfod yn Ionawr chwaith. Bellach, nid oedd disgwyl cyfarfod o'r Cyngor tan fis Mawrth. Mewn llythyr at UMCB, dywedodd Cadeirydd y Cyngor, O.V. Jones, fod rhesymau neilltuol dros beidio â chynnal cyfarfod yn gynharach, gan gynnwys 'camddealltwriaethau a ffactorau eraill' nad oedd yn eu hystyried yn briodol i'w trafod yn gyhoeddus. Roedd yn glir i arweinyddiaeth yr Undeb bod y cyfarfod wedi'i rwystro 'oddi uchod', hynny yw Syr Charles Evans a'i eiriolwyr. Cadarnhaodd Cadeirydd Cylch Darlithwyr Cymraeg y coleg, Dr Gareth Wyn Jones wrth bapur newydd *Y Cymro* fod gwleidyddiaeth fewnol y coleg wedi ceisio atal trafodaeth ar y Gymraeg.

Wrth gofio'n ôl dywed Gareth Wyn Jones mai "aelodau staff yn siarad Cymraeg oedd y Cylch Darlithwyr ac roeddem yn ceisio pontio rhwng y myfyrwyr Cymraeg a'r awdurdodau." Cafodd Gareth Wyn Jones ei hun brofiad o geisio dylanwadu'n ofer ar Syr Charles Evans. Ar ddechrau'r 1970au dychwelodd i Fangor ar ôl treulio cyfnod ym Mhrifysgol Tel Aviv. Dangosodd esiamplau o ddeunyddiau ysgrifennu y brifysgol honno oedd mewn tair iaith – Hebraeg, Arabeg a Saesneg – a cheisiodd ddadlau bod hynny'n rhywbeth ymarferol ac i'w ddymuno ym Mangor.

> Yn 1974, teimlwn fod newid mewn agweddau ieithyddol yn y gwynt gyda sefydlu Cyngor Sir Gwynedd a gweinyddu trwy'r Gymraeg yn graddol ehangu yno. Ond ateb swta a gefais gan Charles Evans. "Some of what you suggest is possible, some is not possible," dywedodd – heb ymhelaethu dim.

Ym marn Gareth Wyn Jones collwyd cyfle euraid bryd hynny i ehangu'r defnydd o'r Gymraeg.

> Collwyd cyfle i symud ymlaen ar yr adeg honno, oedd yn amlygu diffyg dychymyg gan yr awdurdodau ar y pryd. Methiant mawr awdurdodau'r Coleg oedd peidio gweld y chwyldro bach oedd yn digwydd o'u cwmpas.

Is-lywydd y Llys ar y pryd oedd Dr Emyr Wyn Jones (Emyr Feddyg), tad Gareth Wyn Jones, a oedd yn adnabod Charles Evans ers iddynt fod yn feddygon gyda'i gilydd yn Lerpwl. Ar ddechrau Ebrill 1981, ysgrifennodd Dr Emyr lythyr preifat a chyfrinachol at yr Arglwydd Kenyon yn mynegi ei edmygedd o Charles fel unigolyn ond yn poeni bod ei benderfyniadau fel Prifathro yn gwneud drwg i enw da'r Coleg. Mae'n debyg mai bwrdwn y llythyr oedd y dylai Kenyon fel Llywydd drafod ymddeoliad cynnar Syr Charles ar sail meddygol. Yn y mater hwn dywedir bod O.V. Jones, Cadeirydd y Cyngor, hefyd o'r un farn ag Emyr Wyn Jones o ran yr angen i Syr Charles gamu i lawr.

Ond amharod iawn oedd Kenyon i symud yn erbyn Charles Evans am ba bynnag reswm. Roedd yna dybiaeth gyffredin, ymysg y myfyrwyr Cymraeg yn arbennig, fod llawer o blith awdurdodau'r coleg yn seiri rhyddion. Fel nododd Iwan Edgar wrth drafod ymdrechion mawr yr heddlu i ddod o hyd i'r ffeiliau:

> Efallai nad oedd dim sail i'r peth, ond roedd si ar led fod Syr Philip Myers, Prif Gwnstabl Gogledd Cymru a Syr Charles yn gyd-seiri rhyddion a bod hynny wedi miniogi ymdrech yr heddlu i gael hyd i'r ffeiliau a dal y rhai oedd yn gyfrifol am eu lladrata.

Ond anodd iawn yw profi gwirionedd y dybiaeth honno heb dystiolaeth bendant.

****

Gan nad oeddent yn ymddiried yn y Coleg i gadw at eu haddewid yr oedd Cyfarfod Cyffredinol UMCB wedi pleidleisio o blaid sefydlu Gweithgor i drefnu cyfres o brotestiadau mewn ymateb i ddiffyg gweithredu'r awdurdodau.

Felly trefnodd UMCB gyfres o ddigwyddiadau ar dir y Coleg yn ystod Chwefror 1982.

Ar noson 2-3 Chwefror paentiwyd sloganau ar nifer o adeiladau'r Coleg ar draws pob cwr o'r campws – gan gynnwys Prif Adeilad y Celfyddydau, Prif Deras y Celfyddydau, Ffreutur Glanrafon, yr Hen Adeilad Ffiseg, Adeiladau'r Adran Bioleg a Neuadd Chwaraeon Ffriddoedd. Ymysg y sloganau a baentiwyd yr oedd 'Cyfiawnder i'r Iaith', 'Brad y Brifysgol' ac 'Addysg Gyflawn Gymraeg' (camsillafwyd yr olaf o'r sloganau hyn ar un o waliau'r Hen Goleg, a oedd efallai yn tanlinellu'r angen am addysg gyflawn o leiaf!).

Ychydig ar ôl 2.00yp ar 3 Chwefror aeth criwiau o aelodau UMCB i Lyfrgell y Celfyddydau, gan ludo posteri ar y waliau oedd yn haeru ymysg pethau eraill, mai 'Nythfa'r Sais' oedd y Coleg. Roedd gan yr Undeb fomiau drewi dros ben ers protest Charles y flwyddyn flaenorol a phenderfynwyd gollwng y rhain ym mhob ystafell ddarllen, gan arwain at wacáu'r adeilad gan y Llyfrgellydd. Wedi gadael y Llyfrgell, gosodwyd sloganau papur ar du allan adeiladau o amgylch y Cwad, ac yna cynhaliwyd cyfarfod gwrthdystiad byr. Daeth y brotest i ben ychydig cyn 3.00yp, gyda gorymdaith o amgylch y Cwad dan arweiniad Gwion Lynch, Llywydd yr Undeb.

Y diwrnod dilynol, 4 Chwefror am 2.15yp aeth tua 30

o aelodau UMCB i swyddfa Ysgrifennydd y Cofrestrydd ym mhen draw'r Teras. Agorwyd cypyrddau, gwasgarwyd papurau ar y llawr, gwagiwyd cabinet cardiau indecs. Ni lwyddodd y myfyrwyr i gael mynediad i swyddfa'r Cofrestrydd ei hun, a gadawodd y grŵp ar ôl pum munud.

Cafwyd gweithredu cudd eto yn yr wythnos ganlynol yn y nos rhwng 9 a 10 Chwefror. Bryd hynny difrodwyd tri phâr o byst gôl ar gaeau chwarae Treborth, drwy eu llifio. Tynnwyd y baneri oedd yn nodi cwrs ras draws gwlad ysgolion a drefnwyd ar gyfer 10 Chwefror. Paentiwyd sloganau ar wal y pafiliwn a oedd yn wynebu'r maes parcio ac ar ffenestri'r bar ar y safle.

Yna am 11.00yb ar 10 Chwefror, cerddodd criw o fyfyrwyr ar hyd Ffordd y Coleg gan gario baner UMCB. Codwyd y faner wrth fynedfa'r Cwad, a pharciwyd car glas Hillman Imp ar draws y fynedfa. Parhaodd y brotest yn galw am addysg Gymraeg tan 5.00 y prynhawn. Ddechrau'r prynhawn ar y diwrnod wedyn, 11 Chwefror, aeth tua 30 o fyfyrwyr i mewn i'r Swyddfa Gyrfaoedd ar 45 Ffordd y Coleg. Taflwyd llyfrau a ffeiliau oddi ar silffoedd, gwasgarwyd taflenni gwybodaeth, tynnwyd papurau o gypyrddau ffeilio. Gadawodd y myfyrwyr ar ôl tua phum munud, gan adael bocs mawr o siocledi *Milk Tray* ar eu holau fel ffordd o ymddiheuro i'r staff am y tarfu.

Ar yr union adeg yr oedd criw yn mynd i'r Swyddfa Gyrfaoedd roedd Gwion Lynch yn cyfarfod Alwyn Roberts, un o'r Is-brifathrawon, ar ôl derbyn gwahoddiad ganddo am sgwrs. Un o'r pethau cyntaf a ddywedodd Alwyn Roberts wrtho oedd cyfeirio at ei waharddiad yn 1979: "Gobeithio nad wyt ti am ddial ar y coleg..." oedd yn eithaf eironig o gofio bod UMCB yn gweithredu yn erbyn y Coleg yn llythrennol ar yr eiliad honno.

Ar yr un diwrnod blociwyd y Cwad unwaith eto gan dri char – Volvo Estate (oedd yn fwy cyfarwydd â chludo telynau i eisteddfodau na phrotestiadau!), Vauxhall Viva a'r Hillman Imp bach eto. Rhybuddiodd swyddogion y Coleg y myfyrwyr y byddai'n ofynnol i berchnogion y cerbydau gyfarfod â'r Dirprwy Brifathro. Symudwyd y ceir a gosodwyd byrddau a chadeiriau yn eu lle i ffurfio rhwystr dros dro. Datgymalwyd y rhwystr cyn 5.30yp, a daeth y brotest i ben.

Yn hwyrach y noson honno, ychydig cyn hanner nos, canodd y larwm yn y Llyfrgell Wyddoniaeth. Darganfuwyd fod rhwyll wedi'i thynnu oddi ar ffenestr gefn a chwarel gwydr wedi'i thorri er mwyn agor y ffenestr. Agorwyd drws tân gan ddefnyddio'r allwedd argyfwng o'i gas gwydr. Canfuwyd fod droriau'r catalog wedi'u hagor, a chynnwys un ddrôr wedi'i drosglwyddo i fag plastig. Cyfyngwyd y difrod i ffenestr wedi torri, y cas allwedd argyfwng wedi'i ddifrodi, a'r rhwyll dros y ffenestr wedi'i rhwygo.

Yn ôl atgof un o'r myfyrwyr oedd wedi torri mewn i'r Llyfrgell Gwyddoniaeth, y bwriad oedd dwyn cardiau indecs ond roedd y gweithredwyr wedi rhoi'r gorau i'r cynllun ar ôl i'r larwm ganu.

> Yn sydyn reit roedd pobl y tu allan i'r drws, ac roedden ni'n clywed sŵn seiren felly mi wnaethon ni faglu drwy'r drws cyn i'r heddlu gyrraedd.

Mi fu yna gynllun i bledu wyau yn llawn paent gwyn mewn ffordd ddramatig ar hyd waliau'r coleg, ond ddaeth dim o hynny oherwydd bod y gwaith o chwistrellu'r paent i'r wyau wedi gwneud gormod o lanast yn atig Bala-Bang.

Yr hyn sy'n drawiadol yw bod UMCB yn llwyddo i gael cyhoeddusrwydd da i'w phrotestiadau ar hyd yr adeg, ac roedd hynny ym marn Gwion Lynch i'w briodoli i'r cyswllt da rhwng arweinwyr yr Undeb a gohebwyr lleol.

> Roedd ganddon ni berthynas reit dda gyda newyddiadurwyr, yn enwedig Siôn Pyrs o'r BBC. Cyn pob protest mi fyddwn yn rhoi gwbod iddo fo, a thrwy hynny cael lot o sylw ar y cyfryngau.

Penllanw'r don ddiweddaraf o ymgyrchu gan UMCB oedd cynnal rali fawr ar ddydd Sadwrn 6 Mawrth 1982. Mynychwyd y rali gan rhwng tri a phedwar cant o bobl, lle awgrymwyd gan y siaradwyr fod newidiadau sylweddol ar y gweill yng Ngholeg Prifysgol Bangor a bod dyddiau Syr Charles Evans fel Prifathro yn dirwyn i ben. Daeth y rali'r diwrnod ar ôl i Syr Charles gyhoeddi y byddai pedwar pwnc gradd yn cael eu dysgu drwy gyfrwng y Gymraeg o fis Hydref ymlaen – datganiad a gafodd ei bortreadu gan awdurdodau'r Coleg fel consesiwn pwysig.

I'r myfyrwyr a'u cefnogwyr, fodd bynnag, ni fu'r cyhoeddiad yn ddigonol ac nid oedd yn eu hargyhoeddi o gwbl. Wrth annerch y dorf, disgrifiodd y Cynghorydd Dafydd Orwig o Gyngor Sir Gwynedd y datganiad fel un "hanesyddol", ond pwysleisiodd nad oedd yn adlewyrchu newid calon na gweledigaeth. "Byddai'n braf medru dweud hefyd ei fod yn ddatganiad o'r galon, ond dydy o ddim." Yn hytrach, dadleuodd y Cynghorydd mai dan bwysau Cyngor y Coleg a gweithredu'r myfyrwyr y gwnaed y datganiad, gan awgrymu eu bod wedi "gwthio'r Prifathro i'r gornel a rhoi'r sgriw arno".

I Dafydd Orwig roedd y datganiad yn ddim mwy na "mymryn" o newid, er iddo ei osod ochr yn ochr â datblygiadau eraill yr ystyrid yn arwyddocaol, gan gynnwys yr Arglwydd Kenyon yn "hel ei draed" fel Cadeirydd. Aeth Dafydd Orwig ymhellach, gan honni fod y Cofrestrydd, Eric Hughes, wedi gofyn am ymddeoliad cynnar a bod "yr ysgrifen ar y mur" i Brifathro'r Coleg. Yn ei farn ef, pwysau'r myfyrwyr oedd wedi bod yn gyfrifol am y newidiadau hyn, ac anogodd hwy i gryfhau cysylltiadau â chynghreiriaid ar bwyllgorau a chyrff swyddogol – yn enwedig ymhlith y darlithwyr Cymraeg eu hiaith. Credai'n gryf fod y coleg ar drothwy newid sylweddol o safbwynt addysg trwy'r Gymraeg, ond dywedodd fod angen ailystyried tactegau'r ymgyrch: roedd hi'n bryd ymgyrchu "yn fwy adeiladol".

Serch hynny, roedd beirniadaeth fwy miniog gan siaradwyr eraill. Dywedodd Dafydd Iwan, aelod o Lys y Coleg, nad oedd pedwar pwnc – neu hyd yn oed bump – yn gais eithafol, ond yn un cymedrol iawn. Beirniadodd Brifysgol Cymru am fethu â rhoi arweiniad cadarn ar addysg Gymraeg, gan ddirmygu'r consesiynau a gafwyd fel "diolch i Tesco am werthu sebon". Nid oedd y myfyrwyr, yn ei farn ef, yn eithafol o gwbl: "Os rhywbeth, maen nhw'n rhy gymedrol. Mae gofyn am gael dysgu pum pwnc yn gymedrol iawn, iawn."

Yn ei araith yntau cyfeiriodd Gwion Lynch, Llywydd UMCB, at ddeiseb gyda dros 5,000 o enwau a luniwyd gan yr Undeb. Atgoffodd y dorf o'r aberth a wnaed gan ddeuddeg o fyfyrwyr a ddiarddelwyd o'r coleg yn sgil y frwydr.

Mwy ideolegol ei naws oedd cynnwys truth Ieuan Wyn, Is-gadeirydd Adfer, gan ddadlau nad brwydr ieithyddol ac addysgol yn unig oedd hon, ond brwydr genedlaethol ehangach ynghylch cymeriad a phwrpas y sefydliad. Cynigiodd Emyr Llywelyn, sylfaenydd Adfer, slogan newydd i'r ymgyrch – 'Bangor, Coleg Bro Wynedd' – gan alw am adfer y Coleg i'w wreiddiau daearyddol a diwylliannol: "Coleg sydd wedi tarddu o wreiddiau Gwynedd yw hwn," meddai, "ac mae'n bryd ei roi'n ôl i Wynedd."

Roedd y rali hon yn nodi carreg filltir arall yn y frwydr rhwng UMCB ac awdurdodau'r Coleg. Er bod yr awdurdodau'n cyflwyno eu datganiad ar gyrsiau Cymraeg fel cam ymlaen, i'r myfyrwyr a'u cefnogwyr roedd yn dystiolaeth fod pwysau parhaus yn dwyn ffrwyth, a bod sylfeini'r drefn bresennol yn dechrau gwegian. Dyma felly gefndir y gwrthdaro pellach, a arweiniodd yn y pen draw at ddiwedd teyrnasiad Charles Evans fel Prifathro'r Coleg ar y Bryn.

10

Diwedd teyrnasiad Syr Charles (1984)

YM MEHEFIN 1982, cyhoeddodd Syr Charles Evans ei fwriad i ymddeol ym Medi 1984. Yn ymarferol, golygai hyn y byddai'n aros yn ei swydd tan bron flwyddyn ar ôl ei ben-blwydd yn 65. Ond roedd y cyhoeddiad hwn yn argoel posib bod diwedd cyfnod hir ac arbennig o stormus yn agosáu.

I UMCB, serch hynny, roedd y frwydr yn parhau.

Ar 16 Tachwedd 1982, cyhoeddodd UMCB lythyr agored dan y teitl 'Nid Cymru biau'r Coleg bellach', a lofnodwyd gan Gareth Ioan, Llywydd yr Undeb yn 1982-83 ac Emyr Llewelyn Gruffudd, yr Is-lywydd. Ymateb uniongyrchol oedd y llythyr i ddeunydd hyrwyddo gan y Coleg, a honnai ei fod yn awyddus i 'ddenu Cymry i'r Coleg ar y Bryn'.

Datganodd y ddau nad dychryn darpar fyfyrwyr Cymraeg oedd eu bwriad, ond yn hytrach 'ddatgan ffeithiau, a thynnu sylw at gelwyddau, ac ambell ensyniad' yn naratif swyddogol y Coleg. Dyfynnwyd yn feirniadol ddatganiad yr awdurdodau fod 'rhagoriaeth academaidd y lle' yn dod gyntaf, gyda 'Chymreictod' fel bonws ychwanegol. I'r Undeb, roedd hyn yn gamddehongliad sylfaenol:

> Nid moeth yw'r Gymraeg i ni. Hi ydyw craidd ein bod. Hebddi ni fyddem yn ddim amgen na phobl wedi eu rhwygo rhwng atgof o bwy oedden, a hunaniaeth newydd na allwn, er deisyfu hynny, fod yn rhan lawn ohoni.

Er iddynt gydnabod fod adrannau unigol a darlithwyr o safon uchel yn y Coleg, heriodd y llythyr honiadau am ragoriaeth academaidd gyffredinol, gan nodi'n benodol fod yr awdurdodau wedi gwrthod datgelu data ar safon academaidd y myfyrwyr a dderbyniwyd y flwyddyn flaenorol. Awgrymwyd fod nifer sylweddol o fyfyrwyr yn dod i Fangor drwy'r system 'glirio', gyda'r Undeb yn amcangyfrif fod y ganran tua 30%.

Tynnwyd sylw at wahaniaethau rhwng adrannau, gan nodi mai'r Adran Gymraeg oedd â'r safon academaidd uchaf ar gyfartaledd, bron i naw pwynt, o gymharu â gofynion llawer is mewn adrannau eraill.

Heriodd y llythyr honiad arall yr awdurdodau – fod 'Cymreictod y Coleg' a'i leoliad mewn ardal Gymraeg yn nodweddion byw. Disgrifiwyd y datganiad hwn fel 'celwydd noeth' gan nodi nad oedd modd teimlo awyrgylch Cymraeg wrth gerdded drwy goridorau'r Coleg nac ar ddiwrnodau cofrestru.

Gofynnwyd yn uniongyrchol: 'Pwy biau'r Coleg bellach?' Ateb arweinwyr UMCB oedd: 'Yn sicr nid cenedl y Cymry.' Cyfeiriwyd at ddiarddel deuddeg aelod o'r Undeb ers ei sefydlu, gan holi faint mwy o gosbi fyddai'n digwydd cyn y gellid ystyried y sefyllfa'n dderbyniol. Datganwyd yn glir fod yr ymgyrchu i barhau.

Defnyddiwyd ystadegau i atgyfnerthu'r ddadl. Yn 1981-82, daeth 730 myfyriwr (24.9%) o Gymru i'r Coleg, o'i gymharu â 2,122 (72.6%) o Loegr a 69 (2.3%) o wledydd tramor. O'r myfyrwyr o Gymru, dim ond 391 oedd yn siarad Cymraeg.

Beirniadwyd diffyg Cymreictod y weinyddiaeth yn ogystal, gan nodi mai cyfran fechan iawn o'r gwaith gweinyddol a wneid drwy gyfrwng y Gymraeg, ac mai ar gais penodol y byddai gohebiaeth Gymraeg yn digwydd.

Cyfeiriwyd at achosion penodol, gan gynnwys penodi staff haf di-Gymraeg i ad-drefnu'r llyfrgell Gymraeg, fel enghraifft o'r diffyg cydlyniant rhwng datganiadau polisi a realiti ymarferol.

Daeth y llythyr i ben gyda galwad agored ar gefnogwyr yr Undeb, gan ddatgan mai dim ond trwy weithredu uniongyrchol parhaus y gellid cael unrhyw effaith ar yr hyn a ddisgrifiwyd fel 'y celwyddgi a'r anrheithiwr' a alwai ei hun yn Goleg Prifysgol Gogledd Cymru.

Roedd newid arwyddocaol ar droed yn Nhymor yr Hydref 1982, pan gollodd yr Arglwydd Kenyon ei safle fel Llywydd y Coleg, swydd y bu'n ei dal am 35 mlynedd. Er i Syr Charles Evans a phedwar cydweithiwr ei enwebu i'w ail-ethol, cyflwynwyd enw arall, y Barnwr Syr William Mars-Jones, ac ef a enillodd y bleidlais. Ddeufis yn ddiweddarach, ymadawodd Kenyon â'r Llywyddiaeth – er bod Syr Charles ac eraill wedi canmol ei gyfraniad fel un a oedd yn dangos, yn eu barn hwy, 'the finest qualities expected of that office'.

Felly yn Rhagfyr 1982, etholwyd Mars-Jones yn Llywydd newydd Llys Coleg y Brifysgol Bangor. Er ei fod yn Gymro Cymraeg, nid oedd etholiad y Barnwr yn tawelu pryderon myfyrwyr Cymraeg y Coleg.

Hyd yn oed cyn y bleidlais, mynegodd UMCB ei gwrthwynebiad pendant iddo, gan ei ddisgrifio fel 'erlidiwr cenedlaetholwyr'. Cyfeiriwyd yn benodol at rôl Mars-Jones fel barnwr yn 'Achos yr Wyth' yn Abertawe yn 1971, pan gosbwyd wyth o aelodau blaenllaw Cymdeithas yr Iaith Gymraeg yn dilyn yr ymgyrch arwyddion ffyrdd. Ystyriai'r myfyrwyr Mars-Jones, fel un arall o gynheiliaid trefn Seisnig y Coleg, a ffigwr canolog o'r sefydliad Prydeinig yr oeddent yn ei herio ym Mangor.

Gydag aelodau UMCB yn bresennol yng nghefn y

cyfarfod, darllenwyd gerbron Llys y Coleg gyfieithiad Saesneg o lythyr yr Undeb Gymraeg at O.V. Jones, Cadeirydd Cyngor y Coleg, a oedd wedi enwebu Mars-Jones. Croesawodd yr Undeb benderfyniad y Coleg i gael gwared ar yr Arglwydd Kenyon fel cam i'r cyfeiriad cywir, ond mynegwyd yn glir nad oedd penodi Mars-Jones yn dderbyniol ychwaith. Dadleuwyd nad oedd yr enwebiad yn ddim mwy na 'gwyngalchu' argyfwng diffyg Cymreictod dyfnach y Coleg, a galwyd ar aelodau'r Llys i'w wrthod.

Er gwaethaf y gwrthwynebiad, etholwyd Mars-Jones mewn pleidlais gudd. Yn syth ar ôl cyhoeddi'r canlyniad, torrodd Gareth Ioan, Llywydd UMCB, ar draws y cyfarfod, gan ddisgrifio'r etholiad fel 'siom' ac yn 'sarhad ar Gymru ac ar yr iaith Gymraeg'. Cerddodd y myfyrwyr allan o'r cyfarfod, gan ddatgan y byddent yn parhau i ymladd dros Gymreictod y Coleg.

Felly yn dilyn cyfarfod y Llys, rhybuddiodd UMCB y byddai gweithredu uniongyrchol yn dilyn pe na bai'r awdurdodau'n symud ar frys i weithredu dwyieithrwydd ystyrlon. I'r graddau hynny, daeth etholiad Mars-Jones nid yn arwydd o gymod, ond yn gadarnhad pellach fod y bwlch rhwng awdurdodau'r Coleg a'r myfyrwyr Cymraeg yn parhau mor ddwfn ag erioed.

Yn 1983, ymddeolodd Eric Hughes, y cofrestrydd a fu mor ffyddlon i Syr Charles Evans a'r Arglwydd Kenyon. Fel y nododd David Roberts, roedd yr hen oruchwyliaeth yn araf adael y llwyfan, gan adael gwagle gweinyddol a gwleidyddol ar ei hôl.

Fodd bynnag, nid oedd y dadlau ynghylch rheolaeth y Coleg wedi dod i ben. Yn wir, ffrwydrodd argyfwng arall pan wrthododd y Cyngor gadarnhau penodi Cofrestrydd di-Gymraeg. Yn wreiddiol, cafodd wyth ymgeisydd eu cyfweld ym Mai 1982, ond daeth y pwyllgor dethol i'r casgliad na ellid argymell neb. Wedi ail-hysbysebu'r swydd fis Ionawr 1983, cyfwelwyd 13 o ymgeiswyr – gan gynnwys chwech a siaradai Gymraeg – dan arweiniad Cadeirydd newydd y Cyngor, O.V. Jones. Ym Mawrth 1983, argymhellwyd Frederick Smyth, Cofrestrydd ac Is-ysgrifennydd Prifysgol Stirling, a oedd yn ddi-Gymraeg. Gorfododd 13 aelod o'r Cyngor gynnal cyfarfod arbennig, ac o 29 pleidlais i 12 penderfynwyd peidio â bwrw ymlaen â'r penodiad, gan gytuno y byddai'n fwy priodol disgwyl hyd nes y byddai Prifathro newydd yn ei le.

Yn ei adroddiad blynyddol olaf i Lys y Coleg, beirniadodd Syr Charles yr hyn a ystyriai'n bwysau cynyddol i wneud y Gymraeg yn gymhwyster hanfodol mewn penodiadau. Rhybuddiodd y gallai polisi o'r fath, yn ei farn ef, arwain y Coleg i 'ddirywiad academaidd' ac i safle 'ail neu drydydd radd' ymysg prifysgolion Prydain. Ni chaniatawyd trafodaeth ar y sylwadau hyn, ar benderfyniad Cadeirydd y Llys, Syr William Mars-Jones. Yn groes i'r safbwynt hwn, nododd yr Athro J. Gwynn Williams, fod y dull disgyblu a'r diffyg parodrwydd i wrando ar bryderon myfyrwyr wedi gwaethygu'r sefyllfa. Beirniadodd ymgais y Coleg i gynnal 'trefn' heb fynd i'r afael â'r achosion sylfaenol, gan nodi bod hyn wedi 'cymylu'r drafodaeth ac atal cymod'.

Erbyn 1984, nid myfyrwyr yn unig oedd yn herio polisi iaith a phenodi'r Coleg. Daeth cefnogaeth gan rai aelodau o'r staff academaidd i'r amlwg pan gyhoeddwyd llythyr agored at Aelodau Cyngor Coleg Prifysgol Gogledd Cymru, wedi'i lofnodi gan nifer sylweddol o ddarlithwyr.

Yn y llythyr, datganodd y llofnodwyr eu cefnogaeth lawn i argymhellion UMCB, gan nodi'n benodol fod angen gwneud y gallu i siarad a gweithio drwy gyfrwng y Gymraeg yn gymhwyster anhepgorol ar gyfer penodiadau newydd. Lle na ellid sicrhau hynny ar unwaith, galwent ar y Coleg i sicrhau bod unrhyw un a benodid yn ymrwymo i ddysgu'r iaith. Aeth y llythyr ymhellach na chefnogi galwadau'r myfyrwyr mewn egwyddor, gan alw ar y Coleg i annog staff di-Gymraeg oedd yno'n barod i ddysgu Cymraeg, drwy hyrwyddo cyrsiau Wlpan a chreu amodau gwaith a fyddai'n caniatáu i ddarlithwyr fynychu'r cyrsiau hynny'n ymarferol. Yn greiddiol i'r ddadl oedd y galw am lunio polisi dwyieithog newydd, gan ddisodli trefniadau a ystyrid yn aneffeithiol.

Fel tystiolaeth o fethiant y polisi presennol, cyfeiriodd y llythyr at benderfyniad diweddar i benodi person di-Gymraeg i swydd Cynorthwywr Gweinyddol, er bod nifer o siaradwyr Cymraeg wedi ymgeisio. Dadleuwyd y dylid diwygio'r polisi presennol ymhellach fel bod gwybodaeth drylwyr o'r Gymraeg yn gymhwyster hanfodol ar gyfer swyddi gweinyddol, nid yn ychwanegiad dymunol yn unig. Llofnodwyd y llythyr gan ystod eang o staff, gan gynnwys Paul Birt, Nancy Edwards, Nia Elis-Williams, Huw Pryce, Emlyn Sherrington, Gruffydd Aled Williams ac eraill, gyda rhestr estynedig o enwau'n cael eu hychwanegu'n ddiweddarach a oedd yn cynnwys Branwen Jarvis, R. Tudur Jones, William R. Lewis, Megan Miles, Nia Powell, Dafydd Roberts, Maldwyn Thomas, Deri Tomos, Ellen Williams, Glyn Williams a John Llywelyn Williams.

Roedd y llythyr hwn yn arwyddocaol i'r graddau ei fod yn dangos bod galwadau UMCB yn cael eu hystyried bellach gan rai darlithwyr fel gofynion rhesymol am newid agwedd tuag at y Gymraeg yn y sefydliad. Pan fethodd y Cyngor ymateb yn sylweddol i'r alwad hon am newid gan staff academaidd, unwaith eto gwthiwyd UMCB i weithredu'n uniongyrchol.

Daeth y gwrthdaro rhwng UMCB ac awdurdodau'r Coleg i'w fynegiant difrifol olaf yng ngwanwyn 1984, pan feddiannodd y myfyrwyr Cymraeg dri llawr uchaf Adeilad Newydd y Celfyddydau. Fel yr adegau blaenorol pan feddiannwyd yr adeilad yn 1976 ac 1978 dechreuodd y weithred ar nos Lun, ac am wythnos bu hyd at uchafswm o 100 o aelodau UMCB yn cynnal y meddiannu trwy system rota.

Bwriad y meddiannu oedd tynnu sylw at alwad greiddiol y myfyrwyr: y dylai pawb a benodir i swyddi yn y Coleg fod yn ddwyieithog, neu o leiaf yn barod i ddysgu'r Gymraeg. Llywydd UMCB yn y flwyddyn hon oedd Keith Davies o Rydaman, a bwysleisiodd, mewn sawl datganiad mai protest heddychlon, drefnus a di-drais oedd hon. Unwaith y gwelodd yr awdurdodau yr hyn oedd yn digwydd, aethont ati yn ôl eu harfer i gael gwŷs o'r Uchel Lys ym Manceinion, a oedd yn rhoi'r hawl iddynt, pe bai'r myfyrwyr yn gwrthod ymadael, i'w symud gan ddefnyddio 'unrhyw rym rhesymol'.

Yn wyneb y bygythiad hwnnw, penderfynodd y myfyrwyr ddod â'r meddiannu i ben, gan deimlo eu bod wedi cyflawni eu bwriad o ddwyn sylw Cymru unwaith eto at yr anghyfiawnder a fodolai yng Ngholeg Bangor tuag at y Gymraeg.

Fel y nodwyd ar y pryd, roedd y myfyrwyr 'yn awyddus i ymadael gydag urddas' cyn i'r wŷs gael ei gweithredu. Felly ar y prynhawn dydd Llun, union wythnos wedi iddynt gychwyn gweithredu, gadawodd y myfyrwyr yr adeilad yn drefnus. Roedd tyrfa o gefnogwyr wedi ymgynnull i'w croesawu, gan ganu 'Hen Wlad Fy Nhadau' wrth iddynt ddod allan.

Wrth annerch y dorf, dywedodd Llio Rowlands, Is-lywydd UMCB, fod y myfyrwyr yn gresynu at ymateb yr awdurdodau i brotestiadau heddychlon. Beirniadodd y Coleg yn benodol am ddefnyddio cwmni diogelwch a chŵn

Alsatian i warchod yr adeiladau yn ystod y meddiannu, gan awgrymu bod y mesurau diogelwch hynny'n anghymesur ac yn ddiangen. Pwysleisiodd Llio fod y myfyrwyr wedi glanhau'r holl ystafelloedd cyn ymadael, gan wrthod y ddelwedd a roddwyd ohonynt gan rai papurau newydd oedd yn portreadu'r meddiannu fel gweithred ddinistriol neu anhrefnus.

Yn y cyd-destun hwn y daeth Prifathrawiaeth Syr Charles Evans i ben yn 1984. Er iddo adael gyda chefnogaeth rhai cydweithwyr hyd y diwedd, ni chafodd fawr ddim cysylltiad â'r Coleg wedi hynny, gan gau pennod gymhleth, boenus a thyngedfennol yn ei hanes. Yn 1984 penodwyd yr Athro Eric Sunderland, anthropolegydd o fri a Chymro Cymraeg o Ddyffryn Aman yn Brifathro newydd, gan gychwyn cyfnod llai cynhennus. Er hynny nid dyna oedd diwedd ymgyrchu UMCB o blaid y Gymraeg yn y Coleg. Yn 1985 parhaodd y protestio a meddiannwyd y Swyddfa Gyllid gan aelodau'r Undeb, a oedd erbyn hynny yn cael ei harwain gan y Llywydd Peredur Lynch a'r Is-lywydd Patrick Stephens. Mae'n debyg bod yr awdurdodau wedi ystyried dwyn achos yn erbyn y ddau arweinydd am y meddiannu diweddaraf yma, ond mewn arwydd efallai o'r newid a welwyd yn arweinyddiaeth y Coleg, penderfynwyd ymatal rhag mynd i gyfraith.

Felly nid oes dwywaith amdani bod ymadawiad Charles Evans yn 1984 wedi nodi diwedd pennod yn hanes ymgyrchu dros y Gymraeg ym Mangor.

Yn ôl David Roberts, roedd y digwyddiadau rhwng 1976 ac 1984 yn rhai o'r dyddiau tywyllaf a mwyaf cynhennus yn hanes y Coleg. Mae modd dadlau bod y penderfyniad i ehangu wedi gwneud drwg nid yn unig i Gymreictod yr ardal leol ond hefyd i ansawdd academaidd y Coleg.

Dywed Gareth Wyn Jones fod amryw o staff Cymraeg

a di-Gymraeg yn gwrthwynebu'r ehangu ond am resymau gwahanol i UMCB. Eu dadl nhw oedd nad oedd cyfleusterau digonol gan y coleg i ymdopi ag ehangu ac y dylai'r coleg ddilyn gweledigaeth amgen gan arbenigo mewn rhai meysydd yn hytrach na cheisio bod yn 'bopeth i bawb mewn potyn bach'.

> Mi wnaeth y Coleg ehangu fwy nag oedd yn iach, ac roedd diffyg gweledigaeth yn nodweddu'r oruchwyliaeth dan Charles Evans a'r Arglwydd Kenyon. Cafwyd llawer o ymdrech gan rai i ddilyn strategaeth oedd yn dibynnu ar dwf di-ben-draw mewn niferoedd myfyrwyr, ond mae'n amheus iawn, iawn bod hynny'n gwneud lles i le cyffelyb i Fangor. Nid ceisio bod yn addas i ddysgu pob pwnc dan haul, ond yn hytrach bod yn wirioneddol dda mewn rhai meysydd – a'r meysydd hynny'n codi o gymdeithaseg a daearyddiaeth unigryw'r ardal.

Er y byddai ehangu'r sefydliad, o dan bolisi addysg uwch Prydain, wedi bod yn anochel, dadleua David Roberts mai'r methiant i ymdrin yn gynnar ac mewn dull hyblyg gyda hunaniaeth, yr iaith a'r diwylliant Cymraeg a wnaeth y gwrthdaro mor chwerw. Serch i'r cyfnod niweidio delwedd y Coleg yn ddifrifol, noda Roberts hefyd na fyddai'r polisïau dwyieithog mwy cynhwysfawr a ddatblygodd o ganol yr 1980au ymlaen wedi bod yn bosibl heb y brwydrau hynny.

Ffaith a oedd ei hun yn cyfiawnhau protestiadau beiddgar UMCB ac yn wir yn cyfiawnhau bodolaeth yr undeb Gymraeg. Oherwydd oni bai am ymgyrchoedd UMCB byddai Prifysgol Bangor, er gwaethaf unrhyw ddiffygion o ran Cymreictod y sefydliad, yn lle llawer mwy Seisnig ac estron, heb unrhyw gyswllt gyda'r gymuned leol yr oedd ei gwasanaethu yn un o'r rhesymau creiddiol dros ei sefydlu yn y lle cyntaf.

11

Cadw'r fflam rhag diffodd

ROEDD Y BLYNYDDOEDD rhwng 1976 ac 1984 yn cynrychioli gwrthdrawiad sylweddol rhwng y sefydliad addysg uwch Prydeinig yng Nghymru a chenedlaetholdeb Cymraeg cyfoes. Crisialwyd ymdrechion y mudiad iaith a'r mudiad cenedlaethol yng Nghymru yn y cyfnod hwn ym mhrotestiadau a gweithredoedd UMCB. Protestiadau oedd yn cynnwys brwydr i sicrhau statws swyddogol i'r iaith, ymestyn darpariaeth addysg cyfrwng Cymraeg ym Mhrifysgol Cymru, gwrthdystiadau yn erbyn mewnlifiad Seisnig oedd yn bygwth boddi'r Fro Gymraeg, a hyd yn oed fentergarwch rhedeg busnes cydweithredol fel Caffi Deiniol. Ar ben hynny, roedd y cynnwrf ym Mangor yn adlewyrchu ymdrech barhaus cenedlaetholwyr i gael y Cymry i sefyll ar eu traed eu hunain a chreu sefydliadau annibynnol Cymraeg a fyddai'n rhydd o lyffetheiriau sefydliadau Prydeinig.

Ar gychwyn y symudiad i greu undeb Gymraeg amlinellodd Gweithgor y Cymric yr egwyddorion creiddiol fyddai'n llywio cyfeiriad cynnar UMCB, egwyddorion sy'n parhau'n berthnasol i sefydliadau Cymru yn yr unfed ganrif ar hugain:

> Ein bod o blaid rhyddid i Gymru, a bod y rhyddid hwnnw i'w ddiffinio yn nhermau rhyddhau a chadarnhau'r nifer fwyaf posibl o sefydliadau annibynnol sydd â'u gweinyddiaeth yn Gymraeg a Chymreig. Rhaid wrth annibyniaeth er mwyn sicrhau ffyniant

> hunangynhaliol i'r sefydliad. Dim ond sefydliadau sy'n bodoli er eu mwyn eu hunain, yn hytrach na rhai noddedig, sy'n abl i wrthsefyll grym sefydliadau Prydeinig eu meddylfryd...

Yn yr hanner canrif ers sefydlu UMCB mae Cymru a Phrifysgol Bangor wedi newid yn sylweddol. Enillwyd rhagor o statws i'r Gymraeg yn y Coleg, a chynigiwyd llawer mwy o gyrsiau prifysgol trwy gyfrwng yr iaith, yn enwedig gyda sefydlu'r Coleg Cymraeg Cenedlaethol – a oedd yn un o ofynion UMCB a Chymdeithas yr Iaith (heb anghofio MCC y difrodwyr caeau criced!). Er hynny cafwyd colledion, a methiant fu'r ymgyrch i atal ehangu'r coleg a glastwreiddio Cymreictod ardaloedd Bangor a'r cyffiniau. Er gwaethaf newid trawiadol yn agwedd awdurdodau'r Coleg tuag at yr iaith, yn enwedig o dan brifathrawon fel yr Athro Eric Sunderland a'r Athro John Hughes, erys y perygl i newid agwedd o'r fath fod yn arwynebol yn hytrach na sylweddol. I'r graddau hynny roedd tensiwn gwrthdystiadau yn ffordd o 'gadw'r slac yn dynn'.

Nodwedd arall o wrthdystiadau a gweithredu anghyfansoddiadol 1976-1984 ym Mangor oedd y ffordd y llwyddodd pair y protestiadau i greu arweinwyr gwleidyddol effeithiol i'r undeb Gymraeg. Nid gormodiaith yw dweud mai un o'r rhesymau dros barhad protestiadau UMCB yn y cyfnod yna oedd safon yr arweinwyr ac aelodau Cyngor a Gweithgorau'r Undeb. Fel y dywedodd Glyn Tomos:

> Yng ngholeg Bangor yn y cyfnod yna, mi fedra'i enwi hanner dwsin i ddwsin ella o bobol oedd yn ddigon cymwys ag yn ddigon addas i gael eu cyfri yn y categori o arweinwyr rhagorol.

Felly dyma ofyn i rai o'r ymgyrchwyr a'r cyn-Lywyddion hyn wrth iddynt edrych yn ôl hanner canrif wedi sefydlu

UMCB, a oedd hi'n werth ymgyrchu mor galed hanner canrif yn ôl a beth yw gwaddod hirhoedlog UMCB?

Edryd Gwyndaf
Dylai Prifysgol Bangor fod yn ddiolchgar fod hyn wedi digwydd yn eu sefydliad nhw. Cyn hynny yr unig linyn yn eu hanes oedd llinyn o ddirywiad Seisnigolyddol. Ond roedd y llinyn a sefydlon ni o brotestio yn un oedd â pharhad.

John Glyn
Cafwyd mwy o ddwyieithrwydd gweledol, swyddogol, ond methiant fu ein hymdrechion ar y cyfan. Mae'r ehangu wedi mynd rhagddo ar garlam. Roedd yn frwydr i rwystro'r ehangu a gwarchod y gymuned myfyrwyr Cymraeg a oedd dan warchae cynyddol. Yr hyn sy'n eironig yw bod y coleg drwy'r ehangu di-ben-draw bellach wedi 'meddiannu' Bangor ei hun. Mi greda i fod yr ehangu i raddau helaeth iawn wedi diberfeddu tref fy mebyd. Mae'r gwestai mawr i gyd wedi mynd ac yn awr yn neuaddau myfyrwyr; mae'r sinemâu'n glybiau nos neu'n *fast food outlets*.

Yr edafedd sy'n parhau o'r dymuniad i gael neuadd Gymraeg, undeb Gymraeg – a chydnabod ein bod hefyd bellach gwaetha'r modd yn ceisio gwaredigaeth o fewn y ffrâm Brydeinig – yw'r angen o hyd i ganfod atebion ar gyfer realiti'r ffaith ein bod ni'n dal, o ran ein hunaniaeth Gymraeg, yn lleiafrif bychan iawn o fewn pwll mawr – ac yn wir ein bod yn mynd yn llai bob dydd.

Trefor Jones Morris
O sylweddoli a chlywed be sy'n digwydd ym Mangor erbyn hyn mi oedd y cyfan o werth. Fe gafwyd neuadd JMJ ac mae UMCB dal i fynd o nerth i nerth. Mae pethau wedi newid er bod mwy i'w wneud, ond mae'r frwydr yn parhau.

Carys Llwyd Dafydd

Dw i mor falch fy mod yn perthyn i genhedlaeth oedd yn protestio. Dwi'n credu iddo fy ngwneud yn gryfach person, yn sicr mae'n rhan o fy hunaniaeth bellach! 'Swn i'n hoffi meddwl ei fod wedi gwneud ychydig bach o wahaniaeth ar y pryd.

Rheon Tomos

Roedd y protestio werth o ar ddwy lefel yn fy marn i – roedd yn amlwg o werth gan i'r Coleg symud ymlaen ar y Gymraeg i raddau, ac roedd sefydlu UMCB yn rhan fawr o hynny. Mae gan y Coleg rôl fawr yn economi'r Gogledd, ac mae'r Cyngor yn hollol ddwyieithog bellach. Ond mae'n parhau'n hollbwysig bod pobl ar Gyngor y Coleg efo'r agwedd iawn, a dyna pam yr ymunais â'r Cyngor. Pan welais hysbyseb am bobl i ymuno â'r Cyngor oedd yn gofyn am sgiliau cyllid, roedd y swydd fel petai wedi'i hysgrifennu i mi!

Yn bersonol, mi wnaeth agor fy llygaid i fod yn rhywun na fyddai'n cael ei fwlio, ac o bosib wedi cryfhau hyder i wynebu rhai mewn grym. Yn sicr roeddwn i'n berson mwy gwleidyddol ar ôl hynny, ac yn gweld angen i mi fod yn fwy pendant wrth gefnogi Cymreictod mewn sefydliadau. Mi wnaeth hefyd hoelio gwerth wynebu annhegwch yn fy meddwl.

Russell Isaac

Roedd e werth protestio, yn bendant. Roedden ni'n fodlon protestio er nad oedden ni'n eithafwyr. Daeth cenhedlaeth o fyfyrwyr drwodd a chymryd y cyfrifoldeb dros y Gymraeg, a mynd â hynny ymlaen ymhellach yn ein gyrfaoedd wedyn.

Alwyn Gruffydd

Ar ddiwedd y cyfan, prin oedd effaith y brotest ar y Coleg, ac mi wnaeth y coloneiddio barhau. Wnaeth o ddim atal yr ehangu, ond os oedd rhywun mewn sefyllfa i dynnu sylw at y ffordd roedd y Coleg yn bradychu cymunedau oedd â rhan yn sefydlu'r Coleg, roedd yn ddyletswydd i dynnu sylw at yr anghyfiawnder hwnnw. Ac mi wnaethon ni orfodi gwleidyddion lleol i leisio barn ar y mater; go brin y bydden nhw wedi gwneud fel arall.

Iwan Edgar

Wn i ddim faint o wahaniaeth a wnaeth yr ymlafnio ym Mangor. A yw'r sefydliad sydd yno bellach rywfaint yn wahanol yn dilyn ein cyfnod yno?

Ond yn sicr bu'n addysg i lawer ohonom y tu hwnt i fyd y llyfrau.

Un sylweddoliad cynnar iawn oedd llwfrdra, os nad gwaeth, degau o'r darlithwyr Cymraeg. Ceisiwyd eu cefnogaeth, ond yn ofer. Roeddynt yn cuddio yn eu nythod clyd neu'n ceisio'n tawelu. Ond efallai y dylid bod yn fwy trugarog a dweud bod gan lawer blant a morgeisi, tra bod ein traed ni'n rhydd o ystyriaethau felly ar y pryd. Collwyd cyfle i newid polisi a chyfeiriad y coleg mewn cydymdrech â rhai o'r academwyr. Efallai nad oedd gobaith, prun bynnag.

Ond yn anorfod arafu a blino wnaeth pethau, a rhyw ddychwelyd i ddiogelwch Cymreictod cerdd dant erbyn yr Eisteddfod Ryng-Golegol. Yno addolwyd Diwylliant. 'Y Gŵr sydd ar y Gorwel' ddigwyddai fod y gystadleuaeth y flwyddyn honno. Roedd yn taro braidd yn chwithig. A dyna fachlud cyfnod digon cofiadwy o sbio yn ôl a gwawrio ar oes wych refferendwm 79 a Margaret Thatcher.

Ifan Roberts
Mae'r ymgyrchu i gyd wedi bod o werth. Roedd cyfrifoldeb arnom ni. Roedd yr ymgyrchoedd yn cael eu cynllunio'n ofalus fel nad oedd niwed i bobl. Cafwyd peth difrod i eiddo, ond nid i bobl. Roedden ni'n gwybod bod yna ganlyniadau, ac roeddem yn derbyn canlyniadau ein gwerthoedd. Oni bai am yr ymgyrchu a fu, ni fyddai yma Senedd. Roedd yr ymgyrchu yn rhan o'r deffroad yn y cyfnod, ac oni bai am yr ymgyrchoedd hynny ni fyddai Cymru lle mae hi heddiw.

Glyn Tomos
Roedd sefydlu Undeb annibynnol yn gam hanesyddol ac arwyddocaol iawn a chwbl angenrheidiol. Yr hyn oedd yn bwysig i ni oedd sefydlu'r egwyddor – rhoi llais i'r Cymry, a bod y llais hwnnw yn arwain at weithredu o blaid y Gymraeg. Am y tro cyntaf roedd gan fyfyrwyr Cymraeg gorff credadwy ac annibynnol ar gyfer gwarchod eu buddiannau a hyrwyddo eu llais o fewn y Coleg. Dyna yw hanfod bodolaeth UMCB. Ni wnaiff dim byd llai y tro. Fuaswn i yn newid dim o'r hyn y bu i ni lwyddo i'w sefydlu. Roedd yn gyfnod anodd a heriol ond pwysig, ac roedd yn anrhydedd bod yn rhan ohono. Mi fuaswn i'n ei wneud i gyd eto.

Llyfryddiaeth

Llyfrau

Hanes UMCB – John Glyn (Llangefni, 1978)

Lolian – Robat Gruffudd (Y Lolfa, 2016)

Brwydr yr Iaith 1962-67 – Geraint Jones (Y Lolfa, 2025)

Prydeindod – J.R. Jones (Llyfrau'r Dryw, 1966)

Y Deugain Mlynedd Hyn: Diwinydda yng Nghymru, 1972-2015 – Densil Morgan (Cyhoeddiadau'r Gair, 2015)

Y Brenhinbren – Derec Llwyd Morgan (Gwasg Gomer, 2013)

Cofio Euros: *Cyfrol Goffa i Euros Wyn Jones* – John Pritchard (gol.) (Cyhoeddiadau'r Gair, 2021)

Prifysgol Bangor, 1884-2009 – David Roberts (Gwasg Prifysgol Cymru, 2009)

Deffro i Fore Gwahanol – Glyn Tomos (Carreg Gwalch, 2020)

Wyt ti'n Cofio? – Gwilym Tudur (Y Lolfa, 1989)

Dim Croeso '69 - Arwel Vittle (Y Lolfa, 2019)

Dros Gymru'n Gwlad – Arwel Vittle a Gwen Angharad Gruffudd (Y Lolfa, 2025)

I'r Gad – Arwel Vittle (gol.) (Y Lolfa, 2013)

The University College of North Wales: Foundations: 1884-1927 – J. Gwynn Williams (Gwasg Prifysgol Cymru, 1985)

Erthyglau

'Thinking of Bangor', Siân Gwenllian, *Planet* (Gwasg Gomer, 1980)

Holi Saunders Lewis, *Llais Llyfrau* (Cyngor Llyfrau Cymru, Gaeaf 1980)

Archifau a phapurau personol

Papurau Undeb Myfyrwyr Colegau Bangor 1976-1980 – Gwasanaeth Archifau Gwynedd

Papurau Iwan Edgar (Casgliad preifat)
Papurau Edryd Gwyndaf (Casgliad preifat)
Papurau Ifan Roberts (Casgliad preifat)
Papurau Glyn Tomos – Archifau a Chasgliadau Arbennig Prifysgol Bangor
Dogfennau protest y Cymric a sefydlu UMCB (Casgliad Rheon Tomos)
Traethawd ymchwil Rhion Glyn, 'Ai ofer y bu ymgyrchu myfyrwyr Bangor yn y chwedegau a'r saithdegau?'
Rhan o draethawd estynedig Huw Williams, 'Pennod 2 – Protestiadau dros hawliau'r Gymraeg yn Mhrifysgol Bangor'
Lluniau o Archif Ffotograffau Geraint Tudur

Cylchgronau a phapurau newydd

Bronco (cylchgrawn rag myfyrwyr Cymraeg Bangor)
Bangor and Anglesey Mail
Caernarfon and Denbigh Herald
Cambrian News
Daily Post
Graffiti (papur myfyrwyr Coleg Prifysgol Gogledd Cymru Bangor)
Western Mail
Y Bangoriad (cylchgrawn cyn-fyfyrwyr Coleg Prifysgol Gogledd Cymru Bangor)
Y Cymro
Y Dyfodol (papur myfyrwyr Coleg Prifysgol Gogledd Cymru Bangor)
Y Faner Newydd (Rhifyn 30)
Y Llef (papur UMCB)
Yr Herald Gymraeg

RHAN 2 (1984-2026)

Undeb Myfyrwyr Cymraeg Bangor

Rhagair i'r Ail Ran

AM YR UGAIN mlynedd rhwng 1976 ac 1996 bu UMCB yn gweithredu fel undeb gwbl annibynnol o'r Undeb Myfyrwyr swyddogol ym Mangor. Yn y cyfnod hwnnw nid oedd yn derbyn unrhyw gyllid na chefnogaeth ymarferol gan y Coleg, felly roedd yn hollol ddibynnol ar ymdrechion codi arian ei haelodau drwy ddigwyddiadau cymdeithasol a sefydliad fel Caffi Deiniol.

Yn yr un cyfnod, wrth i densiwn gwleidyddol rhwng UMCB a'r Coleg leihau, cafwyd llai o bwyslais ar ymgyrchu a mwy o bwyslais ar weithgareddau diwylliannol yn yr Undeb Gymraeg. Bu dwy duedd amlwg yn yr Undeb Gymraeg ym Mangor o ddyddiau'r Cymric ymlaen, sef y duedd i weld UMCB fel cymdeithas ddiwylliannol Gymraeg a phwyslais ar gymdeithasu a gweithgareddau diwylliannol a thuedd arall oedd am weld yr Undeb yn cymryd safbwyntiau rhagweithiol politicaidd. I amryw o aelodau mwy gwleidyddol eu hanian, digwyddodd y twf mewn gweithgareddau diwylliannol yn y cyfnod hwn ar draul gweithredu mwy politicaidd. Cynyddodd hynny rwystredigaeth y garfan honno oedd yn gweld yr undeb annibynnol yn llithro'n ôl i fod yn gymdeithas ddiwylliannol a chymdeithasol yn unig, nid annhebyg i'r Cymric.

Yn ail ran y gyfrol, mae ysgrifau gan aelodau blaenllaw, swyddogion a chyn-Lywyddion yn adrodd hanes y tensiwn hwn ymysg yr aelodau a'r newid mynych a fu yng ngwleidyddiaeth UMCB; a pherthynas gymhleth yr Undeb Gymraeg ag awdurdodau'r Brifysgol a'r Undeb Myfyrwyr fwy ym Mangor dros y deng mlynedd ar hugain diwethaf.

Pŵer a Chynrychiolaeth neu Bwyllgor Adloniant? Ailgysylltu ag UCMC (1992-97)

David Wilton, Aelod o UMCB 1992-96, Llywydd Undeb Myfyrwyr Bangor 1995-96, Ymddiriedolwr Undeb Bangor 2023 hyd at y presennol

FELLY SUT AETH UMCB o fod yn fudiad myfyrwyr radical yr 1970au a dechrau'r 80au i ailymuno â'r Undeb swyddogol 20 mlynedd yn ddiweddarach yng nghanol yr 1990au?

A oedd UMCB fel mudiad myfyrwyr radical wedi rhedeg allan o stêm? Neu ai dyma'r cam nesaf rhesymegol a thactegol i gael gafael ar fwy o adnoddau i ddiwallu anghenion yn well a chynyddu gwasanaethau i gymuned myfyrwyr Cymraeg Bangor?

Erbyn dechrau'r 90au, roedd gan UMCB aelodaeth ffyddlon ac roedd yn cynnal digwyddiadau llwyddiannus. Fodd bynnag, roedd rhai aelodau yn teimlo ei bod hi'n bryd cael trafodaeth am yr hyn yr oedd UMCB bellach yn sefyll drosto ac a oedd hi'n bryd meithrin perthynas newydd gyda'r Undeb Myfyrwyr swyddogol i lawr yr allt.

Roedd dau reswm allweddol dros hyn:

1) Roedd gan Undeb y Myfyrwyr swyddogol leoliad adloniant enfawr, 2 far, siop, siop lyfrau, sawl arcêd, lle golchi dillad ac ati a chylchgrawn Saesneg ffyniannus o'r enw *Seren*. Fel myfyrwyr Cymraeg, roedd rhai ohonom yn teimlo ein bod wedi ein difreinio o'r Undeb. Roedd yr

Undeb fwy yn derbyn grant bloc anferthol gan y brifysgol, ac incwm masnachu sylweddol i redeg ymgyrchoedd, addysg a gwasanaethau cymorth. Roedd yn weithgar, ond nid ar lawer o'r pethau y gallai myfyrwyr Cymraeg uniaethu â nhw. Anaml iawn y byddai bandiau Cymraeg yn chwarae yno, ac nid oedd yr ymgyrchoedd yn taro tant gyda myfyrwyr Cymraeg. Yn arwyddocaol, ni bu Cymro neu Gymraes yn Llywydd ar yr undeb myfyrwyr yma mewn prifysgol yng ngogledd Cymru ers blynyddoedd LAWER.

2) Yr ail ddadl oedd PŴER a CHYNRYCHIOLAETH. Roedd gan Undeb y Myfyrwyr lais cryf o fewn y Brifysgol. Roedd yn eistedd ar lawer o bwyllgorau'r Brifysgol i fyny i'r haenau gweithredol uchaf. Roedd yn cyfranogi mewn trafodaethau allweddol, ac yn cyfarfod yn uniongyrchol â'r Is-ganghellor. Gallai ddylanwadu a chyd-ddylunio gwasanaethau. Mewn cyferbyniad llwyr, cafodd UMCB ei rhwystro rhag bod yn rhan o wneud penderfyniadau'r Brifysgol, gan fod y Brifysgol yn honni na fedrai gydnabod mwy nag un corff undeb myfyrwyr.

Arweiniodd hyn at rai ohonom i gwestiynu beth oedd pwrpas UMCB erbyn dechrau'r 1990au. Oedden ni'n dal i fyw yn ôl amcanion sylfaenwyr gwreiddiol UMCB? Y gwir amdani oedd nad oeddem yn gwybod. Roedd rhai yn teimlo'n gryf ynglŷn â sut y daeth UMCB i fodoli, ac am ei threftadaeth a'r angen i aros yn driw i hynny, tra'r oedd eraill yn gweld UMCB fel pwyllgor cymdeithasol allweddol i'r gymuned Gymraeg.

Roeddwn wedi byw yn Neuadd John Morris-Jones am ddwy flynedd ac wedi datblygu i fod yn ddysgwr eithaf da, ac roedd rhai ohonom yn teimlo bod UMCB wedi dod yn ormod o bwyllgor adloniant. Nid oedd bellach yn ymgyrchu, a deuai ei hunig incwm o'r tâl aelodaeth. Rhaid canmol pwyllgorau gwaith y cyfnod hwn, roedd y digwyddiadau adloniant a'r cyfeillgarwch a wnaed yn anhygoel. Roedd fy Wythnos y Glas gyntaf yn wych ac yn gwneud i mi deimlo fy mod i'n perthyn. Fe wnaethon nhw waith gwych o greu cymuned a oedd yn golygu rhywbeth. Roedd y digwyddiadau yn niferus a llwyddiannus. Fe wnaethon ni fwynhau ein hunain ond roeddem yn dal i deimlo fel bod rhywbeth ar goll.

Roeddem yn gwybod bod pwyllgor gwaith UMCB wedi gweithio'n galed i greu cymuned fyw, werthfawr trwy ddigwyddiadau cymdeithasol gwych. Ond ble oedd gweithredu protest a thân y 70au? A oedd cymdeithas wedi symud ymlaen? Ac a oedd y myfyrwyr bellach yn rhy hunanfodlon? Roedden ni'n byw mewn swigen Gymraeg lle byddech chi'n byw, cysgu, bwyta ac yfed mewn cymuned Gymraeg. Roedd bywyd yn wych ac eto roedden ni'n dal i deimlo fel ein bod ni eisiau mwy gan ein UMCB. Nid oeddem yn gofyn i bwyllgor gwaith UMCB am ymgyrchoedd mawr a hyd yn oed pe baem eisiau hynny, nid oedd gan UMCB yr adnoddau, na'r swyddogion sabothol a chefnogaeth staff i drefnu a chyflawni hynny.

Roedd yr aelodaeth yn bennaf yn drigolion Neuadd JMJ a chyn-drigolion JMJ ac roedd y mwyafrif yn hapus gyda'r hyn roedd UMCB yn ei wneud. I rai ohonom fodd bynnag, pan oeddem yn gweld adnoddau undeb swyddogol y myfyrwyr a'r myfyrwyr yn eistedd o amgylch y bwrdd gyda'r Brifysgol, roedden ni'n teimlo fel nad oedden nhw'n ein cynrychioli ni. Roedden ni eisiau i'n llais gael ei glywed ac eisiau ein cyfran o'n prifysgol.

I rai ohonom, am yr holl resymau hyn, roeddem yn teimlo bod angen sgwrs newydd am yr hyn oedd UMCB. Roeddem wedi ein tynnu ddwy ffordd rhwng ein teyrngarwch i UMCB a'r gymuned wych yr oedd wedi'i chreu a'i chefnogi a'r anghydbwysedd amlwg rhyngddi a'r adnoddau a'r dylanwad oedd gan ei chystadleuydd. Roedden ni'n fyfyrwyr Cymraeg ym Mangor ac nid oedd Undeb y Myfyrwyr i lawr yr allt yn edrych nac yn teimlo'n iawn. Yn bersonol, roeddwn i eisiau i UMCB gael llais wrth fwrdd y Brifysgol. Roeddwn i eisiau i ni gael cyfran deg o'r adnoddau a'r cyfleusterau i lawr y allt yn yr adeilad mawr, ac os ydw i'n onest, ar y pryd, roeddwn i'n teimlo'n chwerw tuag at yr Undeb Myfyrwyr swyddogol.

Felly, pa ffactorau wnaeth arwain at y sgwrs am ddatblygu perthynas newydd rhwng UMCB a'r Undeb Myfyrwyr swyddogol?

I mi, y ffactor cyntaf oedd Aberystwyth. Trwy gyfeillgarwch yn Ieuenctid Plaid Cymru, roeddwn i'n adnabod ac wedi cyfarfod â phobl yn UMCA. Roedd UMCA wedi ailgysylltu ag Urdd y Myfyrywyr yn Aberystwyth ac o ganlyniad roedd ganddi swyddfa UMCA ym Mhantycelyn, ei chyllideb ei hun, swyddog sabothol cyflogedig ac ati. Roedd yn edrych yn drawiadol o dda a siaradais â phobl fel Rhuanedd Richards a Dafydd Trystan a oedd ar y pryd yn canmol y trefniant. Roedd ganddynt yr adnoddau i ymgyrchu ac i lunio profiad myfyrwyr Aberystwyth er gwell.

Yr ail ffactor oedd bod yr amser yn addas i ddylanwadu ar Undeb y Myfyrwyr swyddogol. Ailgymryd darn o'r pŵer a'r adnoddau a rhoi naws Gymraeg iddo. Sylwais fod rôl wag hirdymor ar bwyllgor Gweithredol yr Undeb ar gyfer 'Swyddog Materion Cymreig'. Fe wnes i sefyll a chefais fy ethol yn ddiwrthwynebiad. Rhoddodd lais bach i mi o fewn yr Undeb swyddogol. Fe wnes i ddiweddaru'r polisi dwyieithog ar unwaith a dyrannu cyllid iddo a rhoi pwerau newydd i fy rôl gan fy ngalluogi i roi dirwy i glybiau am dorri'r polisi dwyieithog, gyda phob dirwy yn mynd yn uniongyrchol i gronfa dysgwyr Cymraeg. Wrth feddwl yn ôl, rwy'n credu i mi weithio'r wythïen honno yn llawer rhy frwdfrydig, ac yn fuan iawn roedd gan gronfa'r dysgwyr fwy o arian nag oedd ei angen ar gyfer fideos VHS a chaséts i fyfyrwyr eu benthyca. Fe wnaethon ni hefyd basio cynnig am gais am gyllid drwy'r Undeb Myfyrwyr i gychwyn *Y Ddraenen*, papur newydd newydd i fyfyrwyr Cymraeg a gafodd ei gyhoeddi bob pythefnos am 2 flynedd. Cawsom ein cydlynu a'n hysbrydoli'n answyddogol gan y bardd a'r awdur Elinor Wyn Reynolds oedd yn gweithio fel cyfieithydd tra oedd hi'n cychwyn ar ei gyrfa lenyddol.

Yn ystod y cyfnod hwn, daeth yn amlwg y gallai'r myfyrwyr Cymraeg adennill Undeb y Myfyrwyr ac ni fyddai mor anodd â hynny pe bai rhai ohonom yn cael yr ewyllys i wneud hynny. Roeddwn i ym mlwyddyn olaf fy ngradd ac roedd fy amser fel myfyriwr israddedig yn dod i ben. Roedd teimlad cryf bod angen Llywydd o Gymru ar Fangor i wireddu'r newidiadau hyn, felly cefais fy mherswadio i sefyll i fod yn Llywydd ac fe'm hanogwyd gan Rhuanedd Richards a Dafydd Trystan (o Urdd Myfyrwyr Aberystwyth). Felly dyna wnes i.

Enillais yr etholiad ac yn awr fel Llywydd yr Undeb swyddogol i lawr yr allt, roedd gen i'r llwyfan, y dylanwad a'r adnoddau i ddechrau sgwrs newydd gydag UMCB.

Roedd yna hefyd drydydd ffactor amserol iawn a olygodd mai dyma oedd yr amser perffaith i UMCB a'r Undeb Myfyrwyr drafod eu perthynas:

Yn 1995 cyhoeddodd y Brifysgol ei bod mewn trafodaethau i uno/cymryd drosodd Y Coleg Normal, sefydliad addysg uwch llai ym Mangor oedd yn adnabyddus yn bennaf am raddau addysgu, gwyddor chwaraeon ac ati. Roedd gan Y Coleg Normal undeb myfyrwyr fechan ond yn bwysicaf oll ar gyfer y stori hon, roedd yna hefyd UMCB cwbl ar wahân yn Y Coleg Normal. Wrth i mi edrych yn ôl, mae'n ymddangos yn wallgof bod ar draws y ffordd (yn llythrennol ar draws Ffordd y Coleg) sefydliad ar wahân o'r enw UMCB hefyd wedi'i leoli yn Y Coleg Normal! Roedden nhw'n cynnal eu digwyddiadau eu hunain ar gyfer cymuned myfyrwyr Cymraeg Y Coleg Normal. Doeddwn i ddim hyd yn oed yn gwybod eu bod yn bodoli ar y pryd. Nid oedd y ddau UMCB yn cymysgu'n ffurfiol nac yn rhedeg unrhyw ddigwyddiadau ar y cyd a oedd i'w weld yn rhyfedd. I mi, roedd yn atgyfnerthu'r syniad bod UMCB y Brifysgol wedi mynd yn bwyllgor digwyddiadau Neuadd JMJ (er ei fod yn un llwyddiannus iawn).

Gydag uno'r ddau sefydliad addysg uwch hyn yn mynd rhagddo, roedd angen i ddwy gangen UMCB hefyd uno, ac roedd cyfle i ailddychmygu UMCB gyfun newydd gyda mynediad ar y cyd at adnoddau a dylanwad.

Dros fy mlwyddyn fel Llywydd Undeb y Myfyrwyr, fe wnaethom gymryd y cyfle i archwilio a chynnig ailgysylltu. Roedd angen i UMCB fod eisiau ailgysylltu ac roedd yn rhaid i'r Undeb swyddogol fod eisiau derbyn hynny a chytuno i ariannu swydd swyddog cyflogedig. Roedd amheuaeth ar y ddwy ochr. I rai aelodau roedd pryder hefyd 'Beth pe bai UMCB yn cytuno i ailymuno a'r Undeb yn dweud na?' Byddai hynny'n embaras i bawb.

I ddechrau'r broses o ailgysylltu, trefnais gyfarfodydd ar wahân gyda Glyn Llechid, Llywydd UMCB yn y Brifysgol a Steve Jones, Llywydd UMCB yn y Coleg Normal. Roeddwn i eisiau cyflwyno gweledigaeth newydd iddynt, a pharhau i fod yn UMCB ond gyda mynediad at adnoddau ychwanegol.

Yna, anerchais Gyfarfod Cyffredinol UMCB i gyflwyno'r syniad o gysylltu UMCB yn ôl gyda'r Undeb Myfyrwyr. Y foronen amlwg oedd mynediad at adnoddau a ddylai fod yn adnoddau i ni ac yn allweddol i hynny oedd cynnig swydd etholedig â thâl ar gyfer Llywydd UMCB. Ond nid oedd gennyf yr awdurdod i gynnig hynny fy hun, gan y byddai angen cyfarfod arbennig a phleidlais gan Undeb y Myfyrwyr ar gyfer caniatáu unrhyw ailgysylltu a swydd swyddog sabothol cyflogedig. Wrth gwrs, roedd amheuaeth, gwrthwynebiad, y pryder o golli rheolaeth lawn o UMCB annibynnol ac ati – ond roedd gobaith a chyffro hefyd am y cyfleoedd a'r adnoddau newydd a allai ddod yn ei sgil.

Yr elfen allweddol yn y trafodaethau hynny oedd esbonio sut y byddai'n edrych yn ymarferol. Pwy well nag UMCA yn Aberystwyth i ddangos sut y daeth theori yn ymarfer? Trefnais gyfarfodydd lle gallai UMCB gwrdd a siarad ag UMCA. Daeth Alwena Hughes (Moakes bellach), Llywydd UMCA a Rhuanedd Richards, Llywydd Undeb Myfyrwyr Aber, i Fangor i gymryd rhan yn y trafodaethau hyn. Roedden nhw'n gwybod y sefyllfa, y cyfle ac ati ond yn bwysicaf oll, roedden nhw'n bobl egwyddorol a oedd â'r un gwerthoedd; myfyrwyr Cymraeg yng Nghymru a oedd eisiau i'w llais gael eu clywed.

Roeddem hefyd eisiau dod ag Undeb Cenedlaethol Myfyrwyr Cymru (UCMC) i siarad am sut y gallai UMCB ddylanwadu ar fudiadau myfyrwyr cenedlaethol. Roedd Morys Gruffydd o UCMC yn deall yr hanes a'r pryderon ac ynghyd ag Alwena a Rhuanedd, fe wnaethon ni gynnal sesiwn werthfawr gydag arweinyddiaeth UMCB, lle cafodd UMCB gyfle i holi'r tri am eu profiad o ailgysylltu. Roedd yn gyfle i drafod eu pryderon a'u hofnau, ond hefyd i glywed am y manteision. Roedd yn sesiwn gadarnhaol, gynhyrchiol a gonest.

Yn y pen draw, datblygodd y trafodaethau i'r pwynt lle yr oedd pawb yn gyfforddus y gallwn alw Cyfarfod Cyffredinol arbennig o Undeb y Myfyrwyr i gynnig ailgysylltu UMCB ag Undeb y Myfyrwyr a chreu swydd Swyddog Sabothol â thâl.

Ysgrifennais y cynnig. Roedd yn benodol yn llawn geiriau cydraddoldeb i'w gwneud hi'n anoddach i fyfyrwyr [Saesneg] wrthwynebu. Fe wnaethon ni redeg bws mini o Neuadd JMJ i lawr i'r Undeb i gael aelodau UMCB ar y safle a darparu diodydd am ddim yn Jocs Bar ymlaen llaw, o dan faner rhyw gymdeithas fel cymhelliant. Roeddwn i'n benderfynol o sicrhau bod digon o gefnogwyr o blaid yno i ennill y bleidlais hanesyddol hon.

Yn y diwedd, nid oedd angen hynny. Pasiwyd y bleidlais yn hawdd. Pawb o blaid, dim gwrthwynebiad a dim ond un yn ymatal.

Roedd etholiadau swyddogion Sabothol ar gyfer y flwyddyn academaidd ganlynol eisoes wedi digwydd, felly roedd yn rhaid i ni drefnu etholiad swyddog Sabothol UMCB yn gyflym. Etholwyd Sarah Dafydd yn Llywydd cyflogedig cyntaf yr UMCB newydd. Roedd hwn yn gyfle newydd a oedd yn cynrychioli myfyrwyr Cymraeg y Brifysgol a'r hen Goleg Normal. Roedd gan Sarah, fel Llywydd newydd UMCB, ei swyddfa ei hun, ynghyd â chyllidebau a chefnogaeth ac adnoddau yr Undeb. Roedd ganddi hefyd gefnogaeth Llywydd newydd Undeb y Myfyrwyr, Matthew Robins, a oedd yn siaradwr Cymraeg.

Yn 1996, roedd cyfnod newydd wedi dechrau. Efallai nad oedd wedi'i eni allan o radicaliaeth a gweithredoedd protest, ond rhoddodd adnoddau i UMCB wynebu'r mileniwm newydd gyda hyder a photensial newydd.

Ailadeiladu ar drothwy'r mileniwm

Mabon ap Gwynfor AS – Aelod UMCB 1997-2001, Llywydd Undeb y Myfyrwyr 2000-01

PAN DDECHREUAIS YM Mhrifysgol Bangor yn 1997, roedd yn amlwg fod diwylliant wedi ymgartrefu yn UMCB ers tro – un a olygai nad oedd bellach yn gweithredu fel 'undeb' yn yr ystyr wleidyddol draddodiadol. Roedd UMCB wedi ei lyncu i mewn fel rhan o Undeb y Myfyrwyr (yr 'Undeb Mawr') rai blynyddoedd cyn fy amser i. O ganlyniad, roedd ei ddelwedd gyhoeddus wedi newid yn raddol; fe'i gwelid yn fwy fel is-adran gymdeithasol, yn debyg i'r Undeb Athletau. Tra oedd yr Undeb Athletau yn trefnu tripiau chwaraeon a nosweithiau o hwyl, dyna oedd cylch gwaith UMCB i bob pwrpas hefyd – ond ar gyfer y Cymry Cymraeg. Roedd y strwythur hwn yn gyfforddus i'r Brifysgol, ond yn beryglus i hawliau ieithyddol y myfyrwyr.

Roedd gan Undeb y Myfyrwyr swyddog Materion Cymreig, a chefais fy ethol i'r rôl honno yn ystod fy mlwyddyn gyntaf. Rôl y Swyddog Materion Cymreig oedd sicrhau cydraddoldeb ac ymwybyddiaeth o'r Gymraeg o fewn yr Undeb, yn hytrach nag eirioli ac ymgyrchu ar ran myfyrwyr gyda'r Brifysgol, landlordiaid ac ati. Ond gan fod UMCB hefyd yn rhan o'r Undeb erbyn hynny, disgynnai'r disgwyliadau o ymgyrchu dros yr iaith ar ysgwyddau swyddog di-dâl. Roedd hyn yn cyferbynnu â rôl Llywydd UMCB, a oedd yn swydd sabothol gyflogedig.

Erbyn hynny, roedd swydd Llywydd UMCB wedi dirywio i fod yn bennaf weinyddol a chymdeithasol – trefnu Clwb Cymru ar nos Fercher, tripiau i Iwerddon o bryd i'w gilydd, yr Eisteddfod Ryng-Gol, ac ambell barti arall, ynghyd â chyhoeddi *Y Ddraenen* unwaith y flwyddyn – yn hytrach na bod yn rôl gynrychioliadol.

Pan oedd cyd-fyfyrwyr yn dod ataf yn cwyno nad oeddent yn gallu parhau â'u cyrsiau drwy gyfrwng y Gymraeg, neu nad oedd digon o ddeunydd Cymraeg yn y llyfrgell, daeth yn amlwg nad oedd corff ar gael i eirioli ar eu rhan. Dyna'r diwylliant a oedd wedi datblygu erbyn yr adeg y dechreuais.

Roedd hi'n amlwg i'm cenhedlaeth i fod y symudiad i fod yn rhan o Undeb ehangach wedi gwanhau achos y myfyrwyr Cymraeg eu hiaith.

Erbyn fy ail flwyddyn, roedd criw bach ohonom – gan gynnwys myfyrwyr newydd brwd a ymunodd y flwyddyn honno – yn trafod yn agored y syniad o annibyniaeth strwythurol, ac ail-greu UMCB yn annibynnol ar strwythur yr Undeb. Ond nid oedd yr un ohonom yn gwybod yn union sut i wneud hyn: pwy i droi ato am gyngor, na beth fyddai'r goblygiadau ariannol. Wedi'r cyfan, roedd UMCB yn cael ei ariannu'n llawn drwy grant yr Undeb, ac yn dibynnu ar ei adnoddau TG a buddiannau eraill. Sut, felly, y gellid ail-greu hyn a sicrhau cyfiawnder i fyfyrwyr heb y seilwaith hwnnw?

Daeth yn amlwg fod angen dechrau drwy ailadeiladu'r Undeb oddi mewn, gan sicrhau gwell cynrychiolaeth ar bwyllgorau'r Brifysgol. Ond er mwyn gwneud hynny, roedd yn rhaid rhyddhau Llywydd UMCB o'r baich o drefnu gweithgareddau cymdeithasol.

I'r perwyl hwnnw, dechreuwyd datganoli cyfrifoldebau o fewn y gymuned Gymraeg ei hun. Ailffurfiwyd Pwyllgor

Neuadd JMJ i gymryd cyfrifoldeb dros les a digwyddiadau preswylwyr, tra ailsefydlwyd y Cymric fel adain ddiddanwch swyddogol UMCB. Ail-lansiwyd *Bronco* – cylchgrawn dychanol llawn hiwmor – er mwyn caniatáu i *Y Ddraenen* ganolbwyntio ar faterion cyfoes bywyd myfyrwyr. Yn ogystal, denwyd myfyrwyr o'r cwrs newyddiaduraeth i gyfrannu at y cynnwys. Roedd y symudiad hwn yn strategol: drwy ddirprwyo'r gwaith adloniant, cafodd y Llywydd y gofod i ailadeiladu statws yr Undeb fel corff gwleidyddol parchus ar bwyllgorau uchaf y Brifysgol.

Gwnaed hyn dros y ddwy flynedd ddilynol gyda chriw ymroddedig o fyfyrwyr, gan gynnwys Llywyddion UMCB yn ystod fy nghyfnod: Shôn Williams, Siân Davies a Siân Alwen, a wthiodd yr agenda yn ei blaen.

Serch hynny, roedd llawer o waith i'w wneud o hyd – yn enwedig adfer parch at swyddfa UMCB a'i Llywydd. Penderfynais sefyll am Lywydd yr Undeb ddwy flynedd yn olynol: gan golli'r tro cyntaf, ac ennill yr ail. Y tro cyntaf, y bwriad oedd cydweithio gyda Siân Alwen i gryfhau'r sefydliad oddi mewn. Er na chefais fy ethol bryd hynny, gofynnwyd i mi wasanaethu fel Cadeirydd, a roddodd gyfle i ddylanwadu ar benderfyniadau – ond nid oedd hynny'n ddigon ynddo'i hun.

Yn 2000, fodd bynnag, daeth trobwynt. Etholwyd Huw Tegid Roberts yn Llywydd UMCB, a minnau yn Llywydd Undeb y Myfyrwyr. Roedd hyn yn golygu bod gennym y dylanwad a'r sianeli pŵer i sicrhau bod llais y myfyrwyr Cymraeg nid yn unig yn cael ei glywed, ond yn llywio penderfyniadau ar draws y sefydliad. Nid 'clwb' o fewn yr Undeb oedd UMCB bellach, ond partner strategol dylanwadol.

Roedd ein cenhedlaeth yn ffodus i gael criw o bobl angerddol dros sicrhau cydraddoldeb a chyfiawnder i fyfyrwyr Cymraeg. Efallai fod hyn yn gysylltiedig â'r momentwm ehangach yn dilyn refferendwm 1997 ar sefydlu Cynulliad Cenedlaethol Cymru, a greodd ymdeimlad o hyder newydd. Roedd Cymdeithas yr Iaith hefyd yn weithredol ac yn weladwy, yn ein hatgoffa fod y frwydr dros yr iaith yn parhau.

Fodd bynnag, nid brwydr o weithredu uniongyrchol na phenawdau papurau newydd oedd ein dull ni, ond yn hytrach un o ddylanwadu oddi mewn – newid y system o'r tu mewn. Ac, am gyfnod o leiaf, bu'r ymdrech honno'n llwyddiannus iawn. Llwyddwyd i drawsnewid UMCB o fod yn gymdeithas adloniant i fod yn llais heriol, proffesiynol a dylanwadol, a osododd y seiliau ar gyfer y genhedlaeth nesaf o fyfyrwyr Bangor.

Rhoi addysg wleidyddol ar waith

Bethan Williams – Llywydd UMCB 2007-08

MAE CYMDEITHASU YN rhan amlwg o fywyd myfyrwyr, a threfnu digwyddiadau cymdeithasol yn rhan bwysig iawn o waith Llywydd UMCB. Dyna sydd yn cael y sylw.

Ond mae UMCB yn rhywbeth gwleidyddol, y tu hwnt i ethol llywydd bob blwyddyn. Mae bodolaeth undeb Cymraeg yn wleidyddol, pa'un ai a ydy e ar wahân yn llwyr neu yn rhan o undeb ehangach. Mae gan y swydd yr un statws â Llywydd yr Undeb Myfyrwyr ac mae ganddi ddylanwad ar y Brifysgol.

Roedd y Gymdeithas yn dylanwadu ar fy ngwleidyddiaeth cyn i fi fynd i'r brifysgol ond roedd mynd i Fangor yn gyfle i wneud mwy na bod yn aelod.

Un o ymgyrchoedd mwyaf y Gymdeithas pan o'n i yn y flwyddyn gyntaf oedd yr ymgyrch am Ddeddf Iaith ac un o fy ngweithredoedd cyntaf, yn un o blith rhyw ugain, oedd rhoi sticeri ar arwyddion siopau yn y dre ar nos Sul. Doedd dim digon o sticeri gyda ni i bawb roi mwy na ryw ddau sticer yr un ar arwyddion, ond gwneud rhywbeth oedd yn bwysig i ni ar y pryd. Wnaeth neb gwestiynu, trefnwyd bod pawb yn cyfarfod yn y cyntedd cyn ymlwybro lawr i'r dre ac yna cerdded yn ôl gyda'n gilydd, mor naturiol, fel pe bai ni'n mynd i'r Glôb. Yno aethon ni wedyn siŵr o fod.

Daeth swyddog maes y gogledd y Gymdeithas i weithio

gyda ni ar ymgyrchoedd yn fy ail flwyddyn ac fe wnaeth fy nhynnu mewn i ymgyrchoedd y Gymdeithas.

Ymgyrch amlwg i fyfyrwyr fod yn rhan ohoni ar y pryd oedd honno dros Goleg Cymraeg. Ymgyrch y Gymdeithas oedd hi ond roedd UMCA, UMCB ac UCMC yn rhan ohoni.

Roedd UMCA ac UMCB yn cynnal protest ffederal dros Goleg Cymraeg ffederal ar yr un diwrnod, a'r syniad oedd bod myfyrwyr yn mynd ar do adeilad yn y ddwy Brifysgol ar yr un pryd. Rwy'n falch iawn i ddweud bod myfyrwyr UMCB wedi dringo ar ben to – tra bod UMCA wedi dringo i dop set o risiau tu fas i adeilad ac yn meddwl bod hynny gyfystyr â dringo ar do!

Digwydd gallu dringo ar y to wnaethon ni. Roedd gweithwyr yn y Brifysgol ac aeth dau ohonon ni i fenthyg ysgol ganddynt i ddringo ar do fflat, cymharol isel. Ond fe wnaethon ni'n well nag UMCA, ac roedden ni'n brolio hynny!

Erbyn i fi ddod yn Llywydd UMCB roedd creu Coleg Cymraeg yn dod yn fwy o realiti, gyda Phlaid Cymru mewn clymblaid â'r Blaid Lafur. Ond roedd rhywfaint o ansicrwydd am beth fyddai Coleg Cymraeg o hyd a sut fyddai'n gweithio – rhai yn meddwl y byddai'r Coleg Cymraeg yn gampws yn rhywle yng Nghymru, eraill yn meddwl y byddai campws newydd ym mhob Prifysgol.

Doedd dim llawer o ddogfennau na gwybodaeth gyfredol syml, dogfennau polisi oedd y rhan fwyaf o wybodaeth oedd ar gael. Ond aeth UCMC, UMCA a ninnau ati i greu taflen syml ar sail galwadau ac ymgyrch Cymdeithas yr Iaith yn dilyn trafodaeth ymysg llywyddion y ddau undeb, cyn-lywydd UMCA ac ambell ymgyrchydd arall.

Ond nid myfyrwyr yn unig oedd yn ansicr am beth fyddai Coleg Cymraeg. Roedd penaethiaid adrannau oedd â darpariaeth Gymraeg a swyddogion gwasanaethau Cymraeg y Brifysgol, dan gadeiryddiaeth un o'r dirprwy is-gangellorion yn cyfarfod bob chwarter i drafod gwasanaethau a darpariaeth Gymraeg y Brifysgol. Gofynnwyd i fi fel Llywydd beth oedd delfryd y myfyrwyr.

Esboniais i mai darpariaeth Gymraeg ym mhob Prifysgol oedden ni'n ymgyrchu drosto, fel y gallai myfyriwr ddewis mynd i unrhyw Brifysgol yng Nghymru a gallu astudio'u pwnc trwy'r Gymraeg. Roedd technoleg fideo-gynadledda oedd yn newydd iawn ar y pryd, a byddai'n galluogi creu rhwydwaith a chysylltiad rhwng myfyrwyr trwy Gymru. Wnaeth neb holi cwestiynau, dim ond cytuno wnaeth pawb mai dyna fyddai safbwynt swyddogol y Brifysgol hefyd.

Ar y pryd, ro'n i'n meddwl mai prawf oedd hyn i weld a oeddwn i'n deall am beth oedden ni'n galw, roedden nhw i gyd â Dr neu deitl o flaen eu henwau wedi'r cyfan. Ac mae'n bosibl mai gofyn o ddifri am farn y myfyrwyr oedd y cyfarfod. Ond mae'n ddigon posibl hefyd, gan nad oedden ni wedi trafod y mater mewn cyfarfod blaenorol, ac na wnaeth neb holi unrhyw gwestiynau, nad oedden nhw'n siŵr iawn beth fyddai'r Coleg Cymraeg chwaith. Roedd grym gan UMCB yn yr achos hynny. Roedd y Brifysgol wedi mabwysiadu polisi'r myfyrwyr.

Doedd cyfraniad myfyrwyr ddim wedi ei gyfyngu i ymgyrch y Coleg Cymraeg er hynny. Gwnaeth myfyrwyr Bangor eu rhan yn yr ymgyrch am Ddeddf Iaith, a ddaeth i fod trwy'r Mesur Iaith yn 2011. Roedden ni'n rhan o weithred wrth swyddfeydd y Llywodraeth yng Nghaernarfon, mewn rali fawr ym Mangor lle gorymdeithiwyd o gloc y dre i Morrisons, siop roedd myfyrwyr wedi ei thargedu â sticeri sawl gwaith. Roedd degau o fyfyrwyr ymhlith y rhai a eisteddodd yn y cyntedd gan atal cwsmeriaid rhag mynd i'r siop, ac ymhlith y rhai a arestiwyd am hynny.

O ddod i weithio gyda'r Gymdeithas, mae'r cyswllt gyda myfyrwyr yn parhau ac mae hynny'n bwysig i fyfyrwyr gymaint ag i ni. Dydy'r system addysg ddim yn ein dysgu ni am wleidyddiaeth na democratiaeth, heblaw am sut i fod yn blant da. Ces i fy addysg wleidyddol gan y Gymdeithas, a rhoi hynny ar waith trwy UMCB. O weld a chydweithio gyda phobl oedd â'r hyder i beidio derbyn yn ddi-gwestiwn, ac i gyflwyno syniadau gwahanol, ces innau'r hyder i wneud yr un peth.

Gobeithio y gall Cymdeithas yr Iaith barhau i fod yn un ffynhonnell addysg i fyfyrwyr.

Tro ar Fyd: Y bleidlais a newidiodd bopeth

Mair Rowlands AS – Llywydd UMCB 2010-12

PAN GEFAIS FY nghroesawu i Fangor fel glasfyfyrwraig ym mis Medi 2007, doedd dim modd rhagweld y byddai fy amser fel myfyriwr ac fel Llywydd UMCB yn cael cymaint o ddylanwad ar lwybr fy mywyd ac yn disgyn i gyfnod mor wleidyddol yn natblygiad Undeb Myfyrwyr Cymraeg Bangor.

Roedd bron i 190 o fyfyrwyr Cymraeg yn byw yn Neuadd JMJ ar y pryd, yr hen adeilad gyferbyn â BBC Bangor, ac roedd y lle'n fwrlwm o fywyd Cymraeg, o hwyl ac o hunaniaeth Gymraeg gref. Doedd neb yn dychmygu y byddem, o fewn ychydig flynyddoedd, yn gweld UMCB yn torri'n rhydd o'r Undeb ehangach, yn wynebu trafodaethau cyfansoddiadol dyrys, yn symud cartref JMJ, ac ar yr un pryd yn delio â newid gwleidyddol cenedlaethol ac addysgol sylweddol.

Rhwng 2008 a 2009 Rhion Glyn oedd Llywydd UMCB, ac ar y pryd roedd y swydd yn un draddodiadol o drefnu digwyddiadau a chefnogi bywyd cymdeithasol y myfyrwyr Cymraeg. Roedd UMCB yn gymuned fywiog ac yn gweithredu'n eithaf annibynnol ar yr Undeb Myfyrwyr ehangach, ac wedi gweithredu felly ers tro. Yn y cyfnod yma dechreuodd trafodaethau sylfaenol ynghylch adolygu'r cyfansoddiad, nid fel ymarfer gweinyddol yn unig, ond fel cyfle i foderneiddio UMCB, rhoi mwy o gefnogaeth strwythuredig i'r Llywydd drwy greu Pwyllgor UMCB newydd, a diffinio'n gliriach sut y dylai UMCB weithredu o fewn Undeb y Myfyrwyr.

Roedd Undeb y Myfyrwyr yn ehangach ar y pryd, yr 'Undeb Saesneg' fel roedd llawer o gyn-aelodau yn ei alw, yn mynd trwy gyfnod o ail-frandio, gyda'r ddraig a thafod y ddraig yn ymddangos ar logo newydd oedd yn ceisio datblygu delwedd fwy Cymreig, ac roedd UMCB yn trafod dod â logo'r ddeilen yn ôl, logo a fyddai'n pwysleisio hunaniaeth wahanol UMCB o fewn yr Undeb. Ymhlith y newidiadau eraill, roedd syniad hefyd i ailddiffinio swydd Llywydd UMCB o fewn strwythur ehangach yr Undeb fel Is-lywydd Materion Cymreig a'r Gymuned, yn ogystal â chadw'r teitl Llywydd UMCB. Roedd hyn yn adlewyrchu dymuniad yr Undeb ehangach i weld UMCB fel mwy na chorff oedd yn trefnu digwyddiadau.

Tra oedd y trafodaethau hyn yn datblygu, roedd Undeb y Myfyrwyr yng nghanol cyfnod o newid digynsail. Roedd prosiect Pontio yn dod yn rhan o'r darlun, cynllun enfawr a olygai ddymchwel hen adeilad yr Undeb a Theatr Gwynedd i greu canolfan gelfyddydau ac arloesi newydd. Bu hefyd refferendwm ar aelodaeth yr Undeb ym Mangor o'r NUS – Undeb Cenedlaethol Myfyrwyr. Pleidleisio i aros wnaeth y myfyrwyr ar y pryd. Roedd y gwaith o ailstrwythuro'r Undeb yn unol â gofynion y Ddeddf Elusennau hefyd yn mynd rhagddo.

Digwyddai'r sgwrs hon am hunaniaeth, strwythur, a dyfodol UMCB a'r Undeb mewn cyfnod hynod fregus i'r Brifysgol gyfan. Yn ystod y cyfnod hwn, daeth sawl adran academaidd dan fygythiad o ailstrwythuro neu gau, sef Ieithyddiaeth ac Iaith Saesneg, Ieithoedd Modern, Gwyddorau Cymdeithas, a Diwinyddiaeth ac Astudiaethau Crefyddol. Roedd tua 20% o'r myfyrwyr yn y pynciau hyn yn astudio drwy'r Gymraeg, a bu nifer ohonom yn protestio yn erbyn y newidiadau, gan rybuddio y byddai colli'r adrannau hyn yn ergyd drom i Gymreictod y Brifysgol. Er na ddigwyddodd y newidiadau arfaethedig, parodd y bygythiadau i nifer o ddarlithwyr yr Adran Ddiwinyddiaeth adael Bangor ac ymuno â Phrifysgol y Drindod Dewi Sant. Roeddwn i'n astudio Diwinyddiaeth ar y cyd â Chymraeg ac roedd yn drist iawn gweld y darlithwyr hyn yn gadael gan olygu bod y ddarpariaeth ym Mangor yn llawer gwannach ac yn llawer mwy bregus.

Yng nghanol hyn i gyd, roedd hefyd sôn y byddai Neuadd JMJ, cartref diwylliannol y myfyrwyr Cymraeg, yn symud o'i safle ar Ffordd y Coleg. Roedd hynny'n peri pryder, ond hefyd yn sbarduno ymgyrchu a thrafod, ac yn codi ymwybyddiaeth myfyrwyr Cymraeg am y risgiau a'r cyfleoedd oedd i ddod.

Yn ystod gwanwyn 2009, cafwyd etholiad ar gyfer Llywydd nesaf UMCB, gyda'r swydd yn rhan o strwythur swyddogion llawn-amser yr Undeb ehangach. Cynhaliwyd y bleidlais drwy bleidlais ar draws y campws lle roedd pob myfyriwr yn gymwys i bleidleisio, nid dim ond siaradwyr Cymraeg ac aelodau UMCB yn unig. Roedd y drefn hon yn cael ei chyfiawnhau gan gyfeirio at ofynion Deddf Addysg 1994, oedd yn mynnu bod swyddi etholedig o fewn Undebau Myfyrwyr i'w hethol gan holl aelodau'r Undeb. Roedd hyn yn golygu y gallai'r 10,000 i 12,000 o fyfyrwyr ym Mangor, boed yn siarad Cymraeg neu beidio, benderfynu pwy ddylai arwain mudiad a swydd oedd yn bodoli'n benodol i gynrychioli myfyrwyr Cymraeg, ac roedd yr egwyddor hon wedi peri pryder i rai o aelodau UMCB dros y blynyddoedd.

Yn yr etholiad hwn, safodd dau ymgeisydd hollol wahanol o ran cefndir a gweledigaeth, sef Tomi "Chips"

Rowlands, aelod craidd o fywyd cymdeithasol JMJ ac UMCB, a Sharyn Williams, siaradwraig Gymraeg oedd yn weithgar yn yr Undeb ehangach, ond nid mor amlwg yn niwylliant cymdeithasol UMCB. Safodd Sharyn ar y platfform i geisio gwneud UMCB yn fwy agored i bob myfyriwr Cymraeg, gan geisio ehangu cynrychiolaeth i'r 3,000 o fyfyrwyr Cymraeg a ddywedid oedd yn y Brifysgol ar y pryd, ac nid y garfan o 150 i 200 o fyfyrwyr oedd yn ymwneud yn gymdeithasol ag UMCB yn unig. Pan enillodd Sharyn, roedd anniddigrwydd amlwg ymysg nifer o aelodau craidd UMCB gan eu bod nhw'n credu, yn gam neu'n gymwys, mai pleidleisiau myfyrwyr di-Gymraeg oedd wedi ennill yr etholiad iddi. Roedd y tensiynau wedi chwyddo cymaint fel i noson y canlyniadau, noson Clwb Cymru, droi'n noson o ymatebion emosiynol. Efallai bod hyn hefyd yn tynnu sylw at ba mor gaeedig oedd UMCB yn ymddangos ar y pryd, yn gweithredu bron fel ei 'bybl' ei hun, ecosystem gymdeithasol glos lle'r oedd y rheolau, y traddodiadau a'r hunaniaeth fewnol yn cael blaenoriaeth dros gyrraedd y miloedd o fyfyrwyr Cymraeg oedd tu allan i'r cylch craidd.

Roedd hwn yn drobwynt. Fe ddaeth yn glir nad oedd strwythur presennol y berthynas rhwng UMCB a'r Undeb ehangach yn gynaliadwy. Gan ei bod yn bleidlais gudd, nid oes modd gwybod pwy yn union a bleidleisiodd i bwy yn yr etholiad, ond roedd y ffaith fod holl fyfyrwyr Bangor yn gymwys i bleidleisio yn creu teimlad ymhlith myfyrwyr UMCB nad oedd modd parhau i weithredu fel corff Cymraeg penodol wrth orfod ufuddhau i system bleidleisio oedd yn caniatáu i bobl o'r tu allan i'r gymuned benderfynu ar ei harweinyddiaeth.

Ac felly, daeth y penderfyniad hanesyddol i UMCB fynd yn annibynnol. Roedd hwn yn drobwynt, ac yn ddechrau pennod newydd a fyddai'n siapio UMCB am flynyddoedd i ddod.

Mewn cyfarfod cyffredinol yn dilyn etholiad 2009, pleidleisiodd aelodau UMCB o blaid symud tuag at annibyniaeth oddi wrth Undeb y Myfyrwyr. Cyn y bleidlais, daeth John Jackson, Llywydd Undeb y Myfyrwyr ar y pryd, i drafod y sefyllfa gyda ni. Eglurodd fod gofynion y Ddeddf Addysg yn golygu na ellid cynnal etholiad Llywydd UMCB heb bleidlais ymhlith yr holl fyfyrwyr, ond pwysleisiodd nad oedd yr Undeb ei hun yn gwrthwynebu i UMCB ystyried annibyniaeth, er ei fod fel Llywydd yn gweld gwerth UMCB yn aros o fewn yr Undeb. Ei nod oedd sicrhau tegwch a dealltwriaeth, nid ceisio ein darbwyllo i aros.

Er i'r penderfyniad gael ei groesawu gan rai fel cam beiddgar ac arwyddocaol, roedd eraill yn poeni am greu tensiynau gyda'r Undeb ehangach a'r canlyniadau ymarferol. Parhaodd Sharyn yn ei rôl fel Llywydd UMCB, gan geisio cydbwyso'r weledigaeth fwy agored ar gyfer UMCB oedd ganddi, ynghyd â'r sgwrs am sut i sefydlu UMCB fel endid annibynnol.

Wrth i'r gwaith o lunio'r strwythur ar gyfer UMCB annibynnol symud yn ei flaen, daeth yn amlwg iawn fod penderfynu ar egwyddor yn un peth, ond roedd cwestiynau yn codi am gynaliadwyedd y strwythur newydd. Byddai colli swyddog llawn-amser yn yr Undeb ehangach yn golygu y byddai UMCB o bosib yn colli mynediad at staff, adnoddau ac arbenigedd gweithredol. Nid oedd sicrwydd y byddai cyllid swydd y Llywydd yn parhau. Codwyd pryderon hefyd am sut y byddai UMCB yn cael ei gynrychioli yn y Brifysgol, ac a fyddai modd cadw sedd ar gyrff llywodraethu allweddol fel y Cyngor, ac a allai corff o tua 150–200 o aelodau gweithgar allan o hyd at

3,000 o siaradwyr Cymraeg, gynnal y baich gweinyddol ac ymarferol wrth sefyll ar ei draed ei hun.

Roedd hyn oll yn dangos yn glir fod y penderfyniad i ystyried annibyniaeth yn ddigon syml ar lefel egwyddorol, ond yn llawer mwy cymhleth pan ddaeth y cwestiwn o'i weithredu'n ymarferol.

Er gwaethaf yr ansicrwydd a'r sgwrs barhaus am ddyfodol UMCB, roedd cyfnod Sharyn fel Llywydd yn parhau, nes bod cyfansoddiad newydd yn ei le i UMCB fynd yn annibynnol ac ethol Llywydd ei hun. Tra bod y drafodaeth strwythurol yn parhau, llwyddodd Sharyn i wneud newidiadau pwysig. Fe ailsefydlodd *Y Llef*, papur newydd Cymraeg y myfyrwyr, cam oedd yn garreg filltir bwysig o ran cael llais a hunaniaeth i'r myfyrwyr Cymraeg o fewn cymuned y brifysgol. Sefydlwyd Pwyllgor Iaith a Phwyllgor Digwyddiadau ar wahân, gan gryfhau'r drefniadaeth fewnol. Cynhaliwyd 'Wythnos y Ddraig', wythnos o ddigwyddiadau i ddathlu Gŵyl Ddewi ac i godi ymwybyddiaeth o'r Gymraeg ymysg holl fyfyrwyr Bangor. Casglwyd barn myfyrwyr drwy arolwg i ddeall mwy am brofiadau myfyrwyr Cymraeg, a pharhaodd y trafodaethau am symud Neuadd JMJ, oedd yn cynnig cyfle i ddychmygu cartref newydd i genedlaethau'r dyfodol.

Dyma gychwyn ar fy nghyfnod i fel Llywydd cyntaf yr UMCB annibynnol. Pan gefais fy ethol yn 2010, roedd UMCB ar drothwy cyfnod hollbwysig, yn ffurfioli ein hannibyniaeth ar yr Undeb Myfyrwyr, ond ar yr un pryd yn wynebu bylchau difrifol o ran adnoddau. Roedd annibyniaeth UMCB yn destun pryder i'r Undeb ehangach, ac fel ymateb crëwyd swydd Is-lywydd Materion Cymreig a'r Gymuned. Sharyn, cyn-Lywydd UMCB a etholwyd i'r swydd honno. Yn ymarferol, roedd y swydd hon yn gwneud llawer o'r un gwaith â Llywydd UMCB, ond o fewn strwythur yr Undeb, gan greu perygl o ddryswch a dyblygu, ac o danseilio pwysigrwydd swydd Llywydd UMCB. Yn y cyfnod hwn hefyd, buom yn datblygu logo newydd i UMCB, un a fyddai'n adlewyrchu ein hunaniaeth unigryw ac yn ein harwain i gyfnod newydd o hyder gweledol.

Un o'r heriau mwyaf yn y cyfnod cynnar oedd creu trefniadaeth sefydlog ar gyfer llywodraethu, cyllido a chydweithio. Roedd yn glir na allai UMCB weithredu fel corff annibynnol heb gytundebau clir gyda'r Brifysgol ac Undeb y Myfyrwyr. O ganlyniad, dechreuodd gwaith manwl ar lunio Memorandwm o Ddealltwriaeth, dogfen a fyddai'n gosod y fframwaith ar gyfer y berthynas newydd.

Yn ystod 2010–11, cynhaliwyd cyfres o drafodaethau gyda Chofrestrydd y Brifysgol, David Roberts (awdur y gyfrol *Prifysgol Bangor 1884-2009*), a Chyfarwyddwr newydd Undeb y Myfyrwyr, Rhys Dart. Canolbwyntiodd y trafodaethau ar dri pheth craidd, sef cyllido swydd y Llywydd a gweithgareddau craidd UMCB; cefnogaeth staffio a mynediad i wasanaethau; a chynrychiolaeth UMCB ar gyrff llywodraethu allweddol y Brifysgol. Roedd angen taro cydbwysedd realistig rhwng uchelgais wleidyddol UMCB a'r hyn oedd yn bosibl o fewn fframwaith cyfreithiol ac ariannol y Brifysgol.

Yn raddol, daeth y Memorandwm o Ddealltwriaeth yn gytundeb ffurfiol, gan ddiogelu cyllid craidd, sicrhau parhad cefnogaeth weithredol sylfaenol gan yr Undeb Myfyrwyr, a dileu'r swydd Is-Lywydd Materion Cymreig a'r Gymuned. O ganlyniad, ailddiffiniwyd swydd Llywydd UMCB fel y brif swydd gynrychioliadol ar gyfer myfyrwyr Cymraeg, a sicrhawyd fod gan y Llywydd lais ar y prif strwythurau penderfynu. Cadarnhaodd y Memorandwm hefyd hawl UMCB i gynnal etholiadau mewnol ar gyfer aelodau

Cymraeg eu hiaith yn unig, gan warchod annibyniaeth strwythurol UMCB.

Wrth ochr y gwaith cyfansoddiadol, roedd mater strategol arall yn dod yn fwyfwy o achos brys, sef dyfodol Neuadd John Morris-Jones. Roedd nifer y preswylwyr yn gostwng ac roedd cyflwr yr adeilad yn dirywio, ond ar yr un pryd roedd gwerth diwylliannol y neuadd yn sylweddol. Roedd opsiynau cynnar y Brifysgol, gan gynnwys llety mewn fflatiau unigol, yn peri pryder y gallai'r neuadd Gymraeg golli teimlad cryf o gymuned.

Rhaid cofio, yn wahanol i sefyllfa Pantycelyn flynyddoedd yn ddiweddarach, nad oedd Neuadd JMJ wedi'i lleoli mewn un adeilad yn hanesyddol: roedd eisoes wedi symud ddwy waith cyn fy nghyfnod i fel Llywydd. Er fy amheuon cynnar pan ddechreuodd y drafodaeth yn 2008, erbyn imi fod yn Llywydd roedd yr angen am gartref mwy modern ac addas i'r dyfodol yn glir.

Yn dilyn ymgynghori'n helaeth â myfyrwyr, cytunwyd i symud JMJ i adeiladau Tegfan a Bryn Dinas yn safle neuaddau Ffriddoedd, gyda'r Brifysgol yn ariannu estyniad i greu un neuadd gymunedol gyda gofod cymdeithasol mwy a swyddfa swyddogol i UMCB. Roedd cynrychiolwyr y myfyrwyr yn rhan o bob cam o'r broses, a gwariwyd tua £186,000 ar y cyfleusterau cymdeithasol newydd. Agorodd y neuadd yn 2011, gan gynnig cartref modern i'r gymuned Gymraeg ar brif gampws preswyl y Brifysgol, gan roi cyfle i ehangu a chryfhau'r gymuned Gymraeg.

Yn ei hanfod, roedd y cyfnod rhwng 2010 a 2011 yn gyfnod o newid strwythurol, sefydlogi, a gwreiddio UMCB annibynnol. Roedd sylfeini'r berthynas newydd â'r Brifysgol a'r Undeb yn cael eu sefydlu, ac roedd cartref y gymuned Gymraeg yn cael ei ail-leoli mewn ffordd a oedd yn ceisio diogelu ei dyfodol. Roedd y camau hyn yn hanfodol i baratoi UMCB ar gyfer yr heriau'r blynyddoedd nesaf.

Roedd UMCB annibynnol wedi'i sefydlu'n ffurfiol, ond roedd cyd-destun ehangach y Brifysgol yn newid yn gyflym. Ar fy niwrnod cyntaf yn y swydd cyhoeddwyd penodiad Is-ganghellor newydd, yr Athro John Hughes, nad oedd yn siarad Cymraeg. Roedd y penodiad yn cael ei weld gan fyfyrwyr ac eraill fel arwydd o ddirywiad graddol statws y Gymraeg yn y Brifysgol, a hynny ar lefel arweinyddiaeth, yn dilyn degawd lle'r oedd nifer deiliaid y swyddi uchaf oedd yn siaradwyr Cymraeg eisoes wedi lleihau.

Yn y cyd-destun hwn, roedd angen i UMCB fynegi safbwynt clir. Yr her i mi, fel Llywydd newydd, oedd cydbwyso'r angen i amddiffyn y Gymraeg â'r angen i gynnal perthynas gydag arweinyddiaeth y Brifysgol. Dyma brofiad cynnar o'r ddiplomyddiaeth oedd yn mynd i nodweddu'r blynyddoedd canlynol, adegau lle'r oedd rhaid bod yn ddigon dewr i feirniadu, ond hefyd yn ddigon craff i adeiladu pontydd. Dylid nodi, ddegawd yn ddiweddarach, pan oeddwn yn gweithio fel Cyfarwyddwr yr Undeb, roeddwn yn eistedd drws nesaf i John Hughes mewn cinio yn y Brifysgol. Cefais sgwrs ddifyr iawn ag o am ei fagwraeth ym Melffast, a hynny yn Gymraeg bob gair. Roedd o wedi cymryd pryderon y myfyrwyr ac eraill o ddifri, ac wedi ymroi i ddysgu'r Gymraeg yn rhugl.

Ar yr un pryd, roedd Pontio, cynllun uchelgeisiol i greu cartref newydd i'r celfyddydau, y gymuned a bywyd myfyrwyr Bangor, hefyd yn effeithio ar y drafodaeth ehangach am y Gymraeg. Penododd y Brifysgol gyfarwyddwr artistig di-Gymraeg ac roedd nifer o bobl yn gegrwth fod y Brifysgol yn meddwl y gellid cael adeilad i gynrychioli diwylliant Bangor heb fynnu bod yr arweinydd yn gallu siarad iaith y ddinas. Dyma benderfyniad oedd yn adlewyrchiad o'r diffyg ymrwymiad i'r Gymraeg oedd eisoes yn peri pryder.

Yn ystod lansiad swyddogol cynllun Pontio, lle'r oedd y Prif Weinidog Carwyn Jones yn bresennol, trefnodd myfyrwyr UMCB ac aelodau Cymdeithas yr Iaith brotest i darfu ar y digwyddiad. Ein nod oedd gwneud yn glir y dylai'r Gymraeg hawlio lle canolog yn y prosiect hwn. O ganlyniad i'r pwysau yma, adolygodd y Brifysgol ei safbwynt a phenodwyd Elen ap Robert fel Cyfarwyddwr Artistig. Er bod dyddiau protestgar yr 1970au yn teimlo'n bell i ffwrdd, roedd y sefyllfa hon yn dangos bod angen o hyd i godi llais a gwrthwynebu polisïau oedd yn diraddio'r Gymraeg.

Carreg filltir bwysig a datblygiad cenedlaethol allweddol yn y cyfnod hwn oedd sefydlu'r Coleg Cymraeg Cenedlaethol yn 2011. Roedd hyn yn ganlyniad i flynyddoedd o ymgyrchu yn galw am gorff cenedlaethol a fyddai'n sicrhau parhad a chynnydd addysg Gymraeg ar draws prifysgolion Cymru. I ni fel myfyrwyr, roedd hyn yn teimlo fel carreg filltir hanfodol. O'r diwedd roedd strwythur cenedlaethol yn cael ei greu i sicrhau nad oedd darpariaeth Gymraeg yn ddibynnol ar ewyllys da prifysgolion unigol, ond yn rhan sefydlog o ddarpariaeth addysg uwch. Roedd y datblygiad hwn yn rhoi sicrwydd newydd y byddai modiwlau, darlithwyr a chyfleoedd academaidd Cymraeg yn cael eu cynyddu a'u gwarchod.

Roedd gwleidyddiaeth ehangach y Deyrnas Unedig hefyd yn siapio profiad myfyrwyr yn ystod y blynyddoedd hyn. Wedi i lywodraeth glymblaid y Ceidwadwyr a'r Democratiaid Rhyddfrydol ddod i rym yn 2010, cyhoeddwyd cynnydd sylweddol i ffioedd dysgu myfyrwyr i £9,000 y flwyddyn. Sbardunodd y penderfyniad don o brotestio gan fyfyrwyr, ac aeth myfyrwyr o Fangor, gan gynnwys rhai o aelodau UMCB, i Lundain fel rhan o'r brotest genedlaethol yn erbyn y penderfyniad. Roedd y profiad yn atgoffa myfyrwyr o effaith uniongyrchol penderfyniadau cenedlaethol ar eu bywydau fel myfyrwyr. Yn yr un cyfnod, cododd ansicrwydd ynghylch dyfodol a chyllid S4C, gan sbarduno trafodaeth ehangach am gynaliadwyedd darlledu Cymraeg a'i arwyddocâd diwylliannol.

Ymhlith y datblygiadau gwleidyddol ehangach yng Nghymru ar y pryd, roedd Refferendwm 2011 ar fwy o bwerau deddfu i'r Senedd. Cymerais ran yn yr ymgyrch 'Ie', gan annog myfyrwyr eraill i gymryd rhan weithredol yn yr ymgyrch hefyd. Roedd hwn yn gyfnod lle'r oedd penderfyniadau gwleidyddol cenedlaethol yn cael effaith uniongyrchol ar fywyd bob dydd myfyrwyr, gan sbarduno diddordeb mewn gwleidyddiaeth, gweithgarwch a chyfnod o ymgyrchu.

Dewisais sefyll am ail dymor fel Llywydd, yn rhannol er mwyn gallu trefnu'r Eisteddfod Ryng-Golegol pan fyddai honno yn ymweld â Bangor yn 2012. Bu honno'n llwyddiant ysgubol, gyda Bangor yn dod i'r brig. Roedd UMCB wedi wynebu cyfnod bregus, roedd y gwaith o'i gryfhau yn dal i ddigwydd, ac roedd gwneud dwy flynedd fel Llywydd yn rhoi cyfnod o sefydlogrwydd.

Ar y cyfan, roedd y cyfnod rhwng 2010 a 2012 yn gyfnod dwys o newid, beirniadaeth gyhoeddus o'r Brifysgol, a gweithredu gwleidyddol. Roedd UMCB annibynnol yn dysgu sut i lywio'r tirwedd hwn, gan amddiffyn statws y Gymraeg yn y Brifysgol, ac ymateb i ddatblygiadau cenedlaethol oedd yn effeithio'n uniongyrchol ar fyfyrwyr.

Sawl blwyddyn yn ddiweddarach, cefais y cyfle i ymwneud ag UMCB eto, pan gefais fy mhenodi yn Gyfarwyddwr Undeb y Myfyrwyr yn 2018. Cyn i mi gael fy mhenodi i'r swydd roedd UMCB newydd ailymuno'n llawn â'r Undeb, ac wedi cael cyngor cyfreithiol oedd yn sicrhau'r egwyddor allweddol mai myfyrwyr Cymraeg yn unig fyddai'n pleidleisio dros Lywydd UMCB. Roedd hyn yn adfer ac yn diogelu'r egwyddor ddemocrataidd a oedd wrth wraidd yr holl drafodaethau a'r rheswm dros fynd yn annibynnol flynyddoedd ynghynt. Roedd y Brifysgol a'r Undeb wedi symud ymlaen yn sylweddol, gyda'r Gymraeg yn rhan weladwy o ethos yr Undeb, oedd wedi mabwysiadu'r enw Undeb Bangor ac roedd y Gymraeg yn cael ei thrin fel rhan ganolog o'i hunaniaeth. I mi'n bersonol, roedd hynny'n teimlo fel cwblhau cylch oedd wedi dechrau yn y flwyddyn gyntaf yn Neuadd JMJ – mynd o fod yn fyfyriwr i fod yn Llywydd, ac yn y pen draw i arwain Undeb Bangor fel Cyfarwyddwr, lle roedd y Gymraeg yn rhan sylfaenol o waith yr Undeb.

Heddiw, mae UMCB, yn hyderus ac yn weladwy, gyda hunaniaeth gryf, a hefyd yn rhan annatod o Undeb y Myfyrwyr. Bu'n fraint bod yn rhan o'r cyfnod hwn o newid, ac o'r gwaith o sicrhau bod y Gymraeg, a llais myfyrwyr Cymraeg, yn ganolog i fywyd yr Undeb, profiad y myfyrwyr, a'r Brifysgol ehangach. Y gobaith yw y bydd y sylfeini hynny'n parhau i alluogi UMCB i ffynnu ac i chwarae ei rhan yn y Brifysgol dros y degawdau nesaf.

Profiadau Tri Llywydd UMCB 2016 – 2020

Mirain Llwyd Morgan (2017-18), Gethin Morgan (2018-19), Lleucu Myrddin (2019-20)

"RHAG EICH CYWILYDD chi yn gwneud efo'r Undeb Saesneg."

Dyma glywodd y tri ohonom ni ar wahanol adegau yn ystod cyfnodau ein llywyddiaeth wnaeth aros yn ein meddyliau drwy gydol ein tymor gan gyn-aelodau ac ymgyrchwyr. Roedd sylwadau o'r math hyn yn deillio o benderfyniad UMCB o ailymuno â'r Undeb yn 2016 a ddaeth i rym erbyn 2018 pan oedd Gethin Morgan yn Llywydd.

Nôl yn 2016, cynigiodd Ifan James (y Llywydd ar y pryd) y dylid ailymuno â'r Undeb er mwyn i UMCB fedru elwa o berthynas a chydweithrediad gref gyda'r Undeb ehangach gan gynnwys yr adnoddau, staff a chyllideb oedd ar gael drwyddynt. Nid ar chwarae bach y cafodd y cynnig ei gyflwyno gerbron y pwyllgor, ac yna'r aelodau, gyda hanes cythryblus sefydlu UMCB a'r berthynas gymhleth fu rhwng ein hundeb ni, y Brifysgol a'r 'Undeb Saesneg' yn cael ei hailadrodd yn gyson. Fodd bynnag, roedd yn dod yn eglur fod y Bangor yr oeddem ni'n byw ynddi yn wahanol iawn i'r un yr oedd sawl cyn-aelod arall yn ei chofio ac felly pwysig oedd ystyried sut y gallai UMCB ddatblygu a symud ymlaen gyda'r cyfle hwn.

Deallwyd fod grantiau blynyddol ar gael i holl gymdeithasau a chlybiau chwaraeon yr Undeb – yr oedd cymdeithasau UMCB yn dlotach o'u colli ar y pryd, ac yn bwysicach o bosibl, roedd cyfle i Lywydd UMCB eistedd ar Fwrdd Ymddiriedolwyr yr Undeb. Yn dilyn agoriad swyddfa'r Undeb ar ei newydd wedd yn adeilad Pontio, roedd consenswys gref fod yr amseru hwn yn cynnig ei hun yn ddelfrydol er mwyn ailymuno tra byddai'r Undeb yn mynd drwy gyfnod o ailwampio.

Yn dilyn cyfnod ymgynghori, oedd yn cynnwys sgwrs â chyn-aelodau, a phleidlais gyhoeddus i aelodau cyfredol UMCB yn Ystafell Gyffredin JMJ, pasiwyd mai dyma fyddai orau er mwyn cryfhau llais myfyrwyr Cymraeg o fewn yr Undeb ac fe gychwynnwyd ar y gwaith o negodi cytundeb. Heb or-ymhelaethu, un o'r prif bwyntiau y gwthiwyd i'w gynnwys oedd y cynsail fod Llywydd UMCB i dderbyn yr un statws a safle o fewn yr Undeb a'r Brifysgol ehangach â'r Llywydd cyffredinol.

Myfyrwyr oeddem ni ein tri pan ddaeth y cynnig ger bron, ond gyda'r tri ohonom yn aelodau o Bwyllgor Gwaith UMCB ar y pryd mae gennym gof o'r trafodaethau hyn yn dwyn ffrwyth. Fodd bynnag, mae gennym ein tri gof llawer iawn cliriach o'r ffordd yr oeddem yn gweithio yn ddyddiol o fewn yr Undeb a'r ffordd yr esblygodd y berthynas honno yn y blynyddoedd cynnar.

Chwithig i ni felly oedd clywed sylwadau o'r fath yn cael eu cyfeirio atom gan unigolion nad oedd yn gyfarwydd â natur y cydweithredu hwnnw a ninnau ond yn profi ei gwerth yn ddyddiol. Er hynny, roeddem ein tri yn deall y rhwystredigaeth oedd tu ôl i'r sylwadau ac roeddent yn sicr yn aros yn ein cof gan ein gyrru i sicrhau fod y penderfyniad cywir wedi ei wneud a'n bod yn gwneud y mwyaf o'r cyfle i ddatblygu lle y Gymraeg yn y Brifysgol a'r Undeb.

Dros gyfnod y tri ohonom fel aelodau a Llywyddion, dyma grynhoi rhai o'r prif lwyddiannau a welwyd.

Yn fuan iawn yn dilyn y bleidlais gwelwyd gwerth i'r berthynas ar ei newydd wedd. Croesawodd Bangor yr Eisteddfod Ryng-Golegol yn 2017 a gwelwyd cefnogaeth gan staff yr Undeb yn hwyluso a chefnogi holl drefniadau a rhediad yr Eisteddfod. Nid ar chwarae bach yr oedd croesawu pum prifysgol (er mai 20 ddaeth o Gaerdydd!) ond roedd eu cefnogaeth drwy ddefnydd o fysiau mini, adnoddau staffio a chyllid yr Undeb yn amhrisiadwy. Cafwyd un o'r Eisteddfodau gorau a welodd Neuadd PJ erioed, bydden ni'n ei ddadlau beth bynnag!

Llwyddiant arall na fyddai wedi bod yn bosibl oni bai am statws cyfartal Llywydd UMCB a'r Llywydd fyddai penodi cyn-Lywydd UMCB i rôl Prif Weithredwr yr Undeb yn ystod tymor Mirain yn Llywydd yn 2018. Yn flaenorol, Llywydd yr Undeb yn unig fyddai wedi cael y cyfle o eistedd ar y panel penodi, felly roedd llais Mirain ar y panel yn sicrhau fod y Gymraeg a dealltwriaeth o natur Gymreig Bangor yn rhan o ofynion hanfodol y swydd. Arweiniodd y penodiad hwnnw at fwy o benodiadau i siaradwyr Cymraeg o fewn yr Undeb a olygai mai Cymraeg oedd prif iaith y swyddfa tra'r oedd y tri ohonom yn Llywyddion, oedd yn amlygu presenoldeb yr iaith i'r swyddogion eraill ac i'r holl fyfyrwyr oedd yn ymweld â'r Undeb yn ddyddiol.

Yn yr un modd, ni fyddai Llywydd UMCB chwaith wedi cael y cyfle i eistedd ar baneli penodi Is-ganghellor newydd i'r Brifysgol fel ag y cafodd Gethin yn 2019, fu eto yn hyrwyddo pwysigrwydd gallu yn yr iaith o fewn y swydd honno a arweiniodd unwaith eto at benodi siaradwr Cymraeg. Erbyn cyfnod Lleucu yn Llywydd yn 2019-20, roedd Prif Weithredwr yr Undeb, Is-ganghellor y Brifysgol a Chadeirydd y Cyngor i gyd yn siaradwyr Cymraeg rhugl o fewn y swyddi gyda'r statws uchaf yn y Brifysgol.

Profodd y tri ohonom hefyd y budd o'r cyfle i ddatblygu

perthynas gyda swyddogion uchel eraill yn y Brifysgol. Er enghraifft, heb berthynas ag un o ddirprwy is-gangellorion (di-Gymraeg) y Brifysgol, ni fyddai JMJ wedi cael ceginau newydd yn 2018.

Budd mawr arall a brofodd y tri ohonom, wnaeth effeithio'n fwy uniongyrchol ar brofiadau'r myfyrwyr ar y pryd oedd y gyllideb ariannol a gafwyd ar gyfer clybiau chwaraeon a sefydliadau o fewn yr Undeb. Yn ystod ein cyfnod ni, gwelwyd sefydlu Cymdeithas John Gwilym Jones (Cymdeithas y Ddrama Gymraeg ar ei newydd wedd), Cymdeithas y Dysgwyr, Chwaraeon y Cymric a gwelwyd sefydlu prosiect gwirfoddoli 'ffrind Cymraeg' oedd yn paru siaradwyr newydd â siaradwyr rhugl. Yn ogystal, manteisiodd y cymdeithasau oedd wedi eu sefydlu eisoes, megis Aelwyd JMJ a phapur newydd *Y Llef* ar y cyfle hwn gyda'r nawdd ychwanegol yn eu galluogi i gynnig mwy o gyfleoedd heb i fyfyrwyr orfod talu i fod yn aelodau. O ganlyniad, roedd arlwy eang o gyfleoedd cymdeithasol ar gael i siaradwyr Cymraeg a datblygwyd digwyddiadau a thraddodiadau o'r newydd.

Er enghraifft, yn dilyn sefydlu Chwaraeon y Cymric, roedd y timau chwaraeon yn cael llawer mwy o gyfleoedd na dim ond cystadlaethau prin yr Eisteddfod a'r Ddawns Ryng-Gol, gyda gemau cyfeillgar yn cael eu trefnu drwy gydol y flwyddyn. Yn ogystal, sefydlwyd Cwpan Geltaidd ar y cyd gyda Chymdeithas Wyddelig yr Undeb lle'r oedd gemau rygbi, pêl-droed a phêl-droed Gwyddelig yn cael eu chwarae ar benwythnos 6 gwlad Cymru yn erbyn Iwerddon, gan ddatblygu perthynas o'r newydd gyda'r garfan honno o fyfyrwyr.

Yn gyffredinol, teimla'r tri ohonom ein bod wedi cael y rhyddid i adael i fywyd cymdeithasol Cymraeg redeg rhagddo yn naturiol heb orfod ymyrryd, a oedd yn rhoi'r cyfle i ni ganolbwyntio'r rhan fwyaf o'n hamser ar gynrychioli llais myfyrwyr yn ein gwaith o ddydd i ddydd.

2017-18 – Yn ystod cyfnod cychwyn Mirain fel Llywydd roedd ei thad yn meddwl mai'r gwrthwyneb oedd y swydd ac yn mynnu ei bod yn cael 'gap year' ac am dreulio blwyddyn yn byw bywyd cymdeithasol myfyriwr ond heb y darlithoedd. Roedd swydd Llywydd UMCB i'r gwrthwyneb a daeth y realiti hwn yn ystod cyfarfod Cyngor y Brifysgol cyntaf Mirain a gynhaliwyd ar ei hail wythnos yn y rôl. Dyma pryd ddaeth cyhoeddiad cyntaf y brifysgol am y toriadau swyddi yn y Brifysgol – a'r iaith Gymraeg a'r ddarpariaeth addysg Gymraeg dan fygythiad – elfen a oedd hyd yn oed yn fwy o fygythiad yn nhymor Gethin. Yn ystod y cyfnod hwn cafodd y cyfle i weithio gyda'r Athro Jerry Hunter a sawl darlithydd Cymraeg ar draws y Brifysgol er mwyn sicrhau na fyddem yn gweld dim gwahaniaeth i ddarpariaeth yr iaith Gymraeg oedd ar gael i fyfyrwyr ein Prifysgol er gwaetha'r toriadau angenrheidiol oedd rhaid digwydd.

Elfen arall y bu i Mirain ymgyrchu yn daer amdano yn ystod ei chyfnod fel Llywydd oedd y pwysigrwydd fod darpariaeth a chefnogaeth iechyd meddwl ar gael yr un mor hawdd ac i'r un safon yn y Gymraeg a'r Saesneg. Roedd Undeb Bangor ar y pryd wrthi yn prynu meddalwedd (Big White Wall) i gynnig gwasanaeth newydd i gefnogi iechyd meddwl i fyfyrwyr y Brifysgol – ond dim ond yn y Saesneg y byddai ar gael. Yn dilyn cyfnod o lobïo, gyda chefnogaeth UCM Cymru, llwyddwyd i gael dylanwad cenedlaethol a sicrhau cyllideb gan Lywodraeth Cymru i wneud darpariaeth iechyd meddwl o'r un safon i holl fyfyrwyr Cymru gyda Phrifysgol Bangor yn arwain ar y gwaith a braf oedd lansiad cynllun Myf.Cymru o ganlyniad i hyn.

2018-19 – Yn fuan yn nhymor Gethin y daeth cyhoeddiad

y byddai'r Brifysgol yn ymgynghori ar gyfres o doriadau gwahanol. Ar y pryd, yr un a ddenodd y mwyaf o sylw oedd cau'r ysgol Gemeg. O safbwynt yr Undeb, Gethin a Mark Barrow (Is-lywydd dros Addysg yr Undeb) a fuodd yn arwain ar hyn a chynhyrchwyd dogfen a oedd yn crynhoi gwrthwynebiad y myfyrwyr. Fe ddeallom yn fuan iawn na fyddai'r Brifysgol yn gwneud tro pedol ar y penderfyniad hwn ac fe gollwyd adnodd cyfrwng Cymraeg pwysig iawn ym myd y Gwyddorau.

Er mor gyhoeddus oedd y ffrae ynghylch yr adran Gemeg, roedd llawer o waith cefndirol yn digwydd i achub y ddarpariaeth Gymraeg mewn adrannau eraill fel Addysg Gorfforol. Roedd natur y frwydr yn wahanol iawn ac roedd angen bod yn fwy 'technegol' yn ein dulliau gan mai rhifau oedd yn bwysig i'r Brifysgol. Roedd angen cyflwyno achos dros fanteision ariannol gwarchod darlithwyr Cymraeg a chyfleu'r annhegwch fod adrannau am ddiswyddo siaradwyr Cymraeg mewn modd anghymesur o gymharu â rhai Saesneg eu hiaith.

Syniad arall a ddaeth o dan ystyriaeth oedd llyncu Adran y Gymraeg i adran ehangach ieithoedd a olygai y gallai rhywun di-Gymraeg fod yn bennaeth strategol dros weithrediad yr adran. Dyma fater sensitif ac emosiynol gyda hyn bron yn symbol o is-raddio'r Gymraeg a cholli awtonomi. Ar y cyfan, roedd UMCB yn cydnabod bod rhai rhesymau da ynghylch uno ysgolion am resymau ariannol ond roedd y myfyrwyr hefyd yn unfrydol bod yr Adran Gymraeg yn dod o dan gategori gwahanol ac yn wir, trwy gyflwyno dadleuon synhwyrol, llwyddwyd i gadw'r adran yn annibynnol o weddill yr uno ysgolion a'i hailsefydlu fel Ysgol y Gymraeg ac Astudiaethau Celtaidd.

Trwy fod yn rhan o'r Undeb y daeth llais UMCB yn un a gafodd ei barchu'n fwy gan y Brifysgol ac roedd y gwleidydda a'r ddiplomyddiaeth gefndirol yn dechrau dwyn ffrwyth gan fod llais UMCB yn cael ei weld fel llais call yn llygaid y Brifysgol gyda pharch rhwng y sefydliadau. Roedd gennym ni sedd gadarn ar y bwrdd.

2019-20 – Er na wynebodd Lleucu doriadau pellach yn ystod ei thymor hi fel Llywydd, profodd her wahanol iawn pan ddaeth y cyfnod clo cyntaf yn nechrau 2020. Cyhoeddodd y Brifysgol y byddai yn cau ei drysau a bod yr holl ddysgu i'w symud ar-lein rhyw wythnos cyn datgan y clo swyddogol, heb roi llawer o gyfle i'r darlithwyr baratoi. Amlygodd y cyfnod hwn y diffyg adnoddau academaidd oedd ar gael ar-lein yn y Gymraeg gyda'r mwyafrif helaeth o gynnwys Llyfrgell y Brifysgol bellach allan o gyrraedd y myfyrwyr. Gyda'r holl weithgareddau arferol ar stop, roedd amser yn caniatáu iddi lobïo dros ehangu ar y adnoddau oedd ar gael a arweiniodd at sefydlu Porth Adnoddau digidol y Coleg Cymraeg Cenedlaethol.

Am y tro cyntaf, roedd ymgysylltu a chadw mewn cyswllt gyda'r myfyrwyr Cymraeg yn heriol iawn gyda phawb yn wynebu profiadau amrywiol o'r cyfnod cymhleth hwn. Profwyd gwerth cynllun Cynrychiolwyr Cwrs yr Undeb, a'r ymgyrchu blaenorol oedd wedi bod i sicrhau cynrychiolwyr cwrs cyfrwng Cymraeg ar bob cwrs, a'r berthynas agos oedd wedi datblygu erbyn hynny gyda'r tiwtoriaid Cyfrwng Cymraeg o fewn ysgolion academaidd y Brifysgol.

Mae adlewyrchu ar y cyfnod braf hwn wedi dod â hiraeth i'r tri ohonom ac wedi ein hatgoffa mor llewyrchus oedd sefyllfa UMCB a bywyd Cymreig Bangor yn ystod ein cyfnodau ni yno. Er ein bod ni wedi ymgartrefu yn agos iawn at y ddinas, mae 'na bellter i'w deimlo erbyn hyn ond rydan ni'n trio mynd yn ôl i Fangor Uchaf lle mae'n haf o hyd, bob hyn a hyn.

Mae'r frwydr yn parhau

Huw Williams, Llywydd UMCB 2025-26

RWYF YN COFIO bod yn y Chweched Dosbarth yn Ysgol Syr Hugh Owen, Caernarfon yn pendroni beth fydd fy ngham nesaf. Doedd Bangor ddim ar y rhestr i ddechrau oherwydd ei bod "llawer rhy agos i adra". Ond erbyn hyn rwyf yn hynod falch i mi sylweddoli nad oedd hynny'n gwneud gwahaniaeth mewn gwirionedd.

Mae'r tair blynedd a dreuliais yma ym Mangor fel myfyriwr hanes is-raddedig ac yna'r flwyddyn ddiwethaf hon fel Llywydd UMCB wedi bod yn fythgofiadwy. Rwyf wedi dysgu gymaint yn ystod y pedair blynedd ddiwethaf gan dderbyn profiadau, cyfleoedd a meithrin cysylltiadau gwerthfawr sydd wedi llywio fy mywyd gan ddylanwadu'n gryf arnaf. Bydd y cyfnod hwn yn sicr o aros yn y cof am byth!

Pwnc sydd wedi bod o ddiddordeb mawr i mi tra oeddwn yn fyfyriwr yw hanes y frwydr a'r protestio dros gryfhau statws ac amlygrwydd y Gymraeg ym Mhrifysgol Bangor dros y blynyddoedd. Mae'n hanes cyffrous a dweud y lleiaf! Bachais ar y cyfle yn ystod fy nhrydedd flwyddyn i astudio cryn dipyn ar y maes, a dyna oedd un o'r testunau a ddewisais ei drafod fel rhan o fy nhraethawd hir. Cefais flas garw ar hanes sefydlu UMCB a'r holl brotestiadau a fu ynghlwm â'r frwydr dros gryfhau statws y Gymraeg o fewn y Brifysgol. Un peth a oedd yn drawiadol oedd angerdd myfyrwyr y cyfnod dros y Gymraeg, ac fy mraint i eleni oedd cael bod yn Llywydd ar UMCB a hynny hanner can mlynedd ers ei sefydlu.

Mae'r profiad o fod yn Llywydd ar Undeb mor hanesyddol a phwysig wedi bod yn bleser, ac rwyf yn teimlo'n ffodus tu hwnt o fod wedi cael profiad yn y swydd hon. Mae'r frwydr dros gryfhau statws ac amlygrwydd yr iaith Gymraeg yn parhau, ac rwy'n teimlo'n hynod freintiedig o fod wedi cael y cyfle i geisio gwneud ychydig o wahaniaeth i statws yr iaith yma yn Undeb Bangor a hynny mewn rôl nad oes geiriau i bwysleisio ei phwysigrwydd.

O ran y Gymraeg ym Mhrifysgol Bangor, mae dylanwad y rhai a frwydrodd yn ystod y 70au yn dal i fod yn hynod arwyddocaol ac yn wir, rydw i a myfyrwyr eraill yn sylweddoli mawredd eu gweithredoedd ac yn hynod werthfawrogol o'r ymgyrchu a fu. Heblaw am eu dycnwch nhw ni fyddai ein profiadau ni fel myfyrwyr Cymraeg mor gyfoethog.

Mae hawliau a statws y Gymraeg ym Mhrifysgol Bangor wedi cryfhau'n arw erbyn heddiw. Bellach, mae gan bob un myfyriwr yr hawl i gwblhau unrhyw dasg asesu drwy'r Gymraeg (rhywbeth a fu'n hynod bwysig i mi fel Cymro). Yn ogystal â hynny, mae gan bob myfyriwr yr hawl i diwtor personol cyfrwng Cymraeg, rhywbeth a wnes yn bersonol ei gael yn allweddol. Teg felly yw nodi bod y ddarpariaeth cyfrwng Cymraeg yma ym Mangor yn gryfach nag erioed.

Fodd bynnag, mae ein rôl o warchod hawliau'r Gymraeg a sicrhau bod lleisiau myfyrwyr Cymraeg eu iaith yn cael eu clywed yn parhau i fod yn allweddol. Mae gan UMCB bwyllgor o fyfyrwyr sydd wedi eu hethol i sicrhau fod i'r Gymraeg le amlwg o fewn bywydau myfyrwyr a hefyd i drefnu a gofalu am weithredoedd UMCB. Mae hynny'n brawf o'r dylanwad a gafodd y myfyrwyr a frwydrodd i sefydlu UMCB. Mae gen i brofiad o fod ar y Pwyllgor hwnnw. Fel Cynrychiolydd yr ail flwyddyn, Aelod o'r Cymric ac fel Llywydd UMCB. Does dim dwywaith bod y profiad o gael bod yn aelod o'r Pwyllgor wedi cyfoethogi fy mhrofiad i ym Mangor yn fawr iawn wrth i mi gael y cyfle i ddysgu ac i ddatblygu sgiliau newydd a hefyd i mi gael y cyfle i gynrychioli a bod yn lais dros fy nghyfoedion. Wrth edrych yn ôl, dwi'n gweld arwyddocâd y cyfleodd hynny mae UMCB yn eu rhoi i'r myfyrwyr Cymraeg.

Mae gan UMCB sedd ar Gyngor y Brifysgol a lle amlwg fel rhan o bwyllgorau gweithredol y Brifysgol sy'n rhoi cyfle i Lywydd UMCB adrodd ar faterion sydd o bwys i fyfyrwyr Cymraeg. Does dim dwywaith fod gan UMCB lais dros fyfyrwyr Cymraeg yn y Brifysgol ac o brofiad personol mae cael eistedd ar y Cyngor fel cynrychiolydd UMCB yn rhywbeth arbennig ac mae cael y cyfle i adrodd ar faterion yn ymwneud â'r Gymraeg i gorff llywodraethol y Brifysgol mor, mor bwysig. Mae cael bod yn rhan o benderfyniadau sydd yn effeithio ar y Brifysgol gyfan wedi bod yn agoriad llygaid enfawr i mi ond yn fwy na hynny mae arwyddocâd hanes y Gymraeg yn y Brifysgol yn drawiadol. Yr hyn sy'n fy nharo yw'r ffaith fod gan UMCB lais yn y penderfyniadau hynny, ac fel unigolyn sydd wedi astudio'r ymgyrchoedd yn y 70au mae hynny yn dangos datblygiadau enfawr ac yn tanlinellu'r ffaith fod UMCB mewn sefyllfa sefydlog iawn yn yr unfed ganrif ar hugain.

Mae heriau ariannol yn profi sialensau enfawr i unrhyw sefydliad ac mae'r sector addysg Uwch yn wynebu heriau di-ben-draw ar hyn o bryd. Yn amlwg mae hynny yn effeithio ar y darpariaethau gwahanol sydd ynddynt ac felly mae'n bwysig fod UMCB yn arwain y blaen ar sicrhau bod darpariaeth y Gymraeg yn parhau yn gyson, yn safonol ac yn ddigonol. Roedd fy niwrnod cyntaf yn y swydd yn brofiad bywiog a dweud y lleiaf. Daeth i'm dealltwriaeth fod cynlluniau yn eu lle i agor lloriau isaf Neuadd Gymraeg y Brifysgol sef Neuadd John Morris-Jones i fyfyrwyr nad oeddynt yn siarad Cymraeg. Bu i UMCB fynegi pryderon i'r Brifysgol am y diffyg ystyriaeth ddigonol i arwyddocâd diwylliannol a strategol JMJ fel unig neuadd benodol cyfrwng Cymraeg y Brifysgol, a thrwy gynnal trafodaethau ar unwaith a chydweithio bu i'r penderfyniad gael ei wyrdroi. Felly er bod safle'r Gymraeg yma yn un sefydlog mae dyletswydd cynrychioliadol UMCB yn parhau mor allweddol ag erioed.

Wrth feddwl am UMCB, dau air a ddaw i'r meddwl sef cynrychiolaeth a chyfle. O fewn UMCB mae cyfleoedd di-ri i wneud pob mathau o bethau ac mae'r elfen gymdeithasol yn rhan allweddol o fywydau myfyrwyr, ac mae diogelu'r bywyd cymdeithasol Cymraeg yn hollbwysig ac yn rhan annatod o'r hyn mae'r Undeb yn gweithio'n galed i'w gynnal.

Un o brif gymdeithasau UMCB yw Aelwyd JMJ. Dwi'n cofio gwylio Eisteddfod yr Urdd yn blentyn a gweld Aelwyd JMJ yn llwyddiannus mewn sawl cystadleuaeth. Braint oedd cael ymuno gyda'r Aelwyd yn ystod fy mlwyddyn gyntaf a chael cystadlu yn Eisteddfod yr Urdd i lawr yn Sir Gaerfyrddin ac eto yn Eisteddfod yr Urdd Maldwyn yn 2024. Roedd hi'n deimlad arbennig sefyll ar y llwyfan cenedlaethol gyda fy nghyfoedion.

Mae i'r Aelwyd rôl bwysig wrth arddel ein Cymreictod o fewn y gymuned pan awn i ganu mewn digwyddiadau cyhoeddus. Mae'r ffaith i Fangor fod yn llwyddiannus yn yr Eisteddfod Rhyng-Golegol am 8 mlynedd yn olynol hefyd yn brawf o'r talent sydd gan fyfyrwyr Cymraeg Bangor, ac mae'r Aelwyd yn gwneud gwaith pwysig o arddangos a rhoi llwyfan i'r talentau hynny.

Rhaid cofio bod gwaith caib a rhaw yn perthyn i'r paratoadau sydd yn rhan o is-gymdeithasau UMCB. Cynhelir ymarferion yn wythnosol, sydd yn ffordd wych o gymdeithasu a dod â phawb ynghyd!

Mae'r gymdeithas lenyddiaeth a drama, Cymdeithas John Gwilym Jones yn un arall sydd yn chwarae rhan bwysig ym mywydau myfyrwyr Cymraeg Bangor. Mae rhywbeth at ddant pawb yn rhan o weithgarwch y gymdeithas hon. Mae ei chyfraniad yn hynod bwysig wrth iddi ddod â myfyrwyr ynghyd i drafod llenyddiaeth a drama gan roi cyfle i ni fel myfyrwyr ymfalchïo yn ein hiaith a'n diwylliant gan sicrhau bod llenyddiaeth a dramâu Cymraeg yn parhau fel rhywbeth byw a chyffrous.

Elfen gymdeithasol hollbwysig arall yw Chwaraeon y Cymric sydd yn rhoi cyfle i fyfyrwyr gymryd rhan mewn ystod eang o wahanol chwaraeon, o bêl-droed i rygbi, hoci, pêl-rwyd a dartiau. Mae'n gyfle i bawb beth bynnag yw eu profiad a'u gallu i roi cynnig ar wahanol chwaraeon drwy gyfrwng y Gymraeg. Mae'r profiad o gystadlu mewn cystadlaethau pêl-droed wedi cyfoethogi fy mhrofiad yn fawr iawn. Mae cael bod yn rhan o gymuned agos Chwaraeon y Cymric wedi dod â'r gymuned Gymraeg yn agosach at ei gilydd wrth i ni gefnogi ein gilydd ar y caeau rygbi, pêl-rwyd, pêl-droed a hoci neu os wnawn ni ymgynnull yn y Glôb mewn gêm ddarts. Does dim amheuaeth bod yr ymarferion wythnosol, beth bynnag y gweithgaredd, yn un o uchafbwyntiau'r wythnos i sawl un ac yn sicrhau bod bywyd cyfrwng Cymraeg byrlymus ar y campws. Mae UMCB yn cefnogi'r cymdeithasau hyn ac yn cydweithio gyda'r gwirfoddolwyr sydd yn eu cynnal er mwyn sicrhau bod cymuned gref Gymraeg ym Mangor ac yn wir mae pwysigrwydd y gwirfoddolwyr sydd yn cydlynu'r cymdeithasau yma yn rhywbeth nad oeddwn yn ymwybodol ohono cynt nac efallai yn gwerthfawrogi pwysigrwydd eu cyfraniad.

Mae aelodaeth UMCB yn ymestyn yn llawer ehangach na'r myfyrwyr sydd yn ymwneud yn y gweithgareddau cymdeithasol yn unig, a dydy hyn ddim yn rhywbeth mae llawer yn ei sylweddoli. Mae UMCB yn aml yn cael ei gweld fel corff cymdeithasol yn hytrach nag un cynrychioliadol. Efallai bod hyd at 200 yn ymwneud yn rheolaidd gyda gweithgareddau cymdeithasau UMCB ac mae hynny'n arwain rhai i feddwl mai dyna ydy nifer yr aelodau, ond mewn gwirionedd mae unrhyw fyfyriwr sy'n gallu'r Gymraeg neu yn ddysgwr yn aelod o UMCB ac felly mae hynny'n gwneud aelodaeth UMCB ymhell dros fil. Mae UMCB yn gweithio'n galed i gynrychioli dysgwyr ym Mangor ac mae yna gynllun sydd wrth wraidd hynny sef Prosiect Ffrind Cymraeg. Prosiect sydd yn cynnig sesiynau wythnosol i fyfyrwyr Bangor sydd am ddysgu a gwella'u defnydd o'r Gymraeg, sesiynau cwbl anffurfiol gyda'r nod yn y pen draw i'r myfyrwyr hynny gynyddu eu hyder wrth ddefnyddio'r iaith. Fel pob cymdeithas prifysgol mae'r bywyd cymdeithasol yn rhan annatod o fywyd a phrofiad myfyrwyr. Cymdeithas y Cymric sydd yn arwain y digwyddiadur cymdeithasol gan sicrhau fod bywyd cymdeithasol heb ei ail i'w brofi yma ym Mangor drwy'r Gymraeg. Dwi'n cofio fy nghyfnod i ar y Cymric, a phrofiad arbennig oedd cael gweithio i'r myfyrwyr a chydweithio gyda sefydliadau ym Mangor fel tafarn y Glôb, tafarn a fydd bob amser yn agos at galon myfyrwyr. Bydd ganddi le pwysig yn fy nghalon i a fy nghyfoedion am byth yn dilyn yr holl chwerthin a mwydro yn yr 'Offis'.

Mae yna rywbeth arbennig am y bywyd cymdeithasol sydd ynghlwm ag UMCB, ymdeimlad sydd y tu hwnt i eiriau. Mae'r ffaith fod yr holl weithgareddau hyn yn cael eu rhedeg yn wirfoddol yn profi'r brwdfrydedd a'r angerdd sydd dros y Gymraeg ym Mangor hyd heddiw a hynny wedi gwreiddio ers y cyfnod sefydlu yn y 70au.

Mae gweithredoedd UMCB a phob Undeb Myfyrwyr i ddweud y gwir yn newid ac yn addasu yn dibynnu ar ofynion a diddordeb myfyrwyr ac yn wir y diwylliant ar y Campws. Dros y degawdau diwethaf mae'r diwylliant mewn yfed wedi newid a hefo hynny mae UMCB wedi gweld newid o'r gred draddodiadol a'r ddelwedd a oedd yn bodoli fel Undeb a oedd yn 'mynd allan' yn unig sydd yn rhywbeth pwysig yn fy marn i. Mae'r elfen gynrychioliadol yn dod fwyfwy i'r amlwg.

Wrth edrych yn ôl dros hanes UMCB a'r frwydr a fu dros sicrhau lle teilwng i'r Gymraeg ym Mhrifysgol Bangor, mae'n amlwg fod gwaith cenhedlaeth gyfan o ymgyrchwyr wedi gosod sylfeini cadarn i'n profiadau ni heddiw. Heb eu dyfalbarhad a'u gweledigaeth ni fyddai darpariaeth mor gyfoethog na chymuned mor fywiog i'w cael i'n cefnogi fel myfyrwyr Cymraeg.

Er gwaethaf y pwysau sy'n wynebu'r sector addysg uwch, mae cryfder a gwydnwch y gymuned Gymraeg ym Mangor yn parhau'n gwbl amlwg. Trwy wirfoddolwyr brwdfrydig, drwy gymdeithasau bywiog, a thrwy UMCB ei hun, cedwir ein hiaith, ein diwylliant a'n llais yn ganolog i fywyd prifysgol. Wrth droedio tuag at y pum degawd nesaf, mae'r hanes hyd yma yn ein hatgoffa o'r hyn sy'n bosibl pan fo myfyrwyr yn sefyll gyda'i gilydd, ac yn ein hysbrydoli i barhau i warchod a chryfhau ein cymuned Gymraeg ar gyfer y dyfodol.

Ymlaen i'r hanner can mlynedd nesaf!

Diolchiadau a Chydnabyddiaeth

NI FYDDAI COMISIYNU'R gyfrol hon wedi bod yn bosib heb frwdfrydedd Mair Rowlands, Cyfarwyddwr Undeb Myfyrwyr Bangor 2018-26 a Huw Williams, Llywydd UMCB 2025-26 a chyfraniadau ariannol hanfodol Cronfa Bangor (Alumni) ac Undeb Bangor (Undeb Myfyrwyr Prifysgol Bangor). Yn ogystal comisiynwyd cerdd Peredur Lynch drwy dderbyn nawdd gan 'Llwyddo'n Lleol' Prosiect Arfor.

Bu amryw o gyn-fyfyrwyr a staff Prifysgol Bangor yn hael iawn i roi o'u hamser i siarad â mi a rhannu eu hatgofion o gyfnod cynhyrfus sefydlu UMCB ar gyfer rhan gyntaf y llyfr. Ymddiheuriadau i gyn-aelodau'r Undeb na lwyddais i gysylltu â nhw oherwydd amgylchiadau a phrinder amser. Roedd hi'n dipyn o dasg didoli'r digwyddiadau a'u rhoi yn eu trefn, ond mae unrhyw wallau a erys yn eiddo i mi a neb arall! Hoffwn ddiolch yn benodol i'r canlynol:

Cyn-aelodau UMCB 1976-84
Carys Llwyd Dafydd, Iwan Edgar, John Glyn, Alwyn Gruffydd, Edryd Gwyndaf, Hywel Huws, Russell Isaac, Gwion Lynch, Densil Morgan, Trefor Jones Morris, Dani Tomos, Glyn Tomos, Rheon Tomos a Robat Trefor.

Unigolion eraill
Yr Athro Gareth Wyn Jones, Elwyn Jones, Dr John Llywelyn Williams ac Irene Williams, a'r Athro Mari Wiliam.

Bu staff Archifdy Gwynedd yng Nghaernarfon, lle cedwir Archif UMCB a'r Cymric 1976-79, a hefyd Elen Simpson a thîm Archifau a Chasgliadau Arbennig Prifysgol Bangor yn hael eu cymorth a'u hamynedd wrth gywain dogfennau ar fy nghyfer. Diolch yn benodol i David Wilton hefyd am adael i mi bori a defnyddio ei gasgliad diddorol yntau o bapurau a deunyddiau o'i gyfnod ym Mangor.

Mae angen diolch yn ogystal i'r cyn-Lywyddion a swyddogion a gyfrannodd ysgrifau ar gyfer ail ran y gyfrol. Roedd pob un yn barod i rannu eu profiadau a rhoi darlun o'u cyfnod fel swyddogion ac aelodau. Trwy eu cyfraniadau gonest a difyr rhoddir darlun cyflawn o hanes UMCB a'r newidiadau a fu ym mherthynas yr Undeb Gymraeg a'r Brifysgol ym Mangor ar draws y blynyddoedd.

Lluniau a ffotograffau

Lluniau 2, 4-13: Archif Ffotograffau Geraint Tudur
Lluniau 32, 33: Bethan Williams / Cymdeithas yr Iaith
Lluniau 3, 22, 23: Prifysgol Bangor
Lluniau 19, 20, 21, 34, 35: UMCB

Arwel Vittle
Gorffennaf 2026

Hefyd gan yr awdur:

£14.99

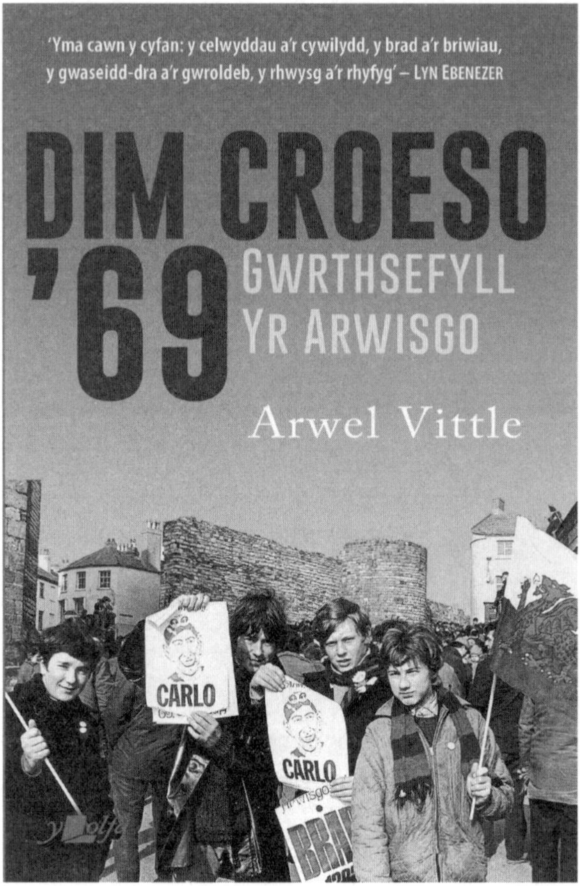
'Yma cawn y cyfan: y celwyddau a'r cywilydd, y brad a'r briwiau,
y gwaseidd-dra a'r gwroldeb, y rhwysg a'r rhyfyg' – LYN EBENEZER
DIM CROESO
'69
GWRTHSEFYLL
YR ARWISGO
Arwel Vittle
CARLO
CARLO

£9.99

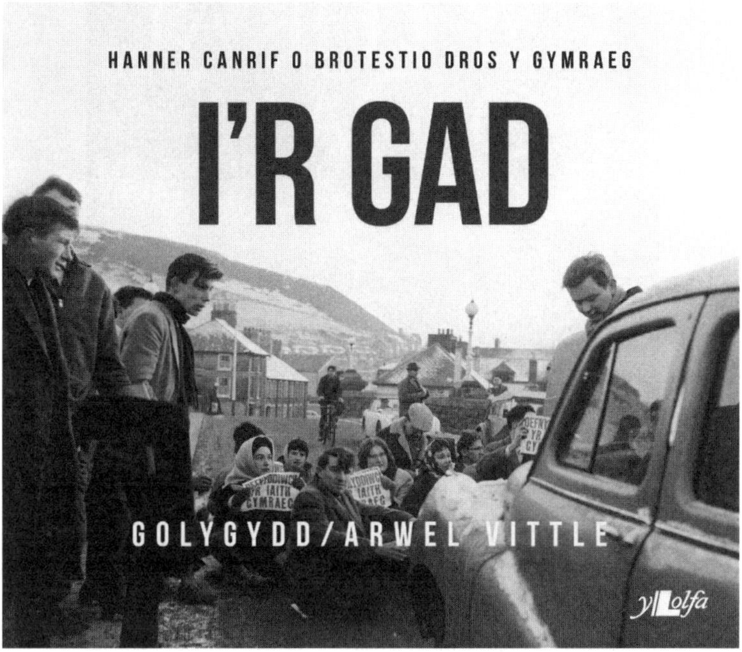
HANNER CANRIF O BROTESTIO DROS Y GYMRAEG
I'R GAD
GOLYGYDD/ARWEL VITTLE
y Lolfa

£19.95

Cofio 75 mlynedd ers llosgi'r Ysgol Fomio
'CYTHRAL O DÂN'
Rhagair gan
DAFYDD WIGLEY
ARWEL VITTLE
y Lolfa

£7.95

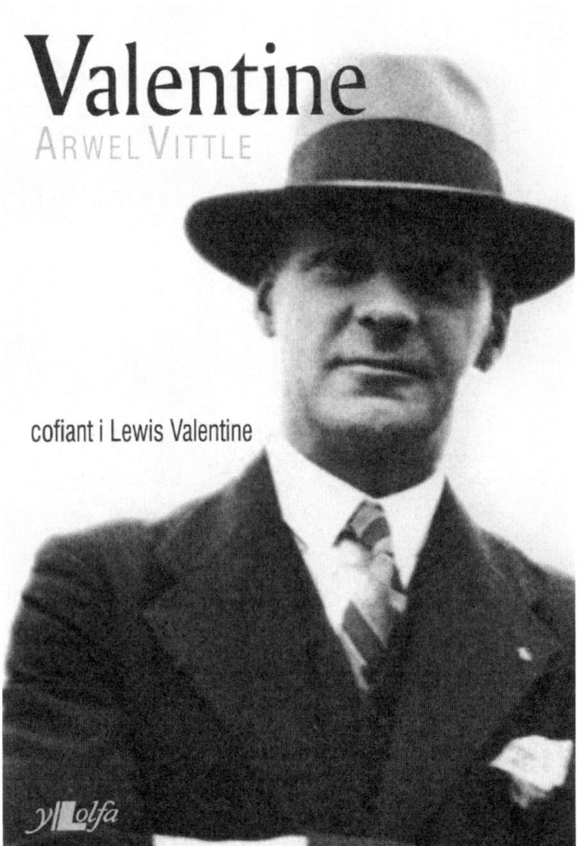

£14.95

Hefyd o'r Lolfa:

£14.99

'Cofio'u haberth a'u gweledigaeth, daw fe ddaw yr awr yn ôl i mi.'
DAFYDD IWAN
COFIO'R BEASLEYS
BRWYDRO DROS YR IAITH
DELYTH PRYS
y lolfa

£9.99